課税要件から考える

税務当局と見解の相違が生じた場合の実務対応

税務調査から訴訟まで

弁護士法人大江橋法律事務所
弁護士
河野良介 著

中央経済社

は じ め に

　納税者と課税当局との間に見解の相違が生じることは日常茶飯事ですが，見解の相違に対するアプローチの仕方は，納税者によって相当幅があるのが現状です。本書は，このような見解の相違に関する対応のあり方について，「課税要件」（課税の根拠となる法令上の要件）というコンセプトも用いながら解説するものです。

　本書の特徴として，第一に，租税法上の理論的な分析には深入りせず，筆者の税務紛争に関する経験をふまえ，実務上有益な視点（武器）を納税者に提供することを重視している点があります。

　筆者は弁護士でありながら，2009年から2011年にかけて，国税局において任期付職員（調査部調査審理課に在籍）として執務するという貴重な経験を積ませて頂き，大規模法人等の調査を審理する観点から，課税実務を深く考える機会がありました。

　一方で，その後弁護士業務に復帰してからは，納税者側に立って，税務調査対応から審査請求，税務訴訟まで幅広く税務案件に関与する機会に恵まれてきました。特に昨年（2017年）は，注目を浴びた大型税務訴訟において，最高裁で逆転勝訴し，その他担当していた税務訴訟についても基本的にすべて勝訴するという実績を残すことができました。このように，当局側と納税者側でバランスよく経験を積む中で，納税者と当局間の見解の相違を，もう少し客観的にあるいは合理的に解決する必要があるのではないか，という問題意識が芽生えるようになりました。

　本書は，そのような問題意識を，「課税要件」というコンセプトを意識しながら，実務上活用し得る有益な視点（武器）に昇華させ，納税者の皆様方に提供することを目的としています。実務上即戦力として活用できる視点（武器）は，各章の冒頭において，「着眼点」としてまとめていますので，ご参照ください。

　本書における第二の特徴として，取引実行，税務調査，不服申立て　税務訴訟，税務コンプライアンスの実行といったフェーズに分け，それぞれの手続の

概要を説明するとともに，手続段階ごとに見解の相違に対する対処法を解説している点が挙げられます。

筆者は，税務訴訟を得意とする弁護士でありながら，常に「一歩でも前の手続段階で事案を解決すること」に情熱を燃やすタックスローヤーでありたいと願ってきました。実際に，税務調査対応に関する戦略的アドバイスを通じて，不服申立てや税務訴訟といったステージまでもつれることなく，税務調査の段階で比較的有利な解決を導くこともあります。そのような場面でも「課税要件」の充足性を徹底的に分析しますが，そこでの実務感覚は，税務訴訟で「課税要件」について究極まで考え抜くプロセスで体得したものであり，税務訴訟における思考法を，その他の手続段階にもフィードバックして応用しているといっても過言ではありません。

本書では，上記手続段階ごとに，それぞれの手続の特徴，性格をふまえた見解の相違の解消方法を提示しますが，他方で，すべての手続段階における分析・検討の土台となる，税務訴訟における課税要件の解釈・適用の実例（裁判例）を第4章で紛争類型別に取り上げ，見解の相違に対応する場合の具体的なイメージを養って頂くよう工夫しています。

なお，巻末にはチェックリストを設け，関係するステージごとにチェック事項と留意点を簡潔に記しましたので，時間の余裕のない方は，まずは巻末チェックリストで関心のある事項を検索の上，適宜本文に戻って頂くことで，効率的な検討が可能となります。

最後に，初めての単著への挑戦となった本書執筆の過程において，全体の構成から条文等のチェックに至るまで，様々な観点から有益なアドバイスを頂いた中央経済社の末永芳奈氏には，厚く御礼を申し上げます。また，仕事と本書執筆が重なり週末の家族サービスが一時期激減したにもかかわらず，文句の一つも言わずに温かく励ましてくれた妻の朋子，長男真之介，次男成之介にも，感謝の意を表したいと思います。

2018年4月

著者

目　次

第1章　見解の相違が生じる理由（場面）と解決策の選択肢

(1) 納税者と課税当局との間に見解の相違が生じる理由 …………………… 1

(2) 見解の相違を解消させるための方策と選択基準 ………………………… 2

(3) 本書の特徴と構成 …………………………………………………………… 3

第2章　税務調査において当局と的確にせめぎ合うための課税要件充足性の判定手法

1　税務調査における基本事項 ——————————————————— 5

(1) 課税要件事実に関する資料収集の場としての税務調査 ………………… 5

(2) 税務調査の流れと基本的留意事項 ……………………………………… 6

　① 平成23年度税制改正の意義 …………………………………………… 6

　② 事前通知 ………………………………………………………………… 6

　③ 間接強制と「調査の必要性」の考え方 …………………………… 6

　④ 調査終了の際の手続 …………………………………………………… 8

2　課税当局による課税要件充足性の認定過程 ——————— 9

(1) 争点整理表の概要と導入の経緯 ……………………………………… 9

(2) 争点整理表作成に当たっての基本作業 ……………………………… 11

　① 法令解釈 ………………………………………………………………… 11

　② 事実認定 ………………………………………………………………… 12

　③ 課税要件の充足性の判断（あてはめ） ……………………………… 13

(3) 事実関係時系列表による整理 ………………………………………… 13

　① 事実関係時系列表はどのように作成されるか …………………… 13

　② 納税者サイドの留意点 ……………………………………………… 14

(4) 質問応答記録書の概要と応答録取に対する効果的対応法 ………… 15

①	事前準備 ……………………………………………………… 15
②	質問応答記録書の作成 ………………………………………… 16
③	回答者に対する読み上げ・提示 …………………………… 16
④	回答者に対する署名押印の求め …………………………… 17
⑤	調査報告書の作成 ……………………………………………… 17
⑥	弁護士等の専門家の立会い ………………………………… 19

(5) 税務調査段階における要件事実論の活用可能性 ……………… 19

3 課税当局の見解に不満がある場合に納税者が検討すべき方策 ——— 21

(1) 納税者の見解を課税当局に的確に表明するためのテクニック ……… 21

① 調査担当者の明白な誤りは税務調査段階で極力是正する ……… 22
② 課税処分がなされ税務争訟になった場合のことも考えながら動く …… 22
③ 両視点のバランスをとるためには課税要件充足性の徹底分析が不可欠 … 23

(2) 見解の相違が埋まらず課税処分を打たれてしまった場合の初動対応 … 25

① 不服申立手続に進むか否かの検討 ………………………… 25
② 更正通知書において求められる理由附記の程度 ……………… 26
③ 更正通知書のチェックポイント …………………………… 27
④ 上場会社の場合の留意事項 ………………………………… 28

(3) 見解の相違はあるものの修正申告をする場合の留意点 ………… 29

① 見解の相違があるのに修正申告を行うことの意義・問題点 ……… 29
② 更正の請求の活用 …………………………………………… 31
③ 更正をすべき理由がないとされた場合のその後の手続ルート ……… 33

(4) 国際課税事案の税務調査の特殊性 ………………………………… 33

① 移転価格調査の特殊性 ……………………………………… 33
② その他の国際課税事案の調査の特殊性 …………………… 38

4 取引組成（実行）から税務調査前までの段階における課税要件の検討 ——— 42

(1) 取引組成（実行）段階で課税要件の充足性を検討する意義 ……… 42

(2) 課税要件を意識した文書（契約書等）作成 …………………… 45

① 調査担当者につけ込む余地を与えない文書作り …………… 45
② 契約書作成の重要性と処分証書の法理 …………………… 45
③ 契約書と他の関連資料の整合性への配慮 ………………… 46

目　次　3

（3）　関連文書の作成・保存（文書化）
　　　―将来，紛争になった場合に証明手段とするために ……………………… 47
　　①　移転価格税制に関する文書化 ……………………………………………… 47
　　②　移転価格以外の局面における文書化 …………………………………… 52

第3章　税務争訟に発展した場合の戦略的対応

1　不服申立てにおける対応 ──────────────── 55

（1）　不服申立制度の基本的構造 ………………………………………………… 55
（2）　再調査の請求を行うか否かの検討 ……………………………………… 57
　　①　再調査の請求の処理状況（近年の統計値）……………………………… 57
　　②　再調査の請求を活用すべき場面 ………………………………………… 58
　　③　再調査の請求（異議申立て）段階において納税者の請求（申立て）が
　　　　認容された公表事案の検討 …………………………………………………… 59
（3）　審査請求 ………………………………………………………………………… 60
　　①　審査請求手続の特徴と近時の傾向 ……………………………………… 60
　　②　審査請求書の作成 ………………………………………………………… 64
　　③　書面による審理 …………………………………………………………… 66
　　④　争点の確認表 ……………………………………………………………… 67
　　⑤　求釈明と質問事項に対する回答書 ……………………………………… 69
　　⑥　口頭意見陳述，同席主張説明 …………………………………………… 71
　　⑦　証拠書類等の提出 ………………………………………………………… 72
　　⑧　閲覧・謄写請求の積極的活用 …………………………………………… 74
　　⑨　審判官との面談と質問調書作成への対応………………………………… 77
　　⑩　裁決書をめぐる問題 ……………………………………………………… 78

2　税務訴訟における対応 ──────────────── 80

（1）　税務訴訟の特徴 ……………………………………………………………… 80
（2）　税務訴訟の近時の傾向 ……………………………………………………… 81
（3）　税務訴訟の類型 ……………………………………………………………… 82
　　①　処分取消訴訟 ……………………………………………………………… 82
　　②　更正をすべき理由がない旨の通知処分取消請求訴訟 ………………… 84
　　③　その他の税務訴訟の類型 ………………………………………………… 85

(4) 訴訟提起 ……………………………………………………………………… 86
　① 提訴の要件（不服申立前置と提訴期間）………………………………… 86
　② 管轄の検討 ………………………………………………………………… 88
　③ 訴状の作成 ………………………………………………………………… 89
　④ 証拠方法と添付書類の作成 ……………………………………………… 94
　⑤ 第1回期日の指定，答弁書の送付 ……………………………………… 95

(5) 税務訴訟の審理（第一審）……………………………………………… 96
　① 第1回期日 ………………………………………………………………… 96
　② 第2回期日以降の審理……………………………………………………… 96
　③ 尋問期日 …………………………………………………………………… 97
　④ 弁論の終結と判決言渡し ………………………………………………… 98

(6) 税務訴訟における一般的留意点と戦略 …………………………… 98
　① 総額主義と争点主義（処分理由の差替えの可否）…………………… 98
　② 主張立証責任の所在……………………………………………………… 101
　③ 税務訴訟における立証活動（証拠収集活動）の特徴と納税者の心構え‥ 104
　④ 税務訴訟でキーポイントとなりやすい証拠 ………………………… 106
　⑤ 税務訴訟における信義則の主張……………………………………… 111
　⑥ 税務訴訟における和解の可能性 ……………………………………… 113

(7) 控訴審および上告審 ………………………………………………… 115
　① 控訴審における留意点 ………………………………………………… 115
　② 上告審における留意点 ………………………………………………… 117

第4章 | **見解の相違が生じやすい税務上のカテゴリーと効果的対応テクニック─裁決・裁判例をもとにした検討**

1　総　　論 ─────────────────────────── 121

2　寄　附　金 ───────────────────────── 123

(1) 当局との間で見解の相違が生じる主たる原因と対策 ………………… 123

(2) フィリップス事件 …………………………………………………………… 124

(3) セキスイボード事件 ……………………………………………………… 128

3　交際費課税 ───────────────────────── 136

(1)	当局との間で見解の相違が生じる主たる原因と対策	136
(2)	萬有製薬事件	137

4 租税回避をめぐる紛争 ——————————————— 142

(1)	租税回避が否認されるパターンの整理	142
(2)	個別的否認規定	145
(3)	一般的否認規定	146
(4)	ヤフー事件	149
(5)	IBM 事件	157
(6)	武富士事件	168

5 加算税（過少申告加算税，重加算税）————————— 180

(1)	加算税の概要と見解の相違が生じる主たる原因	180
(2)	正当な理由の存否が問題となった事案（ストップオプション事件）	182
(3)	重加算税の賦課要件（ヴァージン・エンターテイメント事件）	185

6 国際課税（タックスヘイブン対策税制）———————— 190

(1)	タックスヘイブン対策税制に関する税務訴訟の概観	190
(2)	当局との間で見解の相違が生じる主たる原因	194
(3)	レンタルオフィス事件	196
(4)	来料加工事件税務訴訟（日本電産ニッシン事件）	206
(5)	来料加工事件審査請求裁決（ニフコ事件）	212

7 国際課税（移転価格税制）——————————————— 215

(1)	移転価格税制に関する税務訴訟の概観	215
(2)	移転価格税制の基本構造	216
(3)	移転価格課税において当局と見解の相違が生じる主たる原因	218
(4)	アドビ事件	219
(5)	ホンダ事件	225
(6)	TDK 事件	234
(7)	エスコ事件	237

8 攻撃・防御に役立つその他の裁判例のキーワード・規範 —— 242

(1)	文理解釈	242
(2)	目的論的解釈，権利濫用	243

(3) 課税要件明確主義 ……………………………………………………… 244

(4) 通達の意義 ……………………………………………………………… 245

(5) 多様な事業体 …………………………………………………………… 247

第5章　税務争訟を事前に回避するための税務コンプライアンス

(1) 税務コンプライアンスの視点 ………………………………………… 249

　① 税務コンプライアンスとは ………………………………………… 249

　② 税務に関連して生じ得る取締役の責任 ………………………… 251

(2) 税務争訟を事前に回避することの意義 …………………………… 254

(3) 事前照会制度 …………………………………………………………… 255

　① 文書回答手続 ………………………………………………………… 255

　② その他の手続 ………………………………………………………… 258

(4) 移転価格税制に関する事前確認 (APA) ………………………… 259

　① 移転価格税制に関する事前確認制度の概要 …………………… 259

　② ユニテラル APA とバイラテラル APA ………………………… 259

　③ 事前確認を行わないという選択の是非 ………………………… 260

　④ 事前確認 (APA) が関連する裁判例, 裁決 …………………… 261

巻末チェックリスト ―――――――――――――――― 265

凡　　例

判例集

民（刑）集：最高裁判所民（刑）事判例集

訟月：訟務月報

税資：税務訴訟資料

判時：判例時報

判タ：判例タイムズ

文献

金子：金子宏『租税法』（弘文堂，第22版，2017）

谷口：谷口勢津夫『税法基本講義』（弘文堂，第5版，2016）

法令・通達

措置法：租税特別措置法

措置法施行令：租税特別措置法施行令

措置法施行規則：租税特別措置法施行規則

第1章

見解の相違が生じる理由
（場面）と解決策の選択肢

(1) 納税者と課税当局との間に見解の相違が生じる理由

👉 着眼点

　課税当局との見解の相違が「事実認定レベル」，「法解釈レベル」のいずれで発生しているのかを適切に見極めることが重要であり，初動対応の第一歩である。

　租税法律主義のもと，納税者の確定申告，課税当局による課税処分はいずれも法律（租税法令）に則って行われます。納税者は自己の申告内容が正しいと思って確定申告をしても，不本意ながら後の税務調査で調査担当者から様々な不備を指摘される事態がしばしば発生します。それでは，納税者と課税当局との間で見解の相違はなぜ起こってしまうのでしょうか。

　端的に言えば，両者の見解の相違は，事実認定または法律解釈について，それぞれの立場に応じた異なるものの見方をすることにより，生じるものといえます。そして，実務上まず押さえておくべきなのは，見解の相違が，事実認定のレベルで発生しているのか，それとも法律解釈のレベルで発生しているのかという点です。事実認定のレベルで見解の相違が発生しているということは，納税者と課税当局との間で，事実認定をするための証拠（関連資料等）の評価が異なることを意味します。一方で，法律解釈のレベルで見解の相違が発生するということは，納税者と課税当局とが，特定の租税法令の文言解釈について異なったスタンスを取っていることを意味します。租税法の実務に従事していると，事実認定の問題と法解釈の問題は微妙に連動していて，境界が必ずしも明確ではないケースも経験しますが，納税者が課税当局との間で見解の相違が

生じていると感じるならば，まずは，その見解の相違が事実認定と法律解釈のいずれのレベルで生じているのか仕分けをすることが初動対応の第一歩となります。

(2) 見解の相違を解消させるための方策と選択基準

着眼点

・税務調査の過程でできる限り自主的に見解の相違を解消させるのか（＝任意撤退型手続による問題解決），それとも審査請求，処分取消訴訟といった第三者の判断を前提とする紛争解決手続に委ねるのか，案件ごとに慎重かつ適切に検討する必要がある。
・上記検討に当たっては，勝訴可能性，事案の規模，納税者の属性，事案解決の透明性，紛争解決コスト，紛争解決期間，ステークホルダー（株主等）に対する説明責任といったファクターを総合的に考慮する必要がある。

　納税者と課税当局の見解は，基本的にはそれぞれの立場を反映したものであることから，仮にどちらかの見解が客観的に誤りであるとしても，両者が主観的に自己の見解が正しいと思い込んで譲らない限りにおいて，見解の相違が直ちに解消することはありません。

　この場合，見解の相違を解消するためには，法律で定められた正規の紛争解決手続を利用せざるを得ないことになります。審査請求に代表される不服申立手続において最終決着することもあれば，その後，処分取消訴訟へと駒を進めて最高裁判決によって案件の最終決着がつくこともあります。いずれにしても，何らかの紛争解決手続を利用するということは，事案の解決を第三者の判定に委ねることにより見解の相違を解消させることを，納税者が自ら進んで選択することを意味します。

　これに対して，税務調査において当事者双方が見解をぶつけ合う中で，相手方の言い分が正しく勝ち目がほとんどないという心証を一方当事者が抱いた場合，自己の主観的な見解が誤りであったことを認めて，見解をぶつけ合う勝負から任意に撤退することが可能となります。

　納税者が撤退する場合は，修正申告ないし課税処分の完全受入れという形で勝負がつき，見解の相違は解消されます。他方で，課税当局が任意に撤退する

場合，課税処分を断念するという形で見解の相違の解消（＝最終決着）に結び付きます。これらは，「任意撤退型手続による問題解決」とでも称することができます。

　それでは，納税者ないし課税当局は，見解の相違を解消させるための手段として，正規の紛争解決手続と任意撤退型手続のいずれを選択すべきでしょうか。この選択に当たって検討すべき要素として，訴訟での解決を仮定した場合の勝訴可能性，事案の規模（課税金額100万円の事案かそれとも100億円の事案か），納税者の属性（個人，中小規模法人，上場会社），事案解決の透明性，紛争解決コスト（弁護士や税理士に支払う専門家費用等），紛争解決期間，ステークホルダー（株主等）に対する説明責任といったものが考えられます。

　納税者および課税当局は，自己の置かれた立場をふまえつつ，上記で例示した事項を含めた様々な事情を考慮しながら，正規の紛争解決手続と任意撤退型手続のいずれかを適切に選択することが求められるのです。

　しかしながら，国民からの負託を受けて行動する課税当局はともかくとして，実務において上記選択基準を適切に使いこなしている納税者は意外と多くないというのが実際のところではないでしょうか。本書は，税務調査から不服申立て，税務訴訟に至るまでのあらゆるステージにおいて，納税者が課税当局との間の見解の相違を合理的に解消させるための発想（ヒント）を提供することを目的としています。

(3)　本書の特徴と構成

　納税者と課税当局間の見解の相違を合理的に解消させるという視点で考えた場合，税務調査，不服申立て・税務訴訟といった各ステージにおいて，既に発生した見解の相違を具体的に解消させるための方策をまずは押さえておくことが肝要です。一方で，無用な見解の相違が生じないようにするためには，取引実行段階で，租税法に関する豊富な知識を用いて，文書化（ドキュメンテーション）や契約書の作成等を適切に行わなければなりません。

　以上のような問題意識をふまえつつ，第2章では，初動対応としての税務調査において，当局との見解の相違を解消するための対応テクニックや留意点をまずは解説するとともに，税務調査で不本意な指摘を受けないようにするためには，契約書作成や文書化に当たりどのような点に注意すべきかについても解

説しました。

　また，第3章では，税務調査段階で見解の相違が解消しなかった場合に備えて，不服申立て，処分取消訴訟といった税務争訟手続における基本事項と戦略的な戦い方について解説しています。

　他方，見解の相違を解消するといっても，そもそも見解の相違がどういった形で引き起こされ，審査請求や裁判でどのように解決されるのかについて，具体的なイメージを持っていなければ，それぞれの場面における効果的な対応は難しいといえます。そこで，第4章では，見解の相違が生じやすい課税類型ごとに関連する裁判例や裁決を紹介した上で，これらの裁判例等で判示された基準を，その他の事案で武器として活用する方法についても，具体的に検討しています。

　最後に第5章では，税務コンプライアンスを取り上げます。税務コンプライアンスは，租税法令の遵守や適正な税額計算という文脈で議論されることが多いものの，課税当局との見解の相違が発生した場合の税務コンプライアンスについては，これまであまり論じられてきませんでした。そこで，第5章では，取締役の責任という観点にも触れながら，課税当局との見解の相違を視野に入れた税務コンプライアンス論について概説します。同章では，税務争訟リスクを事前にコントロールすることが税務コンプライアンスの一環として必要になるとの観点から，税務リスクを事前に回避するための課税当局への照会や確認の具体的方法についても併せて解説しています。

　課税処分は，租税法規に規定されている課税要件（租税に関する権利義務が成立するための要件）を充足していなければ，行うことができません。本書では，課税要件の充足性という課税の原点に立ち返りながら，各種論点の検討をすることを狙いとしており，上記各章においては，「課税要件」というキーワードを意識しながら読み進めることで，筆者の問題意識を理解いただけるものと思います。

　なお，本書で取り上げる裁判例や審判所裁決等の判旨には，下線や傍点を付している部分がありますが，特に断りのない限り，これらの下線や傍点は筆者によるものとご理解ください。また，本書で取り上げる裁判例や審判所裁決等で引用されている法令の条文，通達の規定等は，基本的に，各裁判や審査請求において依拠すべき当時の条文等をそのまま掲載しており，現行の条文等に対応しているわけではありませんので，ご留意ください。

第2章

税務調査において当局と的確にせめぎ合うための課税要件充足性の判定手法

1 税務調査における基本事項

(1) 課税要件事実に関する資料収集の場としての税務調査

　税務問題に関して，課税当局と納税者の見解が初めて対立するステージは，税務調査となります。例えば，申告納税制度が採用されている所得税，法人税との関係では，納税者は納税申告（確定申告）により，第一次的に納税義務を確定させています。

　ところが，課税当局は，第二次的に納税義務を確定する権利（課税権）を持っており，納税者が法律の規定に従って適切に納税申告を行っていないと判断する場合は，課税権の行使として更正処分を行うことになります。課税当局が更正処分を行うためには，納税義務の成立要件である課税要件を念頭に置きつつ，課税要件を充足する事実関係（課税要件事実）を正確に把握しなければならず，税務調査（課税処分のための調査）は，課税要件事実に関する資料収集をする場と位置付けられます。

　言うまでもないことですが，課税当局は，税務調査の過程で質問検査権を行使して広範な資料収集をすることが可能となっています。後述するとおり，課税当局も，近時は争点整理表を導入するなど，税務調査の過程でいかに的確に課税要件事実を認定するかに重点を置くようになっています。すなわち，課税当局も，ただやみくもに資料収集をするというよりは，適切な計画に従って，精緻な税務調査を展開するようになってきていることを，納税者サイドとしても十分に理解しておく必要があります。

(2)　税務調査の流れと基本的留意事項

①　平成23年度税制改正の意義

　質問検査に関する諸規定は，もともと所得税法，法人税法，相続税法といった個別の租税法に置かれていましたが，平成23年度税制改正に伴い，質問検査関連規定はすべて国税通則法に一本化され，調査の事前通知，調査終了の際の手続等が新たに法定されています。

　調査の事前通知は納税者の予測可能性を担保するために，調査終了の際の手続は税務当局の納税者に対する説明責任を強化するために，それぞれ法定されたものであり，納税者にとっては質問検査の際に，これらの新設事項等を武器にして正当な権利主張を行っていく姿勢が重要になります。納税者が質問検査にどのように対応するかによって，税務当局が税額等を二次的に確定する範囲も異なってくる可能性があるため，質問検査への対応は極めて重要な意義を有しているといえます。

②　事前通知

　税務署長等は，税務職員に納税義務者に対し実地調査における質問検査等を行わせる場合には，あらかじめ，当該納税義務者（税務代理人を含む）に対し，その旨と，実地調査開始日時，調査を行う場所，調査の目的，調査の対象となる税目，調査対象期間，調査対象となる帳簿書類その他の物件等の事項を通知しなければならないことになっています（国税通則法74条の9第1項）。ただし，違法または不当な行為を容易にし，正確な課税標準等または税額等の把握を困難にするおそれがある場合，その他国税に関する調査の適正な遂行に支障を及ぼすおそれがあると認める場合には，事前通知を不要とするなどの例外が設けられている点に留意しなければなりません（国税通則法74条の10参照）。

③　間接強制と「調査の必要性」の考え方

　課税処分のための調査は，任意調査であり，強制力を行使して相手方の同意なく行うことは許されておらず，この点で令状に基づく強制調査である査察調査とは区別されます。一方で，税務調査に対して偽りの答弁をし検査を拒むといったように調査を妨害した場合は罰金に処するとされており，刑罰（調査妨

害罪）を背景にして質問検査の受忍が間接的に強制されているという意味で，「間接強制」と呼ばれています。調査妨害罪によって告発されることに実際にはほとんどないと言われていますが，刑罰規定があることは一応考慮しておかなければなりません。

国税通則法では，調査に係る質問検査権に関する具体的手続が定められており，「調査について必要があるとき」は，所定の者に質問し，その者の事業に関する帳簿書類その他の物件を検査し，または当該物件の提示もしくは提出を求めることができる，とされています（74条の２等参照）。

ここで「調査について必要があるとき」の意義が問題となりますが，質問検査の範囲，程度，時期，場所等実定法上特段の定めのない実施の細目については，質問検査の必要があり，かつ，これと相手方の私的利益との衡量において社会通念上相当な限度にとどまる限り，権限ある税務職員の合理的な選択に委ねられているとされており（荒川民商事件・最決昭和48年７月10日刑集27巻７号1205頁），質問検査に関しては税務職員に広範な裁量が認められていることに注意する必要があります。

また，質問検査の必要性に関しては，上記最高裁決定において「客観的な必要性があると判断される場合」とされており，必要性は客観的でなければならないという制約に服していますが，当該要件を判断する主体は税務職員であることもあり，客観的な必要性が認められないとして質問検査が違法となる可能性はかなり低いと想定しておくのが無難です。

ただし，質問検査の各局面において，質問検査の範囲，程度等が，上記要件を満たしているか慎重に判断し，行き過ぎた質問検査権の行使がある場合には，裁量権を逸脱しているものとして毅然と質問検査を拒否する姿勢もときには必要です。例えば，質問検査もあくまで任意調査の一種にすぎないことを考えると，納税者等の意思に反して無理やり部屋に入ったり，物件を取り上げたりするのは，許容される限度を超える違法な調査となる可能性があります（京都地判平成12年２月25日訟月46巻９号3724頁参照）。

また，調査の必要性の乏しい資料を極めて網羅的に要求してくる場合のように，上記裁判事例以外にも，「必要性がない」として調査を拒み得る場合は多々あります。ただ，個別具体的判断を納税者が単独で行うのは困難なケースも想定されることから，必要に応じて，税理士，弁護士に立会い等の協力を求めながら対応することが望ましいといえるでしょう。

いずれにしても，いったん税務調査で書類等の提出をしてしまうと，後の争訟手続でそれらの証拠が一人歩きして労力を要する対応に追われる可能性があります。納税者としては，その点に十分配慮した対応をする必要があります。

④　調査終了の際の手続

調査終了の際の手続として，更正決定等をすべきと認める場合には，職員は，納税義務者に対し，調査結果の内容（更正決定等をすべきと認めた額およびその理由を含む）を説明するものとされています（国税通則法74条の11第2項）。

上記の説明をする場合において，職員は，納税義務者に対し修正申告または期限後申告を勧奨することができるとされており（国税通則法74条の11第3項），納税者が，修正申告等に応じることは比較的多くあります。この段階で課税要件事実に関する詳細な説明がなされるわけではありませんが，修正申告をするにせよ課税処分に対して不服申立てを行うにせよ，調査結果の内容はしっかりと聞いておく必要があります。上記勧奨が行われる場合，調査の結果に関し納税義務者が納税申告書を提出した場合には不服申立てをすることはできないものの，更正の請求をすることはできる旨を説明するとともに，その旨を記載した書面を交付しなければならないとされており，上記書面の交付を受け，内容を確認することも重要です。

第 2 章　税務調査において当局と的確にせめぎ合うための課税要件充足性の判定手法　　9

| 2 | 課税当局による課税要件充足性の認定過程 |

着眼点

・課税当局は，増額更正処分が予定される事案等において争点整理表，事実関係
　時系列表といった資料を作成し，課税要件に沿った事案の分析を精緻に行って
　いるため，納税者は，課税当局の上記のような対応を意識した税務調査対応が
　求められる。その際，要件事実論との関係性（整合性）や主張立証責任といっ
　た訴訟向けの検討事項を先取り的に意識することで，調査担当者よりも一歩
　リードした議論が可能となる場合もある。
・課税当局は，税務調査の過程で質問応答記録書や調査報告書といった資料を作
　成し，関係者（納税者等）の発言内容を記録することがある。納税者としては，
　当局が税務争訟（審査請求，税務訴訟）をにらみつつ，上記資料の証拠価値を
　高めるための工夫・努力を日々行っていることを認識した上で，当局の質問に
　対してどのように対応していくかを戦略的に判断する必要がある。

(1)　争点整理表の概要と導入の経緯

　課税当局は，平成23年度税制改正による国税通則法改正に伴う税務調査手続
の法定化や理由附記の実施等をふまえ，十分な証拠の収集等に基づく事実認定
と法令の適用の更なる的確化を図るといった観点から，争点整理表の作成を行
うようになりました。争点整理表（事実関係時系列表を含む）については，
「署課税部門における争点整理表の作成及び調査審理に関する協議・上申等に
係る事務処理手続について（事務運営指針）」（TAINS コード：H240627課総
２－21），「課税処分に当たっての留意点」（大阪国税局法人課税課，平成25年
４月）における「争点整理表作成のポイント」（TAINS コード：H250400課
税処分留意点）等が TAINS に掲載されており，本書では，上記資料の記載内
容に沿って，争点整理表等の分析・検討を行います。なお，調査課所管の争点
整理表通達としては，平成24年６月27日付査調４－５「調査課における争点整
理表の作成及び調査審理に関する協議等に係る事務処理手続について」（事務
運営指針）が発遣されている模様ですが，本書の検討は，争点整理表通達（調

査課）に従って作成される争点整理表も，上述の争点整理表通達（署課税部門）に従って作成される争点整理表と概ね同様の機能を営んでいることを仮定したものとなっている点にご留意ください。

　争点整理表とは，争点整理表通達により，一定の基準に該当する事案について調査担当者が作成することとされている様式をいいます。争点整理表には，①調査の過程における協議を通じて調査事案の争点や課税要件を整理・検討するためのツール（検討メモ）としての役割，②処分に係る最終的な処理方針の決定や争訟への対応に当たって，その処分の適法性・妥当性等の判断を適切に行うためのツールとしての役割があるとされています。

　争点整理表は，原則として以下の基準（形式基準）を満たす場合に作成されます。

---

① 　重加算税賦課決定
② 　増額更正・決定（税額計算誤りなど更正・決定の起因となる誤りが明らかなものを除く）
③ 　青色申告承認の取消し
④ 　更正の請求に理由がない旨の通知（期限徒過を除く）
⑤ 　偽りその他不正な行為による6年前・7年前の年分（事業年度）への遡及
⑥ 　調査着手後6か月以上の長期仕掛事案

　一方で，上記の原則的な基準に該当しない場合であっても，以下の基準（実質基準）を満たす事案については，例外的に争点整理表が作成されます。

　調査非協力等により争点等に係る証拠収集が難航しているなど，<u>課税要件事実の立証が容易でないと認められる事案や法令の解釈・適用が複雑・困難である事案など処分等の適法性の立証や判断が困難である</u>が，課税の均衡上，課税（賦課）処分すべきと認められる調査困難事案又は課税困難事案

　上記の形式基準を見てもわかるとおり，争点整理表は，重加算税賦課決定事案といった悪質事案にとどまらず，増額更正処分事案（すなわち修正申告事案ではない）であっても作成されることがわかります。また，実質基準では，課税要件事実の立証困難事案や法令の解釈・適用が複雑困難な事案など，少しでも紛争の種がありそうな事案であればすべて争点整理表作成事案として取り込

第2章 税務調査において当局と的確にせめぎ合うための課税要件充足性の判定手法 11

まれます。このように，争点整理表が作成されることになる事案がかなり多い
ということは，納税者として意識しておくべき事項です。

(2) 争点整理表作成に当たっての基本作業

　上記のような基準に従って作成されることになる争点整理表は，基本的に，
図表2－1のような4段表になっています。同図表の「記載ポイント」は，当
局資料から抜粋したものですが，これによれば，課税要件（課税要件事実）を
中心にして各欄の記載をすることが予定されており，課税当局が課税要件をい
かに重視しているかが見て取れます。

図表2－1　争点整理表の構成

項目 （争点に係る課税要件・否認仕訳）	納税者の主張 （根拠となる事実，証拠書類等）	調査担当者の主張 （根拠となる事実，証拠書類等）	整理欄 （審理事務担当者等の意見）
記載ポイント 見出し項目だけでなく，課税要件についての記載がされているか，年度別に否認仕訳が記載されているか	記載ポイント 主張（意見）又は指摘事項の認否を端的に記載するものである 課税要件事実に係る納税者側の主張について具体的に記載するものである 納税者から提出のあった証拠書類についても記載する	記載ポイント 課税要件に基づき調査担当者が認定した事実及び根拠を具体的に記載しているか 納税者が自認している場合であっても，必要最低限の証拠書類を収集しているか	記載ポイント 次の事実から否認（重加算税賦課）相当である ……

① 法令解釈

　争点整理表を作成するためには，①法令解釈，②事実認定，③課税要件の充
足性の判断（あてはめ）を行う必要があるとされています。ここでいう法令解
釈は，問題となっている事実の法的根拠を明らかにした上で，処分に係る課税
要件を抽出することを意味するもの，とされています。

　例えば，当局の資料（争点整理表作成のためのポイント）によれば，勤務実

態のない従業員に対して給与が支払われている場合に重加算税を課すためには，以下の要件が課税要件（課税要件とは，租税に関する権利義務が成立するための要件をいい，関連する租税法規に規定されています）になるとされています。

---

(1) 労務の提供を受けていないこと
(2) 労務の提供を受けたように事実を仮装し，その仮装したところに基づき納税申告書を提出したこと

このように，重加算税の場合であれば，関連法令（国税通則法68条1項）から重加算税賦課に必要な課税要件（納税者がその国税の課税標準等・税額等の計算の基礎となるべき事実の全部・一部を隠蔽・仮装し，その隠蔽・仮装したところに基づき納税申告書を提出）を抽出し，法令の文言解釈に沿った形で，ある程度具体的に要件内容を記載することを意味します。

ただ，このレベルで問題となるのは，あくまで問題となる課税要件の抽出であって，事案における具体的な事実関係まで盛り込むものではありません（法令解釈と事実認定の混在が発生すると，課税要件事実に沿った分析を行う意味が失われてしまいます）。

② 事実認定

次に，事実認定については，上記のとおり抽出された課税要件に照らして，調査によって抽出した証拠（相手方の主張も含む）について事実関係時系列表（下記(3)参照）により整理を行い，直接証拠（事実を直接示している証拠）や間接証拠（事実の存在を推認できる証拠）から事実認定を行う作業を意味するもの，とされています。

なお，当局資料には，税務当局が認定した事実および主張する事実については，すべてその根拠（証拠）が必要であり，税務当局側が立証責任を負うとの記載があります。ただ，ここでいう「立証責任」は処分取消訴訟で用いられる客観的立証責任というよりは，説明責任といった程度で用いられている印象があり，直接証拠，間接証拠を問わず，事実認定のための証拠収集を怠ってはならないという心構えを述べているようにも感じられます。一方で，あえて「立証責任」という言葉を用いていることもあり，納税者側の戦略としては，税務調査段階であっても当局が立証責任を負っていることを当然の前提として，当局と交渉するのが得策といえるでしょう。

③ 課税要件の充足性の判断（あてはめ）

　最後にあてはめとして，課税要件を満たしているか否かの判断が行われることになります。ここでは，上述した課税要件に該当する具体的事実関係を過不足なく拾い上げ，いわゆる課税要件事実を認定する作業が行われます。課税要件事実の意義については諸説ありますが，税法における事実認定において認定されるべき課税要件事実について，課税要件を組成する法律要件要素（課税要件要素）に高められ抽象化された類型的事実に該当する個々の具体的事実（いわゆる「ナマの事実」）を意味する事実概念として捉えるべきというのが，有力な見解です（谷口51頁参照）。一方で，課税当局が争点整理表の作成において重視している「課税要件事実の認定」は，法的三段論法のもと，法令解釈，証拠による事実認定を経た上での課税要件充足性判断（あてはめ）の一環として行われるものです。したがって，課税当局の上記発想は，課税要件事実は個々の具体的事実を意味する事実概念であるとする上記の有力な見解に近いものとして，理解すべきでしょう。

　いずれにしても，課税要件事実の認定過程では，無駄な事実関係を削ぎ落とし，課税要件を満たす具体的な事実関係だけを抽出する作業が行われることになります。納税者としては，課税当局が仮に税務争訟となっても課税を維持することができるよう，争点整理表に基づく上記のような精緻な分析を日々行っている点を強く意識した上で，税務調査対応のあり方を考えるべきといえます。

(3)　事実関係時系列表による整理

①　事実関係時系列表はどのように作成されるか

　事実認定の項目でも説明しましたが，争点整理表を作成するに当たり，事実関係時系列表というものが作成される場合があります。当局の資料によれば，事実関係時系列表は概ね以下のようなイメージで作成されることになります。

年月日	事実関係（納税者等が主張する事実を含む。）	左の事実を示す証拠

　当局資料によれば，事実関係時系列表作成上の留意点として，以下の点が挙げられています。

① 真偽は別として，納税者の主張する事実についても記載されているか（調査の展開により，主張の矛盾点が鮮明になる）
② 「左の事実を示す証拠」欄には，「事実関係（納税者等が主張する事実を含む。）」欄に記載した個々の事実関係について，その事実を裏付けるための証拠書類を対比させて記載しているか
③ 課税要件に該当しない事務的なやり取りは記載していないか（調査経過記録書ではない。）
④ 調査法人の主張で特に証拠がない場合は，「左の事実を示す証拠」欄に（調査法人の主張）と括弧書で記載しているか

以上の留意点からもわかるとおり，事実関係時系列表は，納税者の主張も含めて，課税要件に関連する重要な事実関係をひとまず時系列的に整理し，裏付けとなる証拠書類も準備することで，効果的な証拠収集と事実認定を図る役割を担っているものと理解することができます。事実関係時系列表の作成により，納税者の主張は時系列に従って整理・記載されることが予想されることから，税務調査時に納税者の担当者が発言した内容が前後で矛盾するような事態が生じると，後の税務紛争において，当局からそのような矛盾点を的確に突かれ，形勢が不利になるおそれもあります。

② 納税者サイドの留意点

したがって，税務調査では，調査対応に当たる各納税者側担当者が不用意に矛盾する発言をしてしまうことのないように，社内で上手に連携を図って対応していく必要があります（社内連携の重要性）。

また，特に税務争訟への発展が強く予想される税務調査では，当局が，事実関係（納税者主張含む）と証拠をセットにして時系列的整理をする可能性がある以上，納税者としても，税務調査時に当局に対して主張（陳述）した事実関係，あるいは提出した証拠を記録化することで，当局が争点整理表や事実関係時系列表を通じて整理している事項をある程度予測できるような体制を整えておくのが望ましいといえます（主張内容・提出書類等の記録化の重要性）。

そうすることで，税務争訟に至った場合でも，当局の手の内を読みやすくなり，重要な局面で当局側の証拠保持状況もふまえた効果的な主張を行いやすくなる，というメリットがあります。逆にそのような記録化や主張内容の整理をしない場合，税務争訟の場面で当局（国）からいつか不利な証拠が提出される

第2章　税務調査において当局と的確にせめぎ合うための課税要件充足性の判定手法　15

かもしれないと疑心暗鬼になり，主張立証計画が後手に回るおそれがあることから，注意が必要です。

(4)　質問応答記録書の概要と応答録取に対する効果的対応法

　最近の課税実務では，当局の調査担当者によって「質問応答記録書」が作成される場合があります（本書における質問応答記録書に関する記述は，「課税総括課情報　質問応答記録書作成の手引について（情報）」（TAINS コード：H250626課税総括課情報）を参照しています）。質問応答記録書は，質問検査等の一環として，調査担当者が納税義務者等に対して質問をし，それに対して納税義務者等から回答を受けた事項のうち，課税要件の充足性を確認する上で重要と認められる事項について，事実関係の正確性を期すために，その要旨を調査担当者と納税義務者等の質問応答形式で作成する行政文書のことをいいます。質問応答記録書は，課税処分のみならず，不服申立て等において証拠資料として用いられる場合もあることをふまえて，第三者が読んでもわかるように，必要十分な事項を簡潔明瞭に記載するものとされています。実際のところ，税務訴訟の代理人を務めていると，納税者や取引先等の応答がかなり詳細に記録された質問応答記録書が国から証拠提出され，国側の主張の重要な拠り所とされることも頻繁に経験します。

　このように，質問応答記録書は，課税要件事実を認定するための強力な武器として用いられる一方で，課税処分が将来的に税務紛争に発展した場合には，納税者等が税務調査で発言した内容を証拠価値のある証拠として活用しようという積極的な狙いがあります。したがって，質問応答記録書の作成に当たって事実と反する発言をし，あるいは不利益な発言をしてしまうと，後になって，大変な後悔をすることになりますので，本書では，そのようなことにならないように，質問応答記録書が作成される場合の対応方法，注意点を解説しておきます。

①　事前準備

　質問応答記録書は，必要項目を簡潔明瞭に記載するものとされています。調査担当者は，①何を目的として，②誰に対して，③何を聞くかを整理し，④質問に当たって提示できる資料の有無を確認するなど，事前準備を的確に行って

回答者に対して質問することになっています。

　したがって，質問に応じる納税者担当者としては，当局担当者が何を狙いとして質問応答記録書を作成しようとしているのかについて，質問内容等からある程度予測することで，逆に有効な対応が可能となります。当局の担当者の立場からすると，正面突破の直球の質問をしてしまうと，納税者が構えてしまい，狙い通りの回答が得られないと考える場合もあります。このようなケースでは，当局担当者は，納税者側にターゲットを絞らせないように，外堀を埋めるような抽象的な質問を先行させることも考えられるため，注意が必要です。

　税務紛争が予定されるような案件において，当局担当者の質問の意図が不明確である場合は，税務調査対応に精通した弁護士や税理士に相談しながら対応を検討すべきといえます。

②　質問応答記録書の作成

　質問応答記録書の作成は，可能な限り，2名の調査担当者で実施するのが望ましいとされていますが，1名で作成してもよいことになっています。複数の調査担当者で質問応答記録書を作成する場合，質問は2名で実施し，1名が質問者として主たる質問を行い，他方の者（補助者）が記録者として筆記（ないしパソコン入力）を行って作成することになっています。質問応答記録書は，問答式または問答式以外の方法のいずれによってもよいとされています。

　なお，質問応答記録書は，納税義務者等に交付することを目的としては作成されていないため，税務調査時は，作成途中のものを含めて，写しが交付されることはありません。この点は，極めて重要なポイントです。調査担当者の質問にうまく誘導されて，様々なことを供述してしまったとしても，手元に写しが残らないため，どのような内容の質問応答記録書が作成されたのか確認・検証することができなくなってしまいます。その後，訴訟等において国側からいきなり質問応答記録書が提出され，あわてることもありますので，質問応答記録書が作成された場合は，備忘のメモを取るなど，いつ誰に対してどのような発言をしたのか記憶喚起できるようにしておいたほうがよいでしょう。

③　回答者に対する読み上げ・提示

　質問応答記録書の作成後は，回答者に対して，同人が拒否するなどの特段の事情のない限り，質問応答の要旨に記載した内容を読み上げ，内容に誤りがな

いか確認しなければならないとされています。また，回答内容の信用性確保の
ため，回答者に対して読み上げた後に，提示し，閲覧させることが望ましいと
いうのが当局のポリシーとなっていますので，回答者としては，読み上げを受
けるだけではなく，必ず内容を確認しておいたほうがよいでしょう。

　回答者には，記載内容に関する追加，削除・変更の申立てを行うことが認め
られています。当局は，このような申立てが回答者からあった場合，申立内容
を追加記載することになっており，削除，変更の申立てであっても，原記載が
不明となってしまうような方法はとらないとされています。

　このように，変更，削除等の申立てが認められているといっても，原記載が
必ず残るような方法で変更，削除等が実施されるので，回答者としては，最初
の発言段階から相当慎重に対応すべきといえます。

　いずれにしても，読み上げを受けた後に少しでも内容に誤りがあることに気
が付いた場合は，必ず，変更，削除等の申立てを行い，自己に不利益な記録が
正式なものとして残らないようにすることが重要です。

④　回答者に対する署名押印の求め

　署名押印は回答者の任意で行われるべきものであり，納税者には，署名押印
を拒絶する自由が与えられています。したがって，読み上げを受け（閲覧し
た）質問応答記録書に大幅な誤りがある場合は，そもそも当該記録書に署名押
印しないというのも一つの選択肢となります。

　しかし，このような場合に何も記録が残らないかというと，そういうことに
はなりません。すなわち，質問応答記録書の作成に当たり，回答者が署名押印
を拒否した場合，署名押印欄を予定していた箇所は空欄のまま置いておき，奥
書で，回答者が署名押印を拒否した旨を記載し，また，回答者が署名押印を拒
否したものの記載内容に誤りがないことを認めた場合はその旨を記載するなど
の実務対応がとられています。

　このような場合でも，調査担当者が署名押印し，契印を施すなどして書類と
して完成させることになりますし，納税義務者等の署名押印が得られなかった
経緯等で特記すべき事項があればその旨を調査報告書に記載されることになり
ます。

　以上からもわかるとおり，納税者としては，署名押印をしなかったからと
いって直ちに安心できるわけではありません。当局は署名押印が得られなかっ

た場合でも，それはそれとして，署名押印がないまま証拠化を図り，税務訴訟等で提出できるよう準備していることを肝に銘じなければなりません。

⑤　調査報告書の作成

　質問応答記録書が強力な証拠となり得ることは上述のとおりですが，以下のような場合は，課税要件の充足性を確認する目的で，納税義務者等の回答内容を調査報告書という書面に記録する形で証拠化されることがあります。

> ・納税義務者等から調査の協力が得られない等の理由で質問応答記録書の作成が困難な場合
> ・事実認定に当たっての他の証拠の収集・保全状況や質問応答記録書を作成する場合の納税義務者等の負担等を勘案して必ずしも質問応答記録書を作成する必要はないと判断される場合

　質問応答記録書を作成する場合は，納税者サイドとしてもそのような書面が作成されていることに気が付くのに対して，調査報告書については，上記のような事情がある場合に，納税者の予期せぬところで作成され，訴訟の場で突然証拠提出される可能性があります。したがって，税務調査対応時の納税者側の発言は，当局にすべて記録されているというくらいの心構えで税務調査に臨むのが，無難といえます。

　なお，調査報告書のように，作成時に回答者の確認を経ない書面については，調査担当者が起案をするため，実際には発言していない内容が記載されたり，発言内容が調査担当者のバイアスで歪められたりするリスクがあります。

　税務訴訟で，調査報告書やそれに類似する書類が提出されたような場合は，以下の項目に誤りがないか念入りにチェックすることをお勧めします。訴訟でこれらの点に関する誤りを指摘することができれば，調査報告書自体の信用性を相当程度弾劾することができる場合があります。

> ・調査が行われた日時
> ・立会調査官の氏名
> ・調査対応した納税者側の担当者の氏名
> ・質問事項や回答の詳細な内容

第2章　税務調査において当局と的確にせめぎ合うための課税要件充足性の判定手法　　19

⑥　弁護士等の専門家の立会い

　質問応答記録書を作成するに際して，税務代理権限証書のある税理士や弁護士が同席した場合であっても，それらの者に対して署名押印を求める必要はないとされています。逆に言えば，質問応答記録書の作成過程において弁護士等の専門家が立ち会う余地を当局自らが認めているともいえるため，必要に応じて専門家の立会いを検討すべきといえます。

　そもそも，調査担当者が以下のようなタイプの質問をしてくるようなケースでは，そのような質問に対する回答を拒絶し，あるいは必要最低限度の回答にとどめるなど，然るべき対応が不可欠です。

・高圧的・威圧的な質問
・極めて広範にわたるもので必要性がほとんど認められない質問
・当局に有利な回答を誘導・誤導するような質問

　ところが，税務調査対応に慣れていない担当者が上記のような質問に接すると，圧力に屈して思いもよらぬ回答をしてしまいがちです。したがって，そのような事態を避けるためにも，当局との見解の対立が顕在化していて，納税者としては当局のスタンスを是認できないなどの明確な事情がある場合は，将来の税務紛争に備えて，専門性の高い弁護士等を税務調査に立ち会わせるなどして，事件を的確にコントロールしておくのが得策といえるでしょう。

　ただし，弁護士，税理士としても，署名・押印を求められないからといって，油断すべきではありません。事案にもよりますが，専門家の発言内容は調査担当者に記録されている可能性がありますし，後の訴訟で調査報告書等の形で証拠提出される可能性もゼロではありません。したがって，税務調査に臨む専門家としては，納税者の担当者との役割分担を意識しながら，できる限り慎重な発言を心掛けるべきといえるでしょう。

(5)　税務調査段階における要件事実論の活用可能性

　争点整理表の解説でもたびたび登場した「課税要件事実」という用語ですが，法律家の方であれば，この課税要件事実という用語が民事裁判における要件事実論と何らかの接点，関連性を持っていると考えられたのではないでしょうか。

課税要件事実が的確に認定されると，課税要件の充足が認められ，課税が適法になるという点では，課税要件事実の認定は，税務のあらゆるステージにおいて検討すべき基本的かつ重要な作業であるといえます。

　課税要件事実の認定は，確定申告に始まり，当局が課税処分を行う段階，その後の審査請求，処分取消訴訟で審判官，裁判官が裁決，判決を起案する段階でも当然に検討しなければならない課題です。例えば，納税者は，タックスヘイブン対策税制に基づく課税リスクの検証に当たって，適用除外基準（経済活動基準）の充足性を検討することがありますが，ここでも適用除外基準（経済活動基準）に関する課税要件事実の有無を関連法令（課税要件）や事実関係（子会社の実態や取引関係等）に照らして判断（あてはめ）をしていくことになります。

　審判官が裁決起案に当たって，適用除外基準の充足性が認められるか否かを判断する場合も，同様の作業を行います。しかし，究極的には，紛争がもつれると事件は裁判所に持ち込まれるわけであり，そうなると行政訴訟の一種である税務訴訟においても，一定の範囲で要件事実論が意識されることになります。そういったプロセスを考慮すると，裁判前の段階であったとしても，仮に裁判になったら目の前の事案が要件事実論的にどのように分析され，主張立証責任がどのように分配されるかをある程度見極めながら対応することで，裁判まで見据えた骨太の事案処理が可能になると考えられます。

　ここで問題となるのは，訴訟で用いられる要件事実と税務の世界で用いられる課税要件事実は同義と考えておいてもよいのかという点です。この点については，要件事実（主要事実）あるいは課税要件事実の考え方自体について見解が分かれており，一般化は難しいところですが，例えば税務調査の段階では，あえて細かい点にはとらわれず両者は概ね同義と考えて，当局に対する反論を検討しておけば，実務上十分有益な対応となり得ます。

第2章　税務調査において当局と的確にせめぎ合うための課税要件充足性の判定手法　21

3　課税当局の見解に不満がある場合に納税者が検討すべき方策

(1)　納税者の見解を課税当局に的確に表明するためのテクニック

👉 着眼点

当局との見解の相違を解消するプロセスにおいては，以下の2つの点を戦略的に意識すること。
①　効率的な紛争解決：調査担当者の明白な誤りは，できる限り税務調査段階で是正し，課税処分を打たせない形で解決する
②　慎重な紛争解決：課税処分を打たれてしまったときのことも想定しながら税務調査対応を行う（安易な対応をすると後で後悔することもある）

　税目によってあるいは担当調査官によって程度の差があるため一概にはいえませんが，税務調査が進展するにつれて，課税当局が考える課税根拠は徐々に明確になってくるのが通常です。課税当局は，最終的に更正決定等をすべきと認める場合は，納税者に対して調査結果内容の説明をすることになります（国税通則法74条の11第2項）。
　したがって，調査の締めくくりとして行われる「調査結果内容の説明」の段階では，更正決定等の理由は概ね明らかになっているわけですが，実際のところは，当局がどのようなポイントに着眼して課税を行おうとしているかは，調査官とのやり取り等を通じて，それよりもかなり前の段階で明らかになっています。
　そこで，納税者としては，そのような税務調査の進展をふまえつつ，課税要件充足性の分析を然るべきタイミングで的確に行わなければなりません。そして，調査担当者の指摘する課税根拠に不備があると考える場合，次のステップとして，どのようにして当局との見解の相違を解消するかを，戦略的に考えていく必要があります。この戦略的に考えていくという発想が極めて重要であり，常に次の2つの対立した視点を念頭に置きながら判断すべきといえます。

① 調査担当者の明白な誤りは税務調査段階で極力是正する

第一に，いったん課税処分がなされると，課税当局は基本的に税務争訟で勝敗が確定するまで徹底的に争ってくることになります。そうなると，課税処分にいかに重大な誤りが含まれるとしても，その点を審査請求や税務訴訟で指摘し，納税者有利に解決するには膨大な手間とコストがかかります。

もちろん，税務訴訟で双方が真剣に主張を戦わせた上で中立な立場の裁判官に最終解決を委ねるべき事案があるのも事実です。しかしながら，一見して明らかに調査担当者の示す課税根拠が薄いと感じるケースもあり，このようなケースを，税務争訟の場に持ち越すのは，紛争の解決手段として極めて非効率と考えられます。したがって，正規の税務争訟手続に上げるまでもない事案（調査官の法解釈や事実認定に明白な誤りがある場合等）については，そもそも課税処分に至らないように，税務調査段階で徹底的に争っておくのが望ましいといえます。これが第一の視点（効率的な紛争解決の視点）です。

② 課税処分がなされ税務争訟になった場合のことも考えながら動く

第二に，税務調査段階で調査担当者とせめぎ合っていく場合，課税当局に納税者側の手の内を一定の範囲で知られてしまうといったことが懸念されます。特に複雑な事案の場合，当局の課税ロジックに対する的確な対応は，時間の制約等もあってかなり難易度が高く，そのような場合に，納税者が慎重さに欠ける反論を当局に提出してしまうと，一気に形勢が不利になることも想定されます。

税務調査段階で当局に提出したポジションペーパーに，納税者に不利な内容が盛り込まれていたとすれば，最悪の場合，審査請求や税務訴訟の段階で，当局（国）側から証拠として提出されることによってその点を蒸し返され，納税者としても，税務争訟を戦い抜く上でのポジショニングが難しくなるといったことも考えられます。

そのような事態に陥らないためにも，税務調査で当局と対峙するに当たっては，どの範囲で納税者側の考え方を当局に開示するかといった情報管理の点も十分に意識しながら，慎重な対応をとらざるを得ない場合もあります。これが第二の視点（慎重な紛争解決の視点）となります。

第 2 章 税務調査において当局と的確にせめぎ合うための課税要件充足性の判定手法 　23

③ 両視点のバランスをとるためには課税要件充足性の徹底分析が不可欠

　効率的な紛争解決と慎重な紛争解決という対立した視点を適切に使いこなすには，かなりの経験と技術が求められます。慎重な対応を意識しすぎるあまりに税務調査段階での主張に大胆さがなくなり，結局，本来打たれなくてもよい課税処分を打たれてしまったということでは，意味がありません。その一方で，調査段階でかなり詳細な主張をしたものの，結局，課税処分を打たれ，挙句の果てに，調査対応時の納税者の主張内容が，その後の税務争訟過程で，納税者に不利に用いられるといった事態は避けたいところです。

　納税者としては，常に上記 2 点のバランスを考えながら税務調査対応を行う必要があるといえますが，判断のさじ加減を見誤らないためには，調査担当者が主張する課税ロジックに関する課税要件充足性の検証を徹底的に行うことが有益です。その際に意識すべきステップを以下列挙しておきます。

---

① 調査担当者が主張する課税ロジックはどういった内容のものかを分析し，特
⇩ 定する
② 上記の過程で特定された課税ロジックはいかなる課税要件（具体的な租税法
⇩ 令）と結び付くか検討する
③ 複数の課税要件と結び付く可能性がある場合は，あらゆる可能性について分
　 析しておく（例えば，移転価格税制に関する課税要件か，それとも国外関連
⇩ 者寄附金に関する課税要件かといった視点）
④ 特定の課税要件と結び付けた後は，課税要件事実レベルでの分析を行う。そ
　 の際は，課税当局が争点整理表でどのような分析を行っているか予測しなが
⇩ ら行うとより有益である（争点整理表の逆利用）
⑤ 課税当局が課税要件事実を認定し得ない事情があるとすれば，どういった要
　 因が考えられるかを戦略的に分析する。その際，争点として設定すべきなの
⇩ は，法令解釈レベルか事実認定レベルかの見込みをつける
⑥ 調査担当者との議論が空中戦にならないように，争点はできる限り明確に
　 絞っておくことが望ましい（移転価格税制に基づく課税であれば，独立企業
　 間価格算定方法の選定レベルの問題か，それとも比較対象取引の選定や差異
　 調整レベルの問題か）

　以上のように，問題点をできる限り細かい論点にブレークダウンした上で，これらの論点が税務調査段階で課税当局と折り合いをつけることのできそうな

ものかどうかを吟味することになります。

　裁判例もないような未知の領域の法解釈が問題となるような事案においては，課税当局も簡単にはあきらめずに課税処分を目指してくる可能性が高いといえます。このような場合は，紛争解決の効率性を一歩後退させ，審査請求や税務訴訟における解決を模索することが効果的ともいえます。

　これに対して，想定される課税金額が高額となることが予想される場合であっても，課税要件を徹底的に吟味した結果，当局の課税ロジックに明らかな誤りがあることの確信を持つことができるような場合は，課税ロジックの誤りをポジションペーパー等で徹底的に指摘することで，効率的な紛争解決につながることも考えられます。

　上記のような判断は，税務調査の経験値の高い上場会社の経理部等では比較的円滑に行うことができるかもしれませんが，判断に悩むケースもあるでしょうから，そのような場合は専門家に相談して適切な対応方法について協議するのが有益です。

　調査担当者から修正申告の勧奨を受けた場合，特段の理由もなく安易に修正申告に応じるのはもちろん論外ということになりますが，課税要件充足性を十分に検討した結果，当局の見解が明らかに正しいと判断されるのであれば，修正申告や課税処分の受入れといった最終選択をすることもあり得るところです。

コラム　税務調査対応を税理士と弁護士のどちらに依頼するか

　税務調査の立会いを税理士ではなく弁護士に任せるのは，必ずしも得策ではないとする見解があります。この見解は，「弁護士が前面に出ることで，弁護士との交渉に不慣れな調査官の側が過剰に萎縮したり，必要以上に構えたりして，税務調査の進行がぎこちなくなり，対立関係が不必要にあおられる可能性があるため」とその理由について説明しています（安部和彦『税務調査と質問検査権の法知識Q&A』（清文社，2011年）214頁参照）。上記見解は，争訟に発展する可能性が低い通常の税務調査においては，ある程度あてはまるように思います。例えば，争訟に発展する余地のない通常の税務調査において，既に税理士が調査立会いを担当しているのに，途中から弁護士が当該税理士に代わって調査立会いを担当するというのでは，税務調査の進行はたしかにぎこちなくなる可能性があります。

　しかしながら，国際課税（タックスヘイブン対策税制，移転価格税制等）や租税回避が問題となる事案については，通達の形式的あてはめだけで租税法の解釈・適用が完結するものではなく，税法解釈の前提として，私法上の取引や経済活動についての複雑な事実認定が必要となる場合も多いため，弁護士が税理士とは異なる角

第2章 税務調査において当局と的確にせめぎ合うための課税要件充足性の判定手法　25

度から事案を分析して，当該分析結果を税務当局に検討してもらう必要性が高いといえます。また，質問検査において調査の必要性を明らかに超える範囲の資料提出要求があったような場合の対応としても，弁護士であれば，調査手続の違法性といった法的観点を意識して当局と対峙する傾向がより強いといえるかもしれません。あくまで新聞報道にすぎませんが，後述（第4章の4(5)）のIBM事件では，弁護士が調査段階から立会いをして，調査手続に違法性がないかチェックし，はじめから訴訟を見据えた対応を徹底していた，との見方も実際に示されています（日経新聞2014年5月29日記事参照）。

　以上のような点を考慮すると，やはり事案の性格に応じて，税理士と弁護士の税務調査への関与のバランスを柔軟に検討する必要があるように思われます。ただ，個人的には，税理士と弁護士が適宜協力しながら調査対応を行うのが有益と考えていますし，有効に機能する場合が多い印象を持っています。

(2)　見解の相違が埋まらず課税処分を打たれてしまった場合の初動対応

①　不服申立手続に進むか否かの検討

　課税処分は行われないに越したことはないのですが，残念ながら，見解の相違が埋まらず更正通知書が納税者のもとに送付されてくるケースはそれなりに多いのが現状です。それでは，見解の相違が解消しないまま課税処分を打たれてしまった場合，納税者は次のステージとして何をすればよいのでしょうか。考えられる選択肢は，大きく以下の2点に分かれます。

> ①　不本意ではあるが，見解の相違があることをふまえつつ，課税処分を争わないことを決断する
> ②　見解の相違を解消するべく，次の一手を打つ。すなわち，不服申立て，税務訴訟において納税者の見解の正当性を問うていく

　上記①，②のいずれの選択をする場合であっても，課税処分の内容は更正通知書として納税者のもとに送付されてくるため，納税者は，選択の合理性を担保するためにも，更正通知の内容を詳細に確認するのが基本です。

　なお，①の選択をする場合，税務調査終結の段階で，納税者において課税を争うか争わないかの決断を下しているケースが多いものの，例えば更正処分が計算上の誤りを含んでいるとも限らないので，更正通知の内容は隅から隅まで

詳細に確認すべきです。

② 更正通知書において求められる理由附記の程度

　青色申告に対する更正の場合，もともと更正通知書に更正の理由を附記することが求められてきました。理由附記が十分になされていない場合は，更正の取消しに結び付き得るという点で，理由附記は，課税当局にとっても納税者にとっても重要な検討事項となっています。理由附記として求められる程度については，関連する最高裁判決を以下紹介しておきます。

最判昭和60年４月23日民集39巻３号850頁

　法人税法130条２項が青色申告にかかる法人税について更正をする場合には更正通知書に更正の理由を附記すべきものとしているのは，法が，青色申告制度を採用し，青色申告にかかる所得の計算については，それが法定の帳簿組織による正当な記載に基づくものである以上，その帳簿の記載を無視して更正されることがないことを納税者に保障した趣旨にかんがみ，更正処分庁の判断の慎重，合理性を担保してその恣意を抑制するとともに，更正の理由を相手方に知らせて不服申立ての便宜を与える趣旨に出たものというべきであり，したがって，<u>帳簿書類の記載自体を否認して更正をする場合において更正通知書に附記すべき理由としては，単に更正にかかる勘定科目とその金額を示すだけではなく，そのような更正をした根拠を帳簿記載以上に信憑力のある資料を摘示することによつて具体的に明示することを要するが</u>（…略…）帳簿書類の記載自体を否認することなしに更正をする場合においては，右の更正は納税者による帳簿の記載を覆すものではないから，更正通知書記載の更正の理由が，そのような更正をした根拠について帳簿記載以上に信憑力のある資料を摘示するものでないとしても，更正の根拠を前記の更正処分庁の恣意抑制及び不服申立ての便宜という理由附記制度の趣旨目的を充足する程度に具体的に明示するものである限り，法の要求する更正理由の附記として欠けるところはないと解するのが相当である。

　上記の最高裁判決が示すとおり，青色申告の場合，帳簿書類の記載自体を否認する場合とそうでない場合（事実に対する法的評価を否認する場合）とがあり，それぞれで理由附記として求められる程度に違いがあることに留意すべきです。同最高裁判決においては，事実に対する法的評価を否認する場合であっても，処分庁が法的評価に係る判断過程を省略することなく記載し，自己の判断過程を逐一検証し得るようにしておく必要があることが示唆されています。したがって，納税者としては，事実に対する法的評価の否認が問題となるケー

第2章　税務調査において当局と的確にせめぎ合うための課税要件充足性の判定手法　27

スでは，このような観点からも更正理由を確認し，理由附記の違法がないか検証しておくことが大切です。

③　更正通知書のチェックポイント

　納税者は，上記の基礎的知識を前提にしながら，更正通知の記載内容をチェックしていくことになります。そもそも，理由附記は，処分理由を納税者に知らせて不服申立ての便宜を与えることも目的としている以上，附記された理由から処分理由の誤りを見出せば，積極的に不服申立てを行うことも視野に入れるべきといえます。更正通知書の記載内容については，**図表2−2**のチェック項目記載の点を意識しながら検討すると有益です。

図表2−2　更正通知書のチェックポイント

チェック項目	期待される効果
税額に単純な計算誤りがないか	計算ミスに関しては，不服申立ての早い段階（再調査の請求）で課税当局が是正してくれる可能性が高い
事実関係が適切に記載されているといえるか。記載されている事実は，証拠による裏付けがあるものといえるか	事実認定に明確な誤りがある場合，税務訴訟に至る前の段階（審査請求等の不服申立段階）において処分取消しが比較的認められやすい
事実に対する法的評価（処分理由として挙げられている法的構成）は適切に行われているといえるか	事実に対する法的評価の方向性に誤りがある場合，課税要件を充足しない可能性がある。また，当局による法的評価の方向性を知ることで，税務争訟における有効な戦略を早期に立てやすくなる
更正通知書記載のものとは別の課税根拠があり得る場合，税務訴訟に発展した際の処分理由の差替えリスクはないか	初動の分析段階で，ここまで読み切るのは至難の業である。ただし，処分理由差替えの可能性をふまえた慎重な対応を行っておくことで，将来の税務争訟におけるリスク管理に役立つ場合がある

　このように，更正通知書を一定の視点に立って分析的にチェックするだけで，課税当局が課税処分に当たって考えていたことが，かなりの程度浮き彫りになり，その後の打ち手を検討しやすくなります。特に，課税処分を税務争訟手続で争おうと考えるのであれば，更正通知書の熟読，分析が初めの第一歩となる

ことを，まずは理解しておくことが肝要です。

④　上場会社の場合の留意事項

　上場会社の役員は，課税処分を争わないと判断する場合，課税処分の内容次第では株主代表訴訟のリスクにさらされる可能性があります。そこで，仮に修正申告や更正処分の受入れをする場合であっても，そのような判断を行う合理性を確保するために，弁護士等の専門家の見解を求めることが有益な場合も多いといえるでしょう（更正処分と取締役の経営判断の関係については第5章の(1)②参照）。

　特に処分金額が大きいなど会社に対する影響が大きい課税案件については，専門家の意見書等の取得を含めて，できる限り慎重な分析・検討をしておくことが無難といえます。

　次に，更正処分の規模にもよりますが，上場会社は，適時開示や任意のプレスリリースの要否について検討しなければならない場合も考えられます。実務では，プレスリリースのタイミングも考慮に入れながら，更正通知書の送達時期が決定されるケースもあるようですが，納税者が処分内容の開示をする場合は，いずれにしても，広報等の然るべきセクションとのすり合わせが不可欠となります。

　どのような文言でプレスリリースを発出するかといった点については，できる限り余裕をもって内部での検討を進めておくべきでしょう。プレスリリースの内容として決まったものがあるわけではありませんが，以下のような事項を盛り込むのが一般的です。

- ・更正通知の日時
- ・更正処分を受けた対象事業年度
- ・更正処分の税目（法人税等）や加算税の有無ないしその種別（過少申告加算税・重加算税）
- ・更正処分の対象となった所得金額と税額（地方税等を含める場合が多い）
- ・更正処分の概要（簡単な事実関係と課税要件の概要が示される場合が多い）
- ・会社の当面の対応方針（課税処分には不服があるため，不服申立てを行う旨のアナウンス等）
- ・決算における対応や財務上のインパクトの概要説明

第2章　税務調査において当局と的確にせめぎ合うための課税要件充足性の判定手法　29

　プレスリリースを行う主要な意義は，財務面の影響を投資家やその他のステークホルダーに正確に伝えることではありますが，大規模な事案や重要な争点を伴う事案については社会的な注目を集めやすいといった事情もあるため，そのような点も意識しながら，プレスリリースの記載内容を慎重に吟味するのが望ましいといえます。

　不服申立てを行うことが決定しているようなケースでは，プレスリリースの記載内容がその後の不服申立手続に与える影響等も考慮する必要があることから，代理人に就任予定の専門家とあらかじめ打合せをしておくのが有益です。

(3)　見解の相違はあるものの修正申告をする場合の留意点

👈 着眼点

・修正申告をする場合は，柔軟な課税要件事実の認定をすることで事実上の和解的解決が可能となるというメリットがある。
・一方で，誘導的な修正申告の勧奨により誤った修正申告をしてしまう場合や執拗な税務調査をかわすために戦略的修正申告をする場合も想定され，これらの場合は，更正の請求による解決も視野に入れるべきである。

①　見解の相違があるのに修正申告を行うことの意義・問題点

　税務調査時に課税当局との折衝を行った結果，最終的に修正申告をすることになるケースは比較的多いものと思われます。修正申告とは，申告等の内容を自己に不利益に変更する申告のことをいいます。例えば，移転価格税制や国外関連者寄附金といった国際課税に関連する分野でも，近時は，税務調査段階で当局から修正申告の勧奨があり，実際に修正申告により問題の解決が図られるケースも一定数あると言われています。

　ところで，修正申告するケースと更正処分がなされるケースの違いは一体どういったところにあるのでしょうか。この点は，これまで分析的な検討があまりなされてこなかったところです。本書は，課税要件というフレームワークをもとに，客観性・透明性をできる限り高めた税務上の解決を提案することを目的としている関係上，以下，両者の相違点に関する基本的整理を試みることにします（**図表2-3**）。

図表2－3 修正申告と更正処分の違い

	修正申告	更正処分
メリット	当局のスタンス次第では，比較的柔軟な解決が可能となる。課税要件事実に関しても，当局と納税者の合意の範囲で認定されるなど，事実上の和解的処理が可能となる	更正処分を行うには当局内での決裁，更正通知書の作成等が必要となり，課税の恣意性はある程度抑制される。更正処分を争う争わないにかかわらず，当局の正式な課税根拠を書面でひとまず確認することができる
デメリット	想定を誤ると，不要な納税，過大納付のリスクが生じる。しかも，第三者の判断を仰がない状態での当局との手打ち的解決になるため，客観性・透明性の確保が困難となる	いったん更正処分がなされると，その後の和解的解決は困難となる（手続的硬直性）

　以上の分析からもわかるとおり，修正申告は，課税当局と前向きな協議ができる限りにおいて，比較的柔軟な解決に結び付きやすいというのが最大のメリットになります。課税当局にとっても，更正処分を行うのであれば，想定される課税要件から導かれるフルスコープの課税が前提となりますが，修正申告の場合であれば，税額の計算過程で若干の譲歩を行うなどして，更正処分の場合よりも一歩引いた緩やかな課税（課税金額も更正処分の場合よりも多少なくなる余地あり）が可能となるかもしれません。修正申告により上述のような処理が可能となるということは，納税者の立場からすると，事実上，和解的処理が確保されていると考えることもできます。

　これに対して，更正処分を受ける選択をするメリットは，やはり客観性が担保されやすいということに尽きます。たしかに，いったん更正処分がなされると，よほどの例外的事由でもない限り（計算間違いの発覚等），当局は自発的に減額更正処分（再更正処分）をすることはありませんし，税務訴訟に至った場合であっても国との訴訟上の和解は現行法上認められていません。しかしながら，税務不服申立てや税務訴訟（更正処分取消訴訟）の場合，徹底的に課税処分の内容を争い，第三者（審判官や裁判官）の判断のもとで白黒はっきりさせることができるというメリットもあり，このような客観的な処理を望む場合は，原則として更正処分を受けることを選択する必要があります。

②　更正の請求の活用

　いったん修正申告をしてしまうと，再調査の請求や審査請求といった不服申立てを行う機会は失われることになります。一方で，修正申告をした場合，修正申告の内容に従って課税標準や税額等のすべての要素が最終確定してしまうかといえば，必ずしもそのようなことはありません。

　租税実務においては，申告等によっていったん確定した課税標準等または税額等を自己に有利に変更すべきことを税務署長に求めるためのものとして，更正の請求ができることになっています。さらに，更正の請求が可能という点は，期限内申告を行う場合に限らず，税務調査を経て修正申告や期限後申告（無申告であった場合）を行う場合にも等しくあてはまります。このことは，以下の国税通則法74条の11第3項が示すとおり，課税当局は調査終了時に修正申告・期限後申告を勧奨する場合に，併せて更正の請求ができることを納税者に教示しなければならないことからも明らかです。

【国税通則法】
第74条の11　（1項略）
2　国税に関する調査の結果，更正決定等をすべきと認める場合には，当該職員は，当該納税義務者に対し，その調査結果の内容（更正決定等をすべきと認めた額及びその理由を含む。）を説明するものとする。
3　前項の規定による説明をする場合において，当該職員は，当該納税義務者に対し修正申告又は期限後申告を勧奨することができる。この場合において，当該調査の結果に関し当該納税義務者が納税申告書を提出した場合には不服申立てをすることはできないが更正の請求をすることはできる旨を説明するとともに，その旨を記載した書面を交付しなければならない。

　更正の請求の期間は，従前は1年とされていましたが，平成23年度税制改正により，一般的に法定申告期限から5年（ただし，一定の例外があり，例えば，法人税に係る純損失等の金額については9年）以内であれば認められることになりました。そうすると，納税者としては，諸般の事情により不本意ながら修正申告に応じてしまったケースであっても，更正の請求を通じて修正申告の内容を是正し得る場合があります。権利として明確に認められている以上，修正申告後であったとしても，更正の請求は，使うべきところで使っていくのが本来の姿といえます。

しかしながら，実務では，特殊な場面で戦略的に修正申告後の更正の請求を活用しているケースが一部みられるものの，一般的にはあまり用いられていない印象があります。

修正申告後の更正の請求に対するネガティブな意見としては，以下のようなものが挙げられます。

・修正申告により自己に不利益に申告内容を変更しておきながら，その後，気が変わって更正の請求を行ったとしても，スタンスを二転三転させた経緯からすれば，減額主張の信頼性ないし根拠は薄弱ではないか………………………………①
・いったん課税当局と税務調査終了の段階で折り合った事項を，後になって更正の請求により蒸し返してしまうと，その後の当局との関係が悪化してしまうのではないか……………………………………………………………………………②
・課税当局が示す見解を争っていくのであれば，「修正申告→更正の請求」などという迂遠な方法をとるのではなく，端的に更正処分を受けた上で，不服申立て，税務訴訟で争っていけばよいのではないか……………………………………③
・更正処分取消訴訟においては，主張立証責任が国側にあるのに対して，更正の請求を行った場合は，更正の請求に理由がない旨の通知処分の取消訴訟において，納税者側が主張立証責任を負わされるため不利ではないか………………④

これに対して，修正申告後の更正の請求に積極的な活用可能性があることを提唱する立場からは，以下のような反論が考えられます。

・客観的であるべき課税要件事実（課税標準等，税額等）はこの世にただ一つだけである。「修正申告→更正の請求」というやや迂遠なステップを踏むとしても，それは単に手続選択の問題であり，客観的な課税要件事実の認定はさほど影響を受けないはずである。
・たしかに主張立証責任の配分の問題はあるものの，主張立証責任の所在だけで税務争訟の結論が左右される事案は限定的である。

以上のように，修正申告後の更正の請求には比較的積極的な評価もなされているところであり，修正申告に対する更正の請求について積極的な活用を検討すべき場面が今後少しずつ増えてくるものと思われます。ただし，修正の申告に対する更正の請求には，上述したような問題点（リスク）も一応あることから，専門家への相談をふまえた慎重な検討を行っておくことが望ましいでしょう。

③ 更正をすべき理由がないとされた場合のその後の手続ルート

前述のとおり，更正の請求は税額等を自己に有利に変更すべきことを税務署長に求めるものであり，更正の請求書を提出してそのような変更を求めるのが第一ステップとなります。

仮に更正の請求が当局において認められれば，更正の請求の内容に対応する減額更正処分を当局が行うことによって解決が図られることになります。

一方で，当局が，更正の請求を認めない場合は，「更正をすべき理由がない旨の通知書」が納税者のもとに送付されます。納税者は，このような通知処分に不服がある場合は，更正をすべき理由がない旨の通知処分の取消しを求めて税務不服申立てを行い，これが棄却された場合はさらに税務訴訟へと進むことになります。

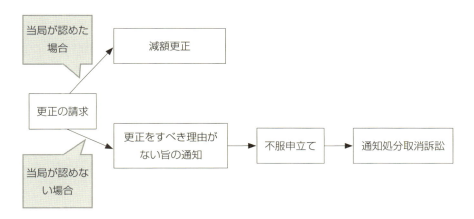

(4) 国際課税事案の税務調査の特殊性

① 移転価格調査の特殊性

―👉―**着眼点**―――――――――――――――――――――――――――

・移転価格調査には，一般調査とは違った特殊性があり，その点を意識した対応を行うことにより，税務調査段階で，できる限り有利なポジションを獲得すべきである。

ⅰ） 移転価格調査の調査必要性の判定

　移転価格税制は，グループ企業との取引を通じた所得の海外移転に対処し，適正な国際課税を実現することを目的として，昭和61年に制度化されたものです。移転価格調査は一般の税務調査よりも長期間にわたることが多く，また，移転価格調査の結果，課税額が多額になる場合があることが指摘されています。さらに，移転価格課税によって生じた二重課税については，税務当局間の相互協議による対応が考えられますが，解決までに長期間かかるといった声もあり，移転価格課税後の二重課税の解消に向けた一連のプロセスは，企業と税務当局の双方にとって大きな負担となり得ることを国税庁自身が認めています。

　このように，移転価格税制の執行は，企業に多大な負担をかけることが想定されるため，移転価格調査の対象となった企業は，その対応方針について，最終的な解決枠組みの選択（大きく分けると，相互協議による解決，審査請求，訴訟といった国内争訟による解決に分類できます）もふまえつつ，慎重に検討する必要があります。

　国税庁の資料（「Ⅰ　移転価格に関する国税庁の取組方針～移転価格文書化制度の整備を踏まえた今後の方針と取組～」（国税庁 HP：https://www.nta.go.jp/taxes/shiraberu/kokusai/itenkakakuzeisei/pdf/takokuseki_01.pdf））（平成30年5月31日最終確認）によれば，移転価格調査に係る調査必要度の判定は以下のとおり行われると指摘されています。

　申告状況，過去の調査情報，マスコミやその他の公開情報など様々な情報を活用しつつ，以下の観点を含め，納税者とその国外関連者の機能・リスクも勘案しつつ多角的に検討を行い，移転価格調査に係る調査必要度を判定する。
- 内国法人が赤字又は低い利益水準となっていないか
- 国外関連者の利益水準が高くなっていないか
- 国外関連者への機能・リスクの移転などの取引形態を変更している一方，それに伴い適切な対価を授受していないことや，軽課税国の国外関連者に多額の利益剰余金が存在すること等により，国外関連者に所得が移転していると想定されないか
- 国外関連者に所得を移転させるタックスプラニングが想定されないか
- 過去に移転価格課税を受けているにもかかわらず，当事者の利益水準等に変化が見られないなどコンプライアンスに問題が想定されないか
- 内国法人と複数の国外関連者間で連続した取引（連鎖取引）を行い，利益配分状況や国外関連者の機能などが申告書上では解明できず，確認を要さない

第2章　税務調査において当局と的確にせめぎ合うための課税要件充足性の判定手法　　35

> か
> 　さらに，今後は，移転価格文書化制度の整備に伴い，CbC レポート及びマスターファイルが新たに企業等から提供されることとなることから，適切に移転価格調査を実施するため，これらの情報も，移転価格調査に係る調査必要度の判定に活用する。

　上記のとおり，調査必要度の判定に際しては，内国法人や国外関連者の利益水準の高低に着目するのが基本形といえますが，国外への所得移転に向けたタックスプランニングや利益水準に係るコンプライアンスの履行状況といった点も問われることになります。そこで，国外関連取引を有する日本法人としては，当該取引に関して何らかのタックスプランニングを行っている場合や過去に移転価格課税を受けているような場合，適切な移転価格ポリシーに基づきグループ内における所得配分を実行・管理することが，コンプライアンス・ガバナンスの観点からも望ましいということになります。

ⅱ）　移転価格調査の実施形態

　移転価格調査においては，①諸情報を適切に分析・検討し，②移転価格税制上の問題の有無を的確に判断した上で，③適切な進行管理の下，調査法人との間で論点を明確化しつつ，④課税要件事実の認定および移転価格税制に係る関係法令の適用を適正に行うこととされています。ここでは，税務調査の手続的な特徴に絞り，上記③を中心に解説します。

　移転価格税制の場合，国外関連取引の実態把握に加えて，適切な独立企業間価格算定方法や比較対象取引の選定といった複雑な作業が必要となるため，税務調査は，国税当局と納税者（調査対象法人）との間で，問題となり得る論点を少しずつ明確化し，議論を積み上げていくようなプロセスになります。調査担当者は，必要に応じて，中間意見，最終意見といった形で納税者に書面を交付する場合がある一方で，納税者としても，ポジションペーパーという形で，納税者の見解をぶつけて対抗していく場合があります。

　例えば，調査担当者が，独立企業間価格算定方法として残余利益分割法が最も適切であるとの意見を述べてきた場合に，納税者は，独立価格比準法ないし再販売価格基準法（いわゆる基本三法と呼ばれている算定方法であり，平成23年度税制改正前の法令では基本三法が適用できない場合にはじめて利益分割法

を含めたその他の方法を適用し得る，とされていました）が最も適切な算定方法であると主張していく場合があります。

こうしたせめぎ合いは，まさに，移転価格税制における課税要件事実の認定をめぐる当局・納税者間の攻防の一場面といえます。一般的な税務調査は，必ずしも上記のような書面のやり取りによって進行するとは限らないことと比較すれば，移転価格事案は，税務調査段階でかなり精緻な課税要件事実の検討が行われると評価することも可能です。

このことは，ある意味，納税者にとって有利であるともいえます。特に，調査担当者の書面意見が交付されるようなケースにおいては，当局側の課税要件事実の認定手法がある程度はっきりと示されるため，上記認定過程に誤りがあると考えられる場合，納税者は，攻撃するターゲットを絞ることができ，積極的かつ効果的な反論が可能となるからです。納税者としては，移転価格調査の上記のような特徴を有効に活用しながら，税務調査対応を行うべきといえるでしょう。なお，前述の国税庁の資料でも，上述した移転価格調査のプロセスの一部が以下のように紹介されており，参考になります。

　移転価格調査においては，個々の実態に即した多面的な検討を行うとともに，複数回にわたり，法人と議論を重ねて最終的な課税処理の判断を行うこととなります。移転価格税制の適正かつ円滑な執行を図るため，国税局の調査部が実施する一定の移転価格調査事案については，国税庁において，調査課，相互協議室，審理室等の関係課室で必要に応じて協議を行いつつ，組織的な検討を行うこととしています。また，必要に応じて，中間意見，最終意見などといった書面を提示するなどにより，法人との間における論点を明確化しつつ調査を実施しています。

---

iii） 移転価格調査と一般調査の関係，移転価格調査に要する期間

　移転価格調査には，一般法人税調査と異なる特殊性，複雑性があることは前述したとおりです。また，移転価格調査で必要となる資料は膨大な量になるため，調査法人による資料の提示・提出にはかなりの時間がかかるといった事情もあります。

　そうすると，移転価格調査に要する期間は，一般の法人税調査よりも長くなるのが通常です。国税当局は，「調査着手後２年以内には調査を終了することを目安として，効果的・効率的に移転価格調査を行うこと」を想定しています。

第2章　税務調査において当局と的確にせめぎ合うための課税要件充足性の判定手法　　37

その一方で，国税通則法の改正（平成23年度税制改正）によって，調査の単位は，原則として税目および課税期間によって画され，調査単位ごとに改正後国税通則法の各規定が適用されることになりました。その結果，法の建前からすると，同一の事業年度に対する移転価格調査と一般調査は，一つの調査単位として同時に実施するのが原則となります。そこで，実質的に長期間を要するという移転価格調査独自の要請と，上記の国税通則法の建前をどのように調整するかが重要な課題となってきます。

この点については，納税者の事前同意がある場合は，納税義務者の負担軽減の観点から，移転価格調査と一般調査を区分し，それぞれを一つの調査単位とする特例的な取扱いがなされていることに注意が必要です（国税通則法第7章の2（国税の調査）関係通達3－1(4)イ）。課税当局は，移転価格調査を実施する場合，事前通知を行う前に，納税義務者に対して調査の区分に同意するかについて確認を求めることになるため，納税義務者は，これに対してどのように対応するかを決めておく必要があります（同意する場合は，「法人税の調査の区分に関する同意書」の提出を求められます）。

納税者が区分調査に同意しない場合の課税当局の対応としては，①一般法人税調査の期間の範囲内で移転価格調査も終了させてしまう方法と②移転価格調査に長期間を要することを見越して一般法人税調査の終了期間を延長させる方法が考えられます。

いずれの選択となる場合であっても，本来客観的であるべき移転価格税制の課税要件事実の認定がいい加減になるのでは本末転倒です（本来課税されるべきものがまったく課税されないというのも，本来課税されるべきではないものが中途半端に課税されるのも望ましくありません）。納税者としては，移転価格税制の課税要件事実の認定プロセスができる限り自己に有利になるような手続を戦略的に選択することも重要ですが，例えば，移転価格調査が短期間で終了することを前提として，本来の課税要件事実とはかけ離れた修正申告に安易に応じる（あるいはそのような更正処分に対して不服申立てをしない）といった選択をするのは，避けるべきでしょう。

なお，移転価格税制との関係では，修正申告をしてしまうと，相互協議の申立てを行うことができなくなります。その場合は，相互協議を通じた二重課税排除の手段がなくなるため，その点にも十分に配慮した最終判断が求められます。

② その他の国際課税事案の調査の特殊性

👉 着眼点

・海外に所在する関連資料や関係者に対する税務調査が問題となる。タックスヘイブン対策税制との関係では，租税条約に基づく情報交換規定を利用した海外資料の収集等にも留意するべきであるが，平成29年度税制改正に伴う関連資料不提出の場合の推定ルール等も考慮した対応が今後は重要となり得る。
・外国語で作成された資料（英文契約書）については，重要文言の翻訳に細心の注意を払った当局対応をするべきである。

ⅰ） 海外にある関連資料に対する税務調査

　移転価格以外の局面でも，国際課税に関する税務調査は，純粋な国内事案と比べてやや特殊な様相を呈する場合が多いといえます。例えば，タックスヘイブン対策税制は，国外の会社の所得を合算して課税する制度であることから，必然的に，調査の対象が，国外に関連する事項にまで広がることになります。適用除外基準ないし経済活動基準（平成29年度税制改正後）の充足性を判定する場合であっても，特定外国子会社等（外国関係会社）の営む事業の実態を一つ一つ丁寧に分析検討する必要があります。

　ところが，事業実態を基礎付ける資料等は，基本的に海外の子会社等において管理されているのが通常であり，そのすべてを親会社である課税対象法人が保有しているわけではありません。タックスヘイブン対策税制に基づく課税を行う場合，税務調査において上記のような資料を収集する必要があるところ，日本の税務当局は，海外出張をして海外法人の調査に入り，同法人の保有する資料を勝手に持ち帰るわけにもいきません（外国の主権を侵害するおそれ）。

ⅱ） 納税者の対応

　そこで，当局は，タックスヘイブン対策税制の課税対象となる個人株主や親法人に依頼して，海外の事業実態等に関する資料を入手することによって，関連資料の把握に努めるのが通常です。したがって，納税者としては，これらの要求にどの程度応じるかがまずは問題となります。この点は，当局が「調査の必要性」をどのような観点から主張するかにもよる問題ですが，納税者側としては，必要性の認められない網羅的な資料要求に対しては，漫然と応じること

第2章　税務調査において当局と的確にせめぎ合うための課税要件充足性の判定手法　39

のないよう留意すべきといえます。

　納税者が，一定の範囲で当局の資料提出要求を拒絶した場合等に考えられる懸念事項として，当局が，租税条約における情報交換規定により，子会社所在地国の政府の協力を通じて必要な情報を入手することが挙げられます。たしかに，この点はリスクとして一応認識すべきところですが，所定の資料の提出等がない場合の推定ルールを導入した平成29年度税制改正等をふまえると，情報交換規定を通じた情報収集が今後どの程度積極的に活用されるかは未知数です（タックスヘイブン対策税制との関係については第4章の6参照）。

iii)　外国語による資料の取扱い

　一方で，タックスヘイブン対策税制を含めた国際課税事案の税務調査においては，調査の必要性の観点からすると，海外の子会社に関する資料を提出すべき場合が多くありますし，実際の税務調査でも，かなり広範にわたる海外子会社がらみの関連資料が提出されているのが実状です。

　そこで問題となるのは，当局の要求に応じるとした場合に，関連する契約書や決算書等のうち外国語で記載された資料をそのまま提出するか，それとも翻訳を付すかといった点です。調査対象資料の分析検討は，当局側の仕事ですから，当局から翻訳を求められても，これに応じる義務はないはずです。にもかかわらず，税務調査では，当たり前のように網羅的な翻訳の提出が要求される可能性もあるため，慎重な対応を心掛ける必要があります。

　ただし，納税者の側から翻訳を提出しなければ，当局が誤った翻訳をして，そのような翻訳に基づき課税スタンスを固めてしまうリスクもあります。そうなる前に，納税者の側から，正しい翻訳を提出したほうがむしろ有利に働く場合もあるため，ケースバイケースで適切な対応方法を見極めていく必要があります。

iv)　翻訳についての留意点

　なお，翻訳をめぐる納税者と当局間の見解の相違は，国際的な税務事案において，比較的発生しやすいものと心得ておく必要があります。取引の性格は，契約書に規定された文言を客観的に解釈することにより導かれるものですが，翻訳という要素が介在すると，本来の英文の意味を完全に逸脱するような誤訳がなされるリスクが生じます。当局による誤訳をいったん受け入れてしまうと，

取引の性格は誤訳によって基礎付けられ，その後の手続においても当然の前提として一人歩きする可能性があります。税務調査過程で当局の翻訳に少しでも違和感を持ったならば，国際税務，国際法務を扱っている弁護士が在籍している法律事務所に正しい意味を問い合わせるなどして，安易に当局の方針を認めてしまわないように注意しなければなりません。

コラム　翻訳の正確性チェックの重要性

　筆者は，国際課税がからむ税務案件を比較的多く取り扱っていますが，そのような事案においては，外国語で記載された資料（契約書，会計帳簿等）が課税の根拠として用いられることが多く，日々の業務でもその対応に追われています。

　本コラムでは，租税法を専門とする弁護士の観点から，事案の背景を知らずに英文契約等の逐語的な翻訳をするだけでは，税務案件への対応として必ずしも十分とはいえない点を指摘しておきたいと思います。

　例えば，①複数の英文契約が複雑に絡み合って一つのディールを構成している事案，②当局が英文契約の内容は取引実態とずれているとの認定を行おうとしている事案などでは，取引全体における各契約の位置付け等を的確におさえながら，契約書を検討しなければ，文脈に合わない形式的な翻訳や解釈をすることにもなりかねず，逆にリスクを高めてしまう結果になります。

　したがって，国際税務案件に対応する際は，国際税務と国際法務の両分野に精通した専門家（弁護士等）が，翻訳業者やパラリーガルによる翻訳のチェックも含め，全体を見渡した総合的な対応をすることが有益です。

第2章　税務調査において当局と的確にせめぎ合うための課税要件充足性の判定手法　　41

| コラム | 英文契約における特定の文言の解釈（翻訳）が問題となった係争 |

　契約書における特定の文言の翻訳・解釈が問題となった事案は複数ありますが，代表的なものとしては，納税者側が勝訴したガイダント事件（東京地判平成17年9月30日，東京高判平成19年6月28日，最決平成20年6月5日（上告不受理））があります。ガイダント事件は，匿名組合からオランダ法人に対して支払われた利益に対して我が国の課税権が及ぶかが問題とされた事案です。同事件では，関連する契約が匿名契約かそれとも任意契約かが問題となり，その一環として契約における「interests」という文言の解釈が問題となりました。

　本件では，日本法に基づき匿名組合が設立され準拠法が日本法とされていたにもかかわらず，国側は，オランダやアメリカのパートナーシップ契約に基づく文献等により，パートナーシップ契約における「interests」が通常「持分」の意味で用いられているといった形式論を前提とした主張を展開しました。

　第一審，控訴審ともに，このような国側の主張は一蹴され，「本件契約書においても，我が国の商法に基づく匿名組合を設立したこと及び本件契約は日本法に準拠することがそれぞれ規定されていることなどから，本件契約書の「interests」という文言が，本件契約で意図した匿名契約と相反する任意組合の徴憑ともいえる「持分」を意味するとの解釈は到底採用できない」といった判示が最終的になされました。本件は，課税当局（国）が契約書の文言を都合のいいように翻訳（解釈）したことが，裁判所に否定された代表例といえるでしょう。

　このように，課税当局が，外国語で作成された契約書の特定の文言について，予想外の翻訳（解釈）を付して課税権を行使してくる可能性があることに留意した実務対応が求められます。

4 取引組成（実行）から税務調査前までの段階における課税要件の検討

(1) 取引組成（実行）段階で課税要件の充足性を検討する意義

着眼点

・取引組成（実行）から税務調査前までの段階における税務上のリスクコントロールにおいて，契約書作成は法務部，知財管理は知財部，税務上のリスク管理は税務部（経理部）といった形式的な役割分担は危険であり，部門間の連携が不可欠である。

・取引組成（実行）から税務調査前までの段階において留意すべき点として，①契約書，その他の関連文書の的確な作成，②事前確認によるリスクコントロール，③文書化による推定課税の回避，④的確な文書管理等があり，状況に応じてそれぞれを有効に実行することが重要である。

　個人ないし法人が，何らかの取引を実行しようとする場合，その取引から生じる税務上の効果（最終的な税額のほか，税額控除等の恩典を利用することができるかといった点も含みます）について一定の考慮をするのが通常であり，その前提として関連する租税法令，通達等を検討することになります。

　通常では組成しないような取引を組成し，租税負担を減らす努力を行う場合もあり得ます。そのような試みが，当局に租税回避と認定され，予想外の課税処分を受ける場合もあります。あるいは，租税回避案件として当局から課税処分を受けたものの，プランニングが奏功して，税務訴訟では納税者が勝ちきれる案件などもあるでしょう（実際そのような裁判例がいくつかあります）。

　いずれにしても，納税者が税金面を考えながら実行する取引・行動は，①通常の取引の枠内であり，せいぜい節税の域を出ないもの，②租税回避と認定され，当局から課税処分の対象とされてしまうもの，③脱税として刑事手続にも服するタイプのもののいずれかに分類されます。

　もちろん，③の脱税ともなると，課税要件事実を意図的に秘匿するものであり，秩序を乱す悪質性の高いものと評価されることから，そのようなことを通

第2章　税務調査において当局と的確にせめぎ合うための課税要件充足性の判定手法　　43

常の取引において考えている納税者はめったにいません。一方で，②の租税回避についても，異常な法形式を採用して，税負担の軽減，排除を図る行為であるという点で不当な行為であるとの世間の評価を受ける可能性もありますが，租税回避を否認する課税処分のすべてが適法というわけではなく，租税回避という評価を背負いながらも最終的に納税者側が全面勝訴で終了する訴訟案件も多いところです。

　①の節税は，そもそも租税法令が予定している範囲で税負担の減少を図ろうとするものであり，税負担が減少したからといって，その効果が否定されることは基本的にありませんし，社会的に不当とのレッテルを貼られるおそれもありません。

　以上をふまえると，自らが行っている取引・活動が上記①ないし③のどの類型に入るのかといった点くらいは，最低限，頭に入れて行動する必要があるということになります（もちろん，③の脱税に該当することを認識しているというのは極めて憂慮すべき事態ですが）。

　なお，いったん組成・実行した取引の性格付けを後から勝手に変えることはできず，取引を変更するのであれば，別途契約書等で取引の変更合意をする必要があります。つまり，取引を組成・実行・変更する都度，納税者は，その税務上の効果を慎重に検討していく必要に迫られます。このようなチェックを怠ると，いつの間にか契約書等の形式と取引の実態にねじれが生じ，思わぬところで，課税要件の充足というトリガーを引いてしまうことがあり，注意が必要です。

　さらに言えば，取引実行段階では租税法令に照らして課税要件を充足しないと考えていたとしても，その後の確定申告の段階では充足性に自ら気が付くかもしれませんし，税務調査で充足を指摘される場合も想定されます。このような事態は，結局のところ，取引時に想定していた課税要件事実と，申告ないし税務調査時に認定する（される）課税要件事実にズレが生じている現象と言い換えることもできます。このようなズレは，結果として，延滞税や加算税（過少申告加算税，重加算税）の支払につながる可能性もあり，事後的な検討結果のほうが正しかったということであれば，事前に税務上の検討を詰め切る力が不足していたということになります。節税の局面であれ，租税回避の局面であれ，上記のような事態に陥らないように，事前の検討をより精緻化することが重要となってきます。

その方策として考えられるのは，以下の点です。

- 取引実行に当たって，経理部，法務部等が協力し合って租税法令に照らした分析をできる限り的確に行う。
- 会社内部の検討だけで不十分と思われる場合は，外部の専門家（弁護士，税理士）の助言も得る。
- 税務上の効果を事前にコントロールする必要がある案件については，当局に事前照会をかけるなどして，できる限り後日に見解の相違が起こらないようにしておく。
- 文書化が求められているもの（移転価格税制等）については，推定に基づく課税がなされないように，的確に文書化を行っておく。
- 税務調査でチェックされたら困るような中途半端な資料は作成しない。
- 逆に，取引の内容や性格付けについて，将来の税務調査で想定外の指摘を受けないように，契約書の細部の文言，議事録，稟議書等の記載を精査しておく。

しかしながら，以上のような一定の配慮をしたとしても，統計的に見ると，税務調査を経た修正申告案件，更正処分案件はかなりの数に上るのが現状です。その原因はどこにあるのでしょうか。考えられる理由はいくつかありますが，主なものを示すと以下のとおりです。

- 取引組成時は，短期間で取引内容を検討する必要があるなど，税務上の効果について正確な検討するための時間的余裕が乏しい。その反面，税務調査を経ての修正申告や更正処分の段階では，取引内容を改めて精査の上，客観的な観点から課税要件事実の認定をしている場合が多い……………………………①
- いくら時間をかけて税務上の論点について事前の精査をし，必要に応じて的確な証拠の整理等をしたとしても，税務調査時にいったん見解の相違が生じてしまうと，担当調査官を説得しきれない事態に陥る……………………………②

取引実行段階でできる限りの課税要件の検討を行ったとしても，どうしても上記①，②のような問題に直面してしまうことがありますが，そのような制約がある中で，どこまで事前検証のパフォーマンスを上げられるかが鍵になってきます。②については，残念ながら税務の宿命ともいうべき問題であり，納税者としては，ある程度割り切って，その後の税務紛争で負けないための準備を徹底しておくことが肝要といえるでしょう。

第2章　税務調査において当局と的確にせめぎ合うための課税要件充足性の判定手法　45

(2)　課税要件を意識した文書（契約書等）作成

着眼点

- 調査担当者の誤解を招かないように，契約書は取引内容を正確に反映するように意識する。
- 税務調査では，契約書の細部が狙われる可能性もあるため，課税リスクから身を守るためにも，できる限り契約書の細かい文言までこだわる。
- 契約書とその他の文書（インボイス，役員会議事録，電子メール等）との間に齟齬がある場合，調査担当者に契約書の信ぴょう性を疑われ，処分証書の法理が瓦解する可能性がある⇒できる限り，契約書とその他の文書の平仄を合わせる。
- 関連裁判例を研究して，契約書をはじめとする各種文書の作成上どういった点が税務争訟で争点となりやすいか分析することが有益である。

①　調査担当者につけ込む余地を与えない文書作り

　税務調査は，契約書，発注書，請求書（インボイス），会計帳簿，議事録，稟議書，取引実行性検討資料，電子メールといった，あらゆる文書ないし電磁的記録を対象にして行われます。想定している取引自体は，課税要件に照らして何ら課税対象にはならなかったとしても，取引に関連する上述の各種文書が，取引本来の性格を適切に反映したものになっていなかったとすれば，そこに調査担当者がつけ込む隙が生じてしまいます。したがって，予期せぬ課税に結び付かないように，取引を基礎付ける文書は，実態をできる限り丁寧に反映するものにしなければなりません。

　特に，契約書は処分証書（意思表示その他の法律行為を記載した文書）に分類されるところ，処分証書が真正に成立している場合には，特段の事情がない限り，その記載どおりの事実を認めるべき，という証拠法則が存在し，処分証書の法理と呼ばれています。

②　契約書作成の重要性と処分証書の法理

　処分証書の法理は，民事訴訟における証拠法則であるとはいえ，課税要件事

実の認定においても重視すべきとする有力な考え方があることから（谷口54頁），取引を新たに実行するに当たっては，まずは，契約書が本来意図している取引の性格を正確に反映するよう，契約書の規定を精緻に作り上げることが最重要であり，当局が課税要件の充足性を検討する際に，契約書の不備をつかれることのないようにしておきたいものです。

なお，契約書のタイトルや主要規定は意図する取引との整合性が取れていたとしても，非常に細かい規定の不備に着目され，契約書の主要部分を無視した当局独自の取引認定がなされることもあります。当局の主張は詭弁の域を出ない場合もありますが，無駄な対応にかかるコストや労力を避けるためにも，契約書の規定は，関連する課税要件に留意しながらできる限り慎重に起案しておくことに越したことはありません。契約書の作成過程で，特定の条項が税務リスクを誘発する懸念がある場合は，顧問弁護士等の専門家に相談して対応を協議しておくのが望ましいといえるでしょう。

③　契約書と他の関連資料の整合性への配慮

次に，課税要件の充足性を意識して精緻な契約書さえ作成すれば，絶対に課税されないかというと，そのようなことはありません。本来は契約書と整合的であるべき関連資料（例えば，請求書，会計帳簿，社内資料）が，何らかの理由で契約書の内容とズレてしまっている場合，契約書以外の関連資料こそが真実の取引（法律関係）を基礎付けるものであり，契約書の内容に信ぴょう性は乏しいといった主張が当局からなされることはめずらしくありません。

企業がビジネスを遂行する際は，大量の文書や電子メール等の電磁的記録が作成されますので，細かい部分で文書間の離齬が生じてしまうケースがどうしてもでてきます。課税要件の充足性の判断に影響を与えない程度の軽微な離齬であれば，当局に注目されることはめったにありませんが，離齬の程度によっては，契約内容よりもその他の関連資料のほうが，信ぴょう性が高いと判断されてしまう可能性があるため（場合によっては，契約書は仮装であると主張されることもあります），契約書とその他の文書の記載内容との整合性には普段からできる限りの注意を払っておくべきといえるでしょう。

このような意味で，契約書があるからといって，契約内容のみに依拠した対応をするのは，ややリスクがあるといえます。

真実の取引を隠蔽するために仮装目的で契約書を締結したというような意図

第2章　税務調査において当局と的確にせめぎ合うための課税要件充足性の判定手法　　47

的なケースは別として，①契約書の規定の仕方に若干の問題があった，②契約書と他の文書との整合性が取れていなかった，という点を介して当局に目をつけられたとなると，大変もったいない話です。このようなことにならないように，税務（税法の解釈）と法務（契約書等の作成を通じた法律関係の組成）の接点を意識したより実質的な税務対応を心掛け，税務リスクを的確にヘッジするようにしたいものです。

(3)　関連文書の作成・保存（文書化）
　　―将来，紛争になった場合に証明手段とするために

①　移転価格税制に関する文書化

　移転価格税制については，平成28年度税制改正において，移転価格税制等に係る文書化制度（「移転価格文書化制度」）が整備されました。移転価格文書化制度は，BEPSプロジェクトの最終報告書に基づくものですが，a）独立企業間価格を算定するために必要と認められる書類（ローカルファイル）に関する同時文書化義務，b）国別報告事項（CbCレポート）の提供，c）事業概況報告事項（マスターファイル）の提供という3本の柱により構成されています。

ⅰ）　国別報告事項

　これは，多国籍企業グループの事業活動が行われる国または地域ごとの収入金額，税引前当期利益の額，納付税額等を記載する「国別報告事項（CbCレポート）」の提供を求める制度であり，最終親会社等の直前の会計年度の連結総収入金額1,000億円以上の多国籍企業グループに対して，国税電子申告・納税システム（e-Tax）により所轄税務署長に提供することが義務付けられています（提供期限は，最終親会社等の会計年度終了の日の翌日から1年以内。適用対象年度は，平成28年4月1日以後に開始する最終親会社等の会計年度から）。

ⅱ）　事業概況報告事項

　これは，多国籍企業グループの組織構造，事業の概要，財務状況等のグローバルな事業活動の全体像を記載する「事業概況報告事項（マスターファイル）」の提供を求める制度であり，CbCレポートと同様に，最終親会社等の直前の

会計年度の連結総収入金額が1,000億円以上の多国籍企業グループに対して，e-Tax により所轄税務署長に提供することが義務付けられています（提供期限は，最終親会社等の会計年度終了の日の翌日から１年以内。適用対象年度は，平成28年４月１日以後に開始する最終親会社等の会計年度から）。

なお，国税庁の資料（「Ⅰ　移転価格に関する国税庁の取組方針～移転価格文書化制度の整備を踏まえた今後の方針と取組～」（国税庁 HP：https://www.nta.go.jp/taxes/shiraberu/kokusai/itenkakakuzeisei/pdf/takokuseki_01.pdf））（平成30年５月31日最終確認）によれば，「国税庁においては，企業から提供された CbC レポートまたは租税条約等の情報交換制度を通じて外国税務当局から提供された CbC レポートに相当する情報については，課税上の問題の把握および統計のために使用し，CbC レポートまたは CbC レポートに相当する情報のみに基づいて，独立企業間価格の算定を行うことはありません」とされており，CbC レポートで得られた情報から直ちに独立企業間価格の算定が行われることはないものの，課税上の問題の把握のために用いられることは示唆されているため，今後の税務調査対応では意識すべき課題といえるでしょう。

ⅲ）　ローカルファイル

移転価格文書化制度のうち本書で中心的な課題として取り上げる必要があるのは，a）のローカルファイルに関する同時文書化義務です。この制度は，前事業年度に一の国外関連者との間で行った国外関連取引の合計額が50億円以上または無形資産取引の合計額が３億円以上である法人は，国外関連者との取引について，「独立企業間価格を算定するために必要と認められる書類（ローカルファイル）を確定申告書の提出期限までに作成・取得し，保存することが義務付けられるというものです（「同時文書化義務」）。

具体的は，国外関連取引の内容を記載した書類として，国外関連取引に係る資産・役務の内容や，国外関連取引において法人・国外関連者が果たす機能・リスク，国外関連取引に係る法人・国外関連者の損益の明細，事業の内容，事業の方針等を記載した書類を作成，取得等する必要があります。また，独立企業間価格を算定するための書類として，独立企業間価格の算定方法，その方法を選定した理由，比較対象取引の選定方法，比較対象取引の明細等を作成，取得等する必要があります（同時文書化義務は，平成29年４月１日以後に開始する事業年度から適用）。

第2章　税務調査において当局と的確にせめぎ合うための課税要件充足性の判定手法　　49

　上記のとおり，ローカルファイルに関する同時文書化義務は，一定の要件を満たす法人について，移転価格税制の課税要件事実に関連する書類を確定申告書の提出期限までに自主的に準備することを要求するものです。このことは，上記要件を満たす法人は，かなり早い段階から移転価格税制に関する課税要件事実を分析・検討し，当局の説明に耐え得るような形で検討結果を保存しておく必要があることを意味します。同時文書化義務の対象となった書類は，移転価格調査が開始されると，一定の要件に従って速やかに提出を求められるため，事前に準備した成果物は，移転価格調査で直ちにその真価を問われることとなります。

　このように考えると，対象となる法人は，税務調査が開始される前の段階で，以前にも増して，移転価格税制の課税要件該当性について慎重な検討を行うことを余儀なくされているといえます（税務調査に入ってから必要書類を後出し的に作成することは基本的に想定されていません）。

iv）　個別照会窓口の設置について

　当局は，平成29年7月から，同時文書化義務の対象となる企業からの個別取引等に関する個別照会に積極的に対応していくとの方針のもと，納税者が相談等のために訪問する窓口を，新たに国税局に設置しています（国税庁 HP「移転価格文書化制度に関する個別照会について」https://www.nta.go.jp/publication/pamph/pdf/h29iten-kakakubunsyoka.pdf）（平成30年5月31日最終確認）。相談窓口では，ローカルファイルの作成における機能分析，独立企業間価格の算定方法の選定，比較対象取引の選定，分割ファクターの選定，目標利益率の幅（レンジ）の設定等に関する個別照会について，納税者からの相談に対応するものとされています。個別照会を行うための手続として，国税局の相談担当者との面談設定が予定されており，さらに，面談に先立って，事前に作成したローカルファイルのドラフト，個別照会事項，照会の対象となる取引の概要などの資料を，郵送等により提出することが想定されています。

　以上のような個別照会手続は，移転価格に関する納税者の自発的な税務コンプライアンスが維持・向上することを目的として，法令に沿ったローカルファイルの作成等をサポートする施策の一環として行われるとされています。

　たしかに，ローカルファイルには極めて技術的な事項を盛り込む必要があり，対象となる法人の関連部門が単独で作成するに当たっては様々な疑問点や悩み

が出てくることが予想される以上，国税当局の相談窓口で一定の相談をするのが有益であることは否めません。

しかしながら，個別照会の対象となる取引に回答した場合にも，移転価格調査が行われる可能性があり，特に，個別照会において企業が書面等で示した事実関係と異なる事実関係等が発覚した場合には，個別照会の回答内容と異なる課税関係となることも十分あり得ます。

移転価格税制に係る課税要件該当性（課税要件事実）について対象法人の検討結果が詳細に反映されることになるローカルファイルの内容面について，事前に課税当局に照会する制度は，ある意味便利ではありますが，課税要件事実の認定に当たっては納税者と当局の見解が常に相違する可能性がある以上，どの範囲で個別照会をかけるのか，あるいはそもそもローカルファイルのドラフトを個別照会において当局と情報共有すべきなのかといった点については，慎重な吟味が必要になるといえます。これらの点については，弁護士や税理士といった専門家の意見もふまえた適切な対応をすべきであるというのが筆者の見解です。

ⅴ）　個別照会を行う際の留意点

なお，個別照会を行う際に留意すべき事項として，以下の点が挙げられているため，個別照会を行う場合は考慮する必要があります。

> ・個別照会は，ご提出いただいた資料を前提として口頭で回答を行います。また，照会内容及び回答内容は公表しません。
> ・照会事項の検討の過程で，資料の追加提出をお願いする場合があります。ご提出いただいた資料は返却しません。
> ・個別照会への回答は，個別照会を希望する企業から書面等で示された事実関係を前提とするものであり，異なる事実関係や新たな事実関係があった場合には，回答内容と異なる課税関係となることがあります。
> ・個別照会の対象となる取引に回答した場合にも，移転価格調査を行うことがあります。

事前照会制度一般については，第5章で概説しますが，移転価格税制における同時文書化対象取引に関する個別照会と国税局等に対して行う通常の個別照会との相違点を比較検討してみると有益かもしれません。

第2章　税務調査において当局と的確にせめぎ合うための課税要件充足性の判定手法　51

コラム　文書の提示・提出要求に違反した場合の効果

　移転価格調査において提示・提出を求めた日から一定の期日までに関連資料の提示・提出がない場合，推定課税および同種の事業を営む者に対して質問検査（同業者調査）を行うことができる建付けとなっています。推定課税や同業者調査は，同時文書化制度の導入前から存在した制度ではありますが，同時文書化に伴い，文書の提出期限が厳格に要件化されていることには留意する必要があります。

　同時文書化対象取引との関係では，独立企業間価格を算定するために必要と認められる書類（ローカルファイル）を，45日以内の調査官の指定する日までに提出し，さらに独立企業間価格を算定するために重要と認められる書類（①ローカルファイルに記載された内容の基礎となる事項を記載した書類，②ローカルファイルに記載された内容に関連する事項を記載した書類，③その他独立企業間価格を算定する場合に重要と認められる書類）を，60日以内の調査官の指定する日までに提出する必要があります。一方で，同時文書化を免除されている取引（同時文書化免除取引）についても，独立企業間価格を算定するために重要と認められる書類（ローカルファイルに相当する書類）その他一定の書類（上記①ないし③に相当）を60日以内の調査官の指定する日までに提出することが求められている点も忘れてはなりません。

　従前の制度のもとでは，「遅滞なく」という要件が定められていましたが，改正後は「45日以内」または「60日以内」の期日で職員が指定する日までの提出というように，明確な日数で期限を切られる点がポイントです。このように，文書化に係る一連の対応を怠った場合に，課税当局が推定課税・同業者調査をより容易に発動し得るという効果を伴うため，納税者は，ローカルファイル等に関する文書化について，徹底したコンプライアンスが求められるといえます。

　なお，文書化の対象として規定された書類の意義について，主観説（納税者が主観的に文書化対象書類に該当すると認識しているもの），客観説（納税者の主観にかかわらず，客観的に文書化対象書類に該当するもの），および修正主観説（納税者が文書化対象書類であると合理的に信じて準備していたもの）といった分類もあり得るところですが（太田洋＝北村導人「我が国の移転価格税制と文書化」中里実ほか編著『移転価格税制のフロンティア』（有斐閣，2011年）257～259頁参照），改正により，同時文書化義務の対象となるローカルファイルの意義が明確に定められていることからすれば，ローカルファイルとの関係では，客観説的な運用がなされる可能性が高いものと思われます。これに対して，上述の「ローカルファイル（ないしローカルファイルに相当する書類）に記載された内容の基礎となる事項および関連する事項」等との関係では，いかなる書類が独立企業間価格の算定に当たり重要と認められるのかについて，納税者・課税当局間で解釈上の対立が生じる可能性も否定できません。したがって，上述の客観説，主観説，修正主観説といった分類が一定の範囲でなお有益になるものと思われます。昨今の裁判例の傾向からすれば，いったん推定課税が行われると，納税者において推定を覆すのは相当困難であ

ることが予想されます（エスコ事件：第4章の7参照）。同時文書化制度の導入後
は，上述の期間要件厳格化等に伴い，文書提出要求違反があった場合の執行がさら
に強化されるおそれがあることから，今後は，裁判例の動向もふまえた法務的対応
が不可欠となります。

②　移転価格以外の局面における文書化

ⅰ）　タックスヘイブン対策税制における推定規定

　平成29年度税制改正により，タックスヘイブン対策税制に関する大きな改正
が行われました。上記改正には様々な重要な点が含まれていますが（第4章6
(1)参照），とりわけ重要なのが，経済活動基準（従前の適用除外基準）の手続
面に関する点です。

　従来の適用除外基準のもとでは，同基準の適用について確定申告書への書面
添付と資料の保存をベースにした制度設計となっていましたが（ただし，その
意義については争いがあります），改正後の経済活動基準のもとでは，税務当
局が求めた場合に，外国関係会社が経済活動基準を満たすことを明らかにする
書類等の提示または提出がないときには，経済活動基準を満たさないものと推
定する制度になりました。

　具体的には，税務当局の当該職員は，内国法人に係る外国関係会社が経済活
動基準に係る要件に該当するかどうかを判定するために必要があるときは，そ
の内国法人に対し，期間を定めて，その外国関係会社が経済活動基準に係る要
件に該当することを明らかにする書類その他の資料の提示または提出を求める
ことができることとされ，この場合に，その書類その他の資料の提示または提
出がないときは，その外国関係会社は各経済活動基準に該当しないものと推定
することとされました（新措置法66条の6第4項）。

　書類等の提示・提出がない場合に，一定の推定を行うルールは前述した移転
価格税制に関する推定課税にも見られるものです。推定を受けないように一定
の文書等を準備し，税務調査で提出要求があった場合に然るべきタイミングで
文書等を提出するという構造は，移転価格税制の推定課税とタックスヘイブン
対策税制のもとで新たに導入された経済活動基準非充足の推定とで共通してい
ます。

　ただ，経済活動基準非充足の推定ルールに関して言えば，移転価格税制に関

第2章　税務調査において当局と的確にせめぎ合うための課税要件充足性の判定手法　　53

するローカルファイルのように明確な期限設定がなされているわけではなく，「期間を定めて」といっても，実務上，どの程度の期間が設定されるかは現時点で未知数です。この点については，上記ルールの適用開始に伴い，徐々に具体的事案が集積されていくのを待つしかないところです。

　しかし，タックスヘイブン対策税制の場合，レンタルオフィススペース事件でも問題となったとおり，課税当局が適用除外基準（経済活動基準）の充足性を示す資料を税務調査段階で十分に収集できなかった場合は，自ら海外に資料集めに行くこともできず（執行管轄外），結果として租税条約に基づく情報交換という，正規ではあるが迂遠な制度に頼らざるを得ないといった事情もあります。

　課税当局は，上記のような教訓を生かして，新制度のもとでは明確に期限を切って，広範にわたる資料要求をしてくる可能性も否定できません。新制度のもとでは，租税負担割合との関係で会社単位の合算課税の適用免除を受けられないような場合，経済活動基準の充足をできる限り精緻に確認していく作業が必要となります。

　したがって，来るべき税務調査に備えて，外国関係会社に経済活動基準を満たすだけの実態があるかについて，一度専門家を交えた社内調査・検討を行っておくのが望ましいといえるでしょう。

　税務調査では，経済活動基準に該当することを明らかにする資料（文書）の提示・提出をいきなり要求されることになりますので，広い意味での文書化は急務となります。

ⅱ)　推定の効果と税務争訟での争い方

　ところで，移転価格税制に関する推定課税の場合に推定の対象となるのは，独立企業間価格となりますが，平成29年改正後のタックスヘイブン対策税制において問題となるのは，経済活動基準に該当しないこと（非充足）の推定となります。タックスヘイブン対策税制における上記推定を争う方法として，大きくは以下の2通りがあります。

---

① 推定を行うための要件を充足していないことを示す方法（期限内に要求された資料等を的確に提出していることを示す）
② 自らの手持ち証拠によれば，経済活動基準の充足を基礎付けることができる

として，これにより非充足の推定を破る方法

　①については，期限内に提出したかどうかという形式的な点に争いが生じる可能性があることに加えて，提示・提出の対象となる「外国関係会社が経済活動基準に係る要件に該当することを明らかにする書類その他の資料」の範囲について見解の相違が生じることも考えられます。特に，納税者としては，十分な資料を出していると考えるのに，課税当局が不十分と考え，その結果推定規定の発動を行うような場合が考えられますので，注意が必要です。なお，推定のプロセス自体に問題があることを指摘して，推定に基づく課税の違法性を主張することも戦略上考えられますが，その場合，税務調査過程で，どのような資料を提出したか，納税者の担当者と当局調査官との間でどのようなやり取りがあったかが重要な認定材料となります。したがって，後日の紛争に備えて，提出資料のリスト（写し）や折衝に関する議事録等を適宜整備しておくのが望ましいといえます。

　一方で，②については，いったん推定がなされると，納税者は，当該推定を破るために，自ら経済活動基準該当性を基礎付ける事実関係について主張立証する責任を負担することになると思われます。税務訴訟では，経済活動基準（適用除外基準）に関する主張立証責任は国側が負担するのが原則ですが（レンタルオフィススペース事件参照），いったん推定がなされると，主張立証責任は事実上納税者側に転換されるものと心得て，できる限り推定を許さないような対策を事前に構じておくべきでしょう。

第3章

税務争訟に発展した場合の戦略的対応

1 不服申立てにおける対応

(1) 不服申立制度の基本的構造

　平成28年6月に行政不服審査法の抜本的な見直しが行われ，これに合わせて行われた国税通則法の改正において，国税不服申立制度についても大幅な制度改正がなされました。

　改正後の不服申立ての基本構造について定める国税通則法75条1項によれば，税務署長，国税局長または税関長がした処分については，①その処分をした税務署長，国税局長または税関長に対する**再調査の請求**と②国税不服審判所長に対する**審査請求**のいずれかの不服申立てを納税者の自由選択により行うことができることになっています。

　上記の再調査の請求は，改正前の異議申立てに準ずる制度であり，実質的には異議申立ての名称変更にすぎないといえます。国税通則法の改正前は，原則として，異議申立てを行いその決定を経た後でなければ審査請求に進むことが認められていませんでしたが，上記改正により，直ちに審査請求することが可能となったのは大きな前進といえます。改正後の国税不服申立制度のスケジュールは概ね**図表3－1**のとおりとなります。

図表3-1 国税不服申立ての手続

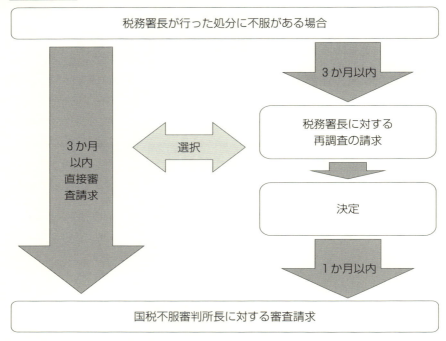

(出所) 国税庁 HP（https://www.nta.go.jp/publication/pamph/koho/kurashi/html/07_2.htm）
（平成30年5月31日最終確認）を参照して加工

　改正後の不服申立制度の手続において特に重要な点は，上述した再調査の請求と審査請求の自由選択が認められていることです。再調査の請求をした場合，決定から1か月以内にさらに審査請求する道が確保されていることから，自由選択というのは，最初から審査請求一本でいくか，それとも審査請求の前に再調査の請求をするかが選択できるようになったと言い換えることもできます。そこで，新たな制度のもとで次に重要になるのが，そもそも再調査の請求をするかどうかという点になります。

(2) 再調査の請求を行うか否かの検討

着眼点

- 再調査の請求は処分庁自らが処分の見直しを行う手続であることから，明確な計算誤り等がない限りは，納税者の言い分が認められる可能性は低い。
- しかし，比較的迅速な審理がなされること，いったん処分が取り消されるとその範囲で蒸し返されることはないことから，一定の類型では活用メリットが十分にある。
- 移転価格事案でも，再調査の請求（異議申立て）の段階で納税者の言い分が認められているものもあり，このような情報を積極的に収集・活用し，その後の事案に生かすべき。

① 再調査の請求の処理状況（近年の統計値）

再調査の請求は，処分を行った原処分庁（処分行政庁）に対して，再調査による処分内容の見直しを求めるものです。原処分庁としても，税務調査の過程で課税要件事実を慎重に認定し，審理部門の審理も経た上で更正処分に至っていることから，手続の性格上，自ら行った更正処分をそう簡単に見直すことはないと考えておくのが無難です。

再調整の請求における認容率は必ずしも高いものとはいえず，平成28年度でいえば，一部認容が5.5％，全部認容が1.3％あるといった状況です。この認容率，認容件数は一見少ないように見えますが，原処分庁自身が，自ら行った更正処分の内容を完全に見直しているケースが，年間ベースで58件（平成27年度），23件（平成28年度）もあると考えれば，それなりに利用価値が高い制度であるという見方もできます。

再調査の請求の結果，再調査の請求人の主張が認められた場合は，基本的に，課税処分は取消しとなり，当局から結論の蒸し返しがなされることもありません。また，再調査の請求では，処理期間が3か月以内となっているものが大半であり，スピーディーな処理にも特徴があります。そういった意味では，再調査の請求は極めて効率性の高い紛争解決制度であるともいえ（効率的な紛争解決の視点），活用すべき場面をしっかりと見極めて適切な対応をしていく必要

があります。

②　再調査の請求を活用すべき場面

　それでは，積極的に再調査の請求を活用すべき場合とはいかなる場合でしょうか。この点に関する一義的な類型化は困難ですが，雑駁（ざっぱく）な整理をすれば以下の類型は，ひとまず再調査の請求で争う価値がある案件といえます。

> ①　更正処分における課税標準ないし税額の計算過程に明らかな誤りがある場合
> ②　更正処分における事実認定に明らかな誤りがあり，当該誤りが直ちに税額の是正に結び付くような場合

　国税当局は課税の段階で税額等の計算を含めた精緻な確認作業をしているため，①のようなケースはめったに起こるものではありませんが，当局の処理する膨大な数の案件の中に一定割合，計算誤りが含まれていても決して不思議なことではありません。したがって，まずは更正通知書の内容を確認して，そのような誤りが含まれていないか慎重に検討する必要があるといえます。

　なお，特定の事項に関する金銭的評価（例えば，時価や移転価格税制上の独立企業間価格）が問題となるような事案においては，納税者と当局との間で，いかなる計算手法が適切であるかについて見解の相違が生じることがあります。

　このような場合，納税者の側で，当局の採用する計算手法やその適用プロセスに誤りがあると考えたとしても，当局（審理庁）は，あくまで法的評価に関する見解の相違が生じているだけであるとして，特段の考慮なく再調査の請求を棄却することも想定されます。一般論ではありますが，課税当局も，法的評価が関連する事項については，審理部門のチェックもふまえ課税前に慎重な吟味・検討をしている以上，課税後に従前の法的評価を覆して納税者の見解に従うことには否定的です。

　そこで，上述の金銭的評価が問題となっているような事案において，納税者が再調査の請求段階で真摯に課税処分の取消しを願うのであれば，特定の計算方法（例えば，移転価格税制における独立企業間価格の算定方法の一つである残余利益分割法）の適用過程において，比較対象取引の範囲，差異調整，所得計算の前提となるファクター（利益の分割ファクター等）といった個別の事実関係（課税要件事実）の認定要素に誤りがあり，そのことが，所得計算や税額計算の誤りに直結していることを示すなど，争いの対象を事実認定の誤りとい

う要素に絞ることが有益な場合があります（**再調査の請求における請求理由の限定**）。そのような明白な事実認定の誤りが認められるケースであれば（上記②のケース参照），当局（審理庁）としても，審査請求，税務訴訟の段階でいずれにせよ処分が取り消される見込みが高いと判断するでしょうから，再調査の請求段階で自発的な見直しをしておくインセンティブが働きやすいということになります。

③ 再調査の請求（異議申立て）段階において納税者の請求（申立て）が認容された公表事案の検討

　再調査の請求（異議申立て）の段階で，納税者の請求（申立て）が一定の範囲で認容された事例としては，武田薬品工業事件（異議申立て事案）が有名であることから，以下，プレスリリースをもとに概要を紹介しておきます。

武田薬品工業事件

【事実経過】 ∙∙

- 武田薬品工業株式会社（「武田薬品」）と米国アボット社との50：50の合弁会社であったTAPファーマシューティカル・プロダクツ株式会社（「TAP社」）との間の消化性潰瘍治療剤「プレバシド」の製品供給取引等について，2006年6月，移転価格税制に基づく更正処分がなされました。上記更正処分は，武田薬品とTAP社との間の2000年3月期から2005年3月期の6年間の製品供給取引等に関して，米国市場から得られる利益が武田薬品・TAP社間において武田薬品に対して過少配分されているとの判断に基づくものです。
- 武田薬品は，2006年8月に異議申立書を提出し，さらに2008年7月に相互協議の申立てを行っていました（異議申立てはいったん中断）。
- 日本の当局は，米国当局と相互協議を行いましたが，結局，2011年11月に両当局間の相互協議が合意に至らず終了しました。そのことに伴い，一旦中断していた異議申立手続が再開され，武田薬品は，改めて，同手続において主張の正当性を訴えた形になります。
- その結果，2012年4月，武田薬品は，原処分により更正された所得金額1,223億円のうち977億円を取り消す異議決定書を受領し，これに伴い，地方税を含めた納付済みの法人税等追徴税額と還付加算金を併せて，572億円が還付された模様です。

【評価と分析】 ∙∙

　このように武田薬品工業事件では，異議申立てのみで，572億円（還付加算金等含む）にものぼる多額の還付が実現したことになります。その背景には，相互協議が最終的に成立に至らず長期間のブランクを経て異議申立手続が再開するとい

う特殊な事情があったことを，理解しておく必要があります。

　一方で，移転価格税制における独立企業間価格の算定作業は，特定の独立企業間価格算定手法を選定・採用し，当該手法を事実関係に当てはめ，比較対象取引との比較といった作業等も適宜行いつつ，独立企業間価格を算定するという複雑な計算過程を前提とするものです。このような計算過程では，様々な金額上の比較や調整（差異調整等）が入るため，納税者と当局間で，すべての要素について初めから見解が一致することは稀です。課税当局が，納税者側からの異議申立て（再調査の請求に相当）を受けて，改めて課税内容の詳細を検討し直した結果誤りを認めるといった流れがあり得ることは，武田薬品工業事件からも裏付けられるところです。もちろん個別案件次第ではありますが，移転価格課税の場合は，再調査の請求において課税内容を真剣に争ってみるのも一案です（相互協議を申し立てる場合に配慮すべき事項については後述します）。

(3)　審査請求

①　審査請求手続の特徴と近時の傾向

着眼点

・審査請求レベルで課税処分が取り消されると，当局は税務訴訟に事案を持ち込むことができず納税者の勝利が確定する（事案の早期解決メリット）。
・過去の審査請求裁決の傾向等に照らして類型的に取消しが認められやすいタイプの事案では，徹底的に戦い抜くことが有益な場合もある。
・課税処分における事実認定の詰めが甘い場合，審査請求段階で比較的戦いやすいといえる。
・審査請求向きの事案ではない場合，裁決を待たずに課税処分取消訴訟を提起することも検討する。

　審査請求の特徴を考える上では，審判所が国税庁の一組織である点と第三者的性格を有する機関である点をバランスよく考慮する必要があります。すなわち，審判所は国税庁の一組織にすぎないため，審判所が下す裁決は，原処分の（最終）見直しという位置付けを避けて通ることはできません。審判所は，このように原処分の見直しという機能を担う以上，国税庁長官通達という縛りにある程度拘束されるという宿命を負っています。この点は，裁判所が，通達等のソフトローに拘束されることなく，自らの判断で法令解釈を行うのと随分違った様相を呈しています。

第 3 章　税務争訟に発展した場合の戦略的対応　　61

　他方で，前述の再調査の請求（従前の異議申立て）が処分を行った主体による
判断を求める手続であるのとは異なり，審査請求は審判所という機関に公平な
スタンスで裁決書を書いてもらうための手続でもあります。したがって，事案
の性格上，原処分をした原処分庁では見直しが困難な事案についても，審査請
求により第三者的機関の目で原処分を見直すよう求めることが効果的な場合が
あります。

　以上のような機能に留意して，審査請求における特徴（メリット・デメリッ
ト）を，再調査の請求，課税処分取消訴訟との比較の観点から整理したものが
図表 3 - 2 となります。

図表 3 - 2　　再調査の請求・審査請求・取消訴訟の比較

	再調査の請求	審査請求	取消訴訟
判断主体	原処分庁	国税不服審判所	裁判所
審理期間	3 か月（目安）	1 年（目安）	2 年程度（第一審の目安）
メリット	・計算誤り等のミスであれば迅速な処理が期待できる	・訴訟ほど時間がかからない ・審査請求になじむ事案（移転価格等）であれば効率のよい処分取消しも期待できる ・職権主義による真実発見機能に期待できる場合もある	・通達に縛られず，客観的な観点から法解釈が行われる ・当事者主義が徹底されており，公正・透明な手続が確保される
デメリット	・原処分庁自身が判断するため，処分が見直されるのは稀である	・法令解釈については，裁判のような客観性が期待できない	・時間がかかる

　図表 3 - 2 の整理からもわかるとおり，審査請求は，再調査の請求と課税処
分取消訴訟のちょうど中間的な位置付けとなっており，①比較的短期間（1 年
程度）で審理が終結する点，②いったん処分が取り消されると，課税当局側か
ら訴訟提起をされることもなく事案が完全に終結する点で，納税者にとって有
利な手続です。その一方で，審査請求は，あくまで国税庁の一組織が運営する

手続という限界があるため，課税処分取消訴訟ほど客観的な審理が期待できる
わけではないという点を考慮に入れて，手続の選択を行う必要があります。

　請求の認容割合が概ね10％前後で毎年推移しているという結果だけに着目す
ると，思っているほど納税者にとって有利な手続ではないという見方もあるか
もしれません。しかしながら，審査請求をするケースの中には様々な事案が含
まれており，かなり無理筋の事案もカウントされている可能性があります。こ
のような点をふまえると，審査請求手続は，上記数字が示す以上に活用の価値
があるともいえます。実際に，近時は，移転価格税制やタックスヘイブン対策税
制といった国際税務がからむ審査請求事案で，納税者が処分の全部取消しない
し一部取消しを勝ち取るケースが徐々に目立つようになっており，このような
傾向もふまえて，審査請求に積極的に労力を費やすかを判断すべきでしょう。

図表3－3　　課税処分が取り消された近時の著名審査請求事案

ケース	事案の概要	事案の経過
TDK事件（移転価格） 　平成22年1月27日審判所裁決	残余利益分割法に基づく移転価格課税（課税による増差所得は約213億円，追徴税額は約120億円）がなされた事案	審査請求裁決により増差所得の大部分（約141億円）が取り消された（裁決の詳細については第4章の7(6)参照）
商船三井事件（国外関連者寄附金） 　平成26年11月18日裁決受領	子会社とのコンテナ荷役取引に関する寄附金課税の更正処分（追徴税額は約22億円）について，異議決定で一部取消しが実現したものの（還付加算金込みで約11億円還付），取消しが認められなかった部分の全額の取消しを求め，さらに審査請求を行った	審査請求では，商船三井の主張が全面的に認容され（プレスリリース），還付加算金込みでさらに約15億円が還付された
武田薬品工業事件（移転価格） 　平成25年3月18日裁決	再調査の請求のコラムで紹介した異議申立事案が審査請求に移行したもの（更正された所得金額は約1,223億円）。異議決定で一部取消しとなった後，異議決定で原処分の取消しが認められなかった部分の全額の取消しを求めて，審査請求書を提出	異議決定に伴い約572億円（地方税・還付加算金含む）が還付された後，本審査請求裁決でさらに処分取消しとなり，約152億円（地方税・還付加算金含む）が還付された（プレスリリースによる）

| 日本ガイシ事件
（移転価格）
　平成28年6月24
　日裁決受領 | 海外子会社2社との間の取引に関し，移転価格税制に基づき更正処分（平成19年3月期から平成22年3月期）を受けた事案（追徴税額約79億円）。このうち米国子会社との取引については，追徴税額約17億円に対し，日米相互協議の合意を経て両国合計で約14億円の還付を得た。一方，残るポーランド子会社との取引に係る追徴税額約62億円について取消しを求め，審査請求 | 審査請求裁決では処分の一部が取り消され，約1億円が還付された模様（地方税等込み）
上記のとおり取消対象は限定的であったため，同社は東京地方裁判所に処分取消訴訟を提起しており，本書執筆時点で係争中の模様
後続年度（平成23年3月期から平成27年3月期までの事業年度に係るポーランド子会社との取引）についても，さらに約85億円の追徴課税がされており，今後の同社の対応が注目される（以上につきすべてプレスリリースによる） |
| ニフコ事件（タックスヘイブン対策税制）
　平成26年8月6
　日裁決 | 来料加工に関して，タックスヘイブン対策税制の適用除外基準の充足が問題となった事件
追徴税額は地方税等含めて約7億円で還付額は約8億（プレスリリースによる） | 特定外国子会社等の主たる事業は製造業ではなく卸売業であると事実認定され，課税処分が取消しとなった。裁決の詳細は，第4章の6(5)参照 |

　図表3-3のように，課税処分が取り消されている大型事件は，移転価格税制に関連するものが比較的多いことがわかります。これは，移転価格税制が，独立企業間価格算定方法の選択，比較対象取引の認定，差異調整といった様々な要素をふまえた複雑な課税要件事実の認定が必要となる税制である一方で，金額的なファクターを基礎として独立企業間価格が算定されるという側面も併せ持つため（第4章の7(6)参照），審判所が事実認定の観点から積極的な判断をしやすいからであろうと思われます。

　また，タックスヘイブン対策税制の適用除外を受けられるかが問題となったニフコ事件を見ても，審判所が取引内容を含めた詳細な事実認定をふまえ，精緻な課税要件の充足性判断を行った結果，処分取消の結論を導いており参考になります。このように，当局との見解の相違が事実認定に関して生じているケースは，審査請求向きの事件と言えるでしょう。

　一方で，課税当局と納税者間で法令解釈について明確な見解の相違があるような事案では，審判所はどちらかというと当局寄りの保守的な裁決を下しやす

い傾向があるように思います。そのような点も見越して，審査請求には重点を置かず，審査請求後３か月が経過したら可及的速やかに税務訴訟を提起している事案も少なくありません。ただ，課税要件事実の認定に当たって事実認定と法令解釈は複雑に連動している場合が多く，審査請求を主戦場とすべき事案かどうかを見極めるにはかなりの経験値が必要となります。税務争訟の進め方に関して判断に迷うような場合は，審査請求，税務訴訟の双方に精通した弁護士にまずは相談してみるのが望ましいといえます。

②　審査請求書の作成

━✍️ 着眼点 ━

・審査請求書は，審判官にファースト・インプレッションを与える重要な書面であるため，慎重に起案しなければならない。

・審査請求の理由として，どの程度のボリュームの主張を盛り込むかは，事案の性格に応じて戦略的に決めるのが望ましい。

ⅰ)　審査請求書の記載事項

　審査請求は，審査請求書を提出することによって行います。審査請求は国税不服審判所長に対して行うことになりますが（国税通則法75条１項１号ロ・３項），審査請求に係る処分が所得税，法人税，地方法人税，相続税，贈与税，地価税，課税資産の譲渡等に係る消費税，電源開発促進税に係る税務署長または国税局長の処分である場合等においては，審査請求をする際における当該国税の納税地を管轄する支部の首席国税審判官に提出するものとされています（国税通則法施行規則12条）。

　ただし，審査請求は，審査請求に係る処分をした行政機関の長を経由してすることもできるとされており，この場合，審査請求人は，当該行政機関の長に審査請求書を提出することになります。審査請求期間の計算については，行政機関の長に審査請求書が提出された時に審査請求がされたものとみなされる点にも留意する必要があります（以上につき国税通則法88条）。

　審査請求書における基本的な記載事項は以下のとおりとなっています。

---

①　審査請求に係る処分の内容

②　審査請求に係る処分があったことを知った年月日（当該処分に係る通知を受

けた場合にはその通知を受けた年月日とし，再調査の請求についての決定を経た後の処分について審査請求をする場合には再調査決定書の謄本の送達を受けた年月日とする）
③　審査請求の趣旨および理由
④　審査請求の年月日

ⅱ）　重要性が高いのは審査請求の趣旨と理由

このうち，実務的に重要性が高いのは，③審査請求の趣旨および理由です。審査請求の趣旨は，処分の取消しまたは変更を求める範囲を明らかにするように記載するものとし，審査請求の理由においては，処分に係る通知書その他の書面により通知されている処分の理由に対する審査請求人の主張が明らかにされていなければならない，と規定されています（国税通則法87条3項）。

審査請求の趣旨は，争いの範囲を特定する目的があり，①どの年度の課税処分を争うのか，②処分の全部を争うのか，それとも一部だけを争うのか，③一部を争う場合，どの範囲（税額）で争うのか，といった点を明らかにしなければなりません。審査請求の趣旨に関する記載が不十分である場合，審査請求が却下されるリスクもあり得ますので，慎重な対応が必要となります。

一方で，審査請求の理由は，審査請求人の主張内容を明らかにする目的で記載されるという点で，ある程度自由度が高いものとなっていますが，「処分の理由」に対するものであることが求められている点に留意しなければなりません。平成23年度税制改正によって，青色申告の場合に限らず，すべての処分について処分の理由の附記が求められていますので，審査請求を検討する納税者は，まずは更正通知書等に記載されている処分の理由を徹底的に分析する必要があります。

ⅲ）　主張内容の戦略的構成

その次のステップとして，審査請求書のレベルにおいて，どの範囲で審査請求人の主張を記載するかは，かなり戦略的な側面があります。

例えば，更正通知書等に記載された処分の理由が不明確なケースにおいては，納税者による最低限の主張のみを審査請求の理由として審査請求書に盛り込み，答弁書における当局側の詳細な主張を待ってから，具体的な主張・反論を行っていくほうが望ましい場合があります。

これに対して，通知書等にある程度詳細な課税根拠が記載されている場合で，かつ，明らかに誤りを含むような場合，審判官に課税処分の不備をできる限り早いタイミングで効果的にイメージしてもらうべく，ある程度詳細な主張を審査請求の理由として盛り込むことも考えられます。筆者の経験では，上記の選択を事案の性格に応じて的確に行うことが重要であろうと思います。

iv) 審査請求書等のフォーム

なお，国税不服審判所のウェブサイトには，「提出書類一覧」として，審査請求書を初めとする各種提出書類のモデルが掲載されていますので，これをダウンロードして使用することもできます。また，審査請求書については，「審査請求書」の書き方という参考資料が掲載されていますので，これを参考にしながら審査請求書を作成すれば最低限のものを作成することが可能です。

ただし，国税通則法で要求されている事項（前述）が記載されていればフォームにこだわる必要はなく，上記ウェブサイトのモデルを必ず使用しなければならないわけではありません。実際，筆者が納税者代理人を務めるケースでは，ウェブサイトに掲載されているフォームをそのままの形で使用することはありません。

③ 書面による審理

着眼点

・審査請求における審査請求人，原処分庁の主張は，それぞれ反論書，意見書という書面に反映され，審理は書面ベースで行われる（書面審理の原則）。
・審査請求における書面提出期限は比較的短いため，計画的な書面作成作業が必要である。

審査請求の審理は，原則として書面審理で行われます。国税不服審判所長は，審査請求書を受理したときは，審査請求を却下する場合を除き，相当の期間を定めて，審査請求の目的となった処分に係る行政機関の長（「原処分庁」）から，答弁書を提出させることになっています。答弁書には，審査請求人が記載した審査請求の趣旨および理由に対応して，原処分庁の主張を記載しなければなりません。国税不服審判所長は，原処分庁から答弁書が提出されたときは，これを審査請求人，参加人に送付します（以上につき国税通則法93条参照）。

その後，担当審判官が指定されると，いよいよ本格的に審査請求人による具体的な主張・反論が開始されることになります。すなわち，審査請求人は，送付された答弁書に記載された事項に対する反論を記載した書面（「反論書」）を提出することができるとされており（国税通則法95条1項），審査請求人は，答弁書に記載された主張に対して，事実・法律の両面から個別具体的な反論を行っていくことになります。

ここで気を付けなければならないのは，担当審判官が，反論書を提出すべき相当の期間を定めたときは，その期間内にこれを提出しなければならないという点です（国税通則法95条1項）。筆者の経験では，上記相当の期間は，2週間以内といった比較的短い期間で指定されるケースが多いといえます。大型案件や複雑な案件では，2週間といった期間で準備することは困難であることも多く，上記期間を事実上延長してもらう必要性がある事案もあります（期限延長に関する法令上の根拠があるわけではなく，実際は，電話等で現実的な期限を伝えて事実上審判所に了承してもらっているイメージです）。

ただ，いずれにせよ，審判所の審理計画等もあって，ある程度短い期間での書面提出を覚悟する必要があり，審査請求における納税者側の準備は，準備期間の短さという点では相当大変なところがあります。処分取消訴訟であれば，訴訟期日における裁判官との協議により，2か月〜3か月といった比較的長期間の準備期間が与えられる場合もあり，このことと比較すれば，上記の点もイメージしやすいかと思います。

次に，審査請求人が反論書を提出した後の書面審理の流れはどうなるのでしょうか。この点について，実は具体的な手続規定は設けられていません。しかし，通常の規模の事件であれば，審判所は，原処分庁に対して，審査請求人が提出した反論書に対する具体的反論を盛り込んだ書面の提出を求めることになります（書面のタイトルは「意見書」とされる場合が多い）。原処分庁が意見書を提出してもなお当事者の主張・反論が整理できない場合，さらに審査請求人に対して反論書の提出が求められます。

④　争点の確認表

着眼点

・審判所が手続終盤で作成する争点の確認表に自らの主張内容が的確に反映され

るように意識すること。
・争点の確認表のドラフトが送付されてきた場合に誤りや納得いかない記載があれば，必ず訂正を求めること。

　審査請求人の反論書，原処分庁の意見書の提出が何度か繰り返され，争点が明確になった段階で，審判所から「争点の確認表」が交付されます。
　争点の確認表は国税通則法で作成が強制されているものではありませんが，審査請求手続を適正かつ速やかに解決するべく，当事者双方の主張を正しく把握し，争点を共通して認識する必要があるとの観点から，審判所は基本的に争点の確認表を案件ごとに作成するようです。ここで，重要なポイントは，争点の確認表には，以下の点が記載されるということです。

> ①　争われている原処分
> ②　争いのない事実
> ③　争点
> ④　争点に対する当事者双方の主張

　審判所から審査請求人のもとに送付されてくる当初の争点の確認表には，上記各項目ごとにかなり詳細な内容が盛り込まれているのが通常です。これらの内容は，当事者双方から提出された書面や審判官との面談において主張された内容をベースに起案されます。重要なのは，当事者（審査請求人，原処分庁）の主張は，要約された上で最終的に争点の確認表に反映されるという点です。審査請求人は，このことを十分に意識しながら，審査請求書，反論書等において主張・反論を展開していく必要があります。
　以上の点をふまえると，審査請求人が，審査請求手続の過程で，争点の確認表への反映も意識しながら主張すべきポイントは，概ね以下のとおりとなります。

> ①　審判所に取り上げてもらいたい事実関係を適切に主張できているか
> ②　原処分庁が主張している事実関係で争いがあるものについては，的確にその旨反論できているか
> ③　審査請求人が争点であると考えるポイントが的確に争点として審判所に伝わっているか
> ④　審査請求人の主張・反論の内容は争点ごとに必要十分といえるか（特定の争点について主張漏れを起こしていないか）

第3章　税務争訟に発展した場合の戦略的対応　69

①については，せっかく審査請求人に有利な事実関係があったとしても，争点整理表に取り上げてもらえるような形で主張しなければ意味がないといえます。

②についても，相手方が審査請求人にとって不利な事実関係を主張しているのに，曖昧な反論に終始していると，争いのない事実に振り分けられるリスクがあります。

③との関係では，争点設定が曖昧・不明確であると審判所における主張整理が中途半端となる可能性があるため，納税者は自らが争点と考える点については，その旨明示して主張しておくのが得策といえます（争点が脱漏するリスクへの対応）。

④については，特定の争点に関する主張・反論内容が薄いと，有利な裁決につながる可能性はその分低くなることから，争点の確認表送付前の段階から，相手方である原処分庁の主張内容を丁寧に分析して，効果的な反論をするよう常に心掛けることがまずは重要です。

もちろん，争点の確認表に不本意な点が記載されている場合，その訂正等を求めることは可能です。また，争点の確認表に反映されていない主張については，新たに反論書を提出することにより，主張する機会が一応確保されているといえます。しかしながら，そのような作業は労力を要しますし，計画的審理を重視している審判所との関係で，追加主張等が際限なく許されるわけではありません。したがって，審査請求人としては，争点の確認表が送付されてくる前に，自らの主張内容を反論書等の主張書面に漏れなく反映することを可能な限り意識する必要があるといえます。

⑤　求釈明と質問事項に対する回答書

─👉着眼点├─

・審判所からの求釈明事項と質問事項に対してどの程度回答するかは，それぞれ異なる角度からの検討が必要である。
・求釈明事項に対する回答は，審査請求人の主張を補充することになる。
・質問事項は泥船か助け船かの見極めを適切に行った上で，回答内容を検討するべきである。

ⅰ) 求釈明事項とは

反論書や意見書による書面のやり取りを繰り返していく中で，審判官から，「回答書（求釈明事項）の提出について」なる書面が送付されることがあります。これは，審査請求人が審査請求書や反論書等において行った主張に不明瞭な点が含まれていると判断される場合に，審判官が，当該主張の趣旨を明らかにするよう審査請求人に求める制度です。求釈明は，国税通則法等の法令に根拠規定があるわけではないのですが，求釈明に対して審査請求人が行った回答は，審査請求人の主張の一部を構成するものとされ，審査請求人作成の回答書（求釈明事項）は相手方である原処分庁にそのまま送付されているものと思われます。

したがって，審査請求人は，原処分庁の目に触れることになるとの前提で，回答書を作成すべきといえます。筆者の知る限りでは，回答書に証拠を添付した場合は，添付した証拠の写しについても，審判所を通じて相手方に送付されるようですので，留意が必要です。なお，「回答書（求釈明事項）の提出について」に関しても，2週間程度で期限が切られるのが通常ですので，十分な余裕をもって回答書を準備すべきといえます。

求釈明は，審判官によって，内容や頻度にかなり差があるというのが，筆者の率直な印象です。重要なポイントに絞って求釈明を行ってくる審判官もいれば，かなり広範にわたる求釈明事項を複数回にわたって送付してくる審判官もいるのが実情です。このように，求釈明では，担当している審判官の癖が出やすいことを認識しておくべきですが，審査請求は，職権主義的な運営という要素が強い手続であることをふまえれば，やむを得ないことなのかもしれません。

ⅱ) 質問事項とは

一方で，「回答書（質問事項）の提出について」なる書面が送付されることもあります。上記書面は，「回答書（求釈明事項）の提出について」とは異なり，審判官が職権調査の過程で感じている疑問点をそのまま質問事項として反映し，送付されるものという印象があります。審査請求人の反論書等における具体的な主張に関する釈明を求めるというよりは，不明瞭な事実関係を職権で明らかにする目的で実施される印象があり，筆者の経験上，書面回答と同時に特定の証拠の提出を求められる場合もあります。

筆者の知る限りでは，回答書（質問事項）やこれに添付される書類は，審判

第3章　税務争訟に発展した場合の戦略的対応　71

所が職権で収集するものとして扱い，原処分庁側には送付されないことになっているようです。このような実務は，弁論主義を前提とする税務訴訟では考えられないことです。審査請求の上記取扱いは，職権主義の良さであって悪さでもあるかもしれませんが，いずれにしても，審査請求人としては，このような手続の特徴を理解した上で，審査請求固有の課税要件事実の認定過程も意識した対応を心掛けるべきといえるでしょう。

⑥　口頭意見陳述，同席主張説明

ⅰ）　口頭意見陳述とは

　審査請求の審理は書面審理が原則であることは，前述のとおりです。しかしながら，かかる原則には例外が認められており，審査請求人等から申立てがあった場合，口頭で意見を述べる機会を与えなければならないことになっています（国税通則法95条の2第1項）。このような制度を，「口頭意見陳述」と呼んでいます。審査請求における口頭意見陳述は，再調査の請求における関連条文を準用していることから（国税通則法95条の2第3項・84条），詳細な事項については，再調査の請求における関連規定（国税通則法84条1項但書・2項・3項・5項）を参照する必要があります。

　従来の審査請求でも，この口頭意見陳述が利用されることはありましたが，原処分庁を手続に巻き込む根拠がなく，実質的な意義が乏しいといわれていました。平成26年度税制改正による改正後国税通則法のもとでは，審査請求人等は，口頭意見陳述に際し，担当審判官の許可を得て，審査請求に係る事件に関し，原処分庁に対して質問を発することができるようになりました（国税通則法95条の2第2項）。

　上記の制度は導入されて間もないこともあって，原処分庁が審査請求人の質問に対してどの程度回答するかといった点を含めて，今後の動向をもうしばらく見守っていく必要があります。ただ，原処分庁としても，審査請求人の合理性ある質問に対して明確な回答をしない場合，審判官の心証を一定の範囲で悪くしてしまう可能性があるとの懸念を持つものと思われます。したがって，事案の性格にもよりますが，審査請求人は，今後の実務において，口頭意見陳述における原処分庁に対する質問制度をできる限り戦略的に活用すべきというのが筆者の意見です。

　なお，審査請求は，職権主義が前提となっていることもあり，税務訴訟のよ

うに，審査請求人と原処分庁が判断権者である審判官の前で対峙する対審構造は採用されていません。しかしながら，上記口頭意見陳述が実施される場合のほか，同席主張説明といった制度のもとでも，審査請求人，原処分庁が一堂に会する機会が確保されています。

ⅱ）　同席主張説明とは

　同席主張説明は，具体的な根拠規定があるわけではないものの，審判官の質問検査（国税通則法97条1項1号）の一環として行うものとされています。したがって，手続は審判官が主導する形となり，審判官が当事者双方の主張内容の不明確な点等を確認し，主張の整理をすることに重点が置かれます。

　このように，同席主張説明は，新たな主張をしたり原処分庁に対して質問をしたりする場としては位置付けられていないため，審査請求人にとってどれほどのメリットがあるのか不明確である，という問題は残ります。

　平成26年度税制改正により口頭意見陳述の手続が充実し，審査請求人の原処分庁に対する質問の道も開かれている現状を考えると，同席主張説明の存在意義や位置付けについて改めて整理すべき時期が来ているのかもしれません。

⑦　証拠書類等の提出

👉 着眼点

・審査請求で審判所に証拠を提出する場合，審査請求書や反論書等の書面における主張との関連性を常に意識する（反論書等における提出証拠の引用）。
・証拠説明書を提出して各証拠の立証趣旨を明確にしておくこと。

　審査請求人，原処分庁は，反論書，意見書等によりそれぞれの主張を展開していく必要があるのは前述したとおりです。一方で，主張・反論を行う以上，それを基礎付ける証拠が必要になります。

　例えば，原処分庁は，処分の理由を基礎付ける事実関係について主張する必要がありますが，この点に関連して，処分の理由となる事実を証する書類その他の物件を提出することができると規定されています（国税通則法96条2項）。審査請求人側においても，処分理由を覆すための主張を行う必要があることから，審査請求人等は証拠書類または証拠物を提出することができる旨規定されています（同法96条1項）。

第3章　税務争訟に発展した場合の戦略的対応　73

　実務では，反論書等の主張書面を提出するタイミングで，主張書面にて主張する具体的事実を証明するための証拠を，併せて提出する場合が多いものと思われます（筆者が代理するケースではほぼそのようなタイミングになります）。

　このようなスタイルを採用することにより，反論書等における主張ごとに特定の証拠を引用し，関連性を明らかにすることで，主張と証拠との結び付きを書面で具体的に示すことができるという効果があります。弁護士であれば，訴訟でほぼ例外なく採用しているスタイルであり，訴訟におけるスタイルをそのまま審査請求に応用していると考えればわかりやすいかもしれません。

　なお，訴訟スタイルの応用という意味では，弁護士が代理人を務める審査請求では，証拠内容を説明する目的で任意に証拠説明書を作成し，審判所に提出する実務が昔から主流でした。最近の実務では，審判所が証拠説明書の提出を積極的に促すようになっており，独自の証拠説明書フォームもウェブサイトに掲載されています（http://www.kfs.go.jp/system/papers/index.html）。

　代理人をつけないケースや審査請求に慣れていない方が代理人に就任されるような場合，審判所が提供する証拠説明書フォームを活用するのが有益でしょう。その際にポイントになるのは，立証趣旨の必要かつ十分な記載です。

　立証趣旨とは，当該証拠によって立証しようとする事項のことを指しますが，この点が明確になっていれば，事件を担当している審判官も，事案の整理が楽になります。逆に，立証趣旨を明確にせずに，反論書等における具体的主張と切り離して，未整理の証拠を無秩序に提出すると，審判官のフラストレーションがたまることは容易に想像でき，このような事態は極力避けるべきです。

　証拠が多い場合，証拠説明書に立証趣旨を含めた関連事項を逐一記載するのは面倒な作業ですが，よりよい成果を得るためと割り切って，できる限り精緻な証拠説明書を作成する必要があります。

　なお，別の観点として，担当審判官が，証拠書類もしくは証拠物または書類その他の物件を提出すべき相当の期間を定めたときは，その期間内に提出しなければならないとされており（国税通則法96条3項），この点にも注意が必要です。

⑧ 閲覧・謄写請求の積極的活用

着眼点

- 平成26年度税制改正により拡充された関連物件の閲覧・謄写制度を積極利用することにより，審査請求を有利に展開できる可能性がある。
- 原処分庁にも閲覧・謄写が認められるようになっているため，審判所にどの範囲で物件の提出をするかについても一定の配慮が必要である。

　平成26年度税制改正による改正前の国税通則法のもとでは，原処分庁は，処分の理由となる事実を証する書類その他の物件を提出することができるとされる一方で，審査請求人には，原処分庁から提出された上記物件の閲覧のみが認められる建付けになっていました（旧国税通則法96条1項・2項）。

　このことからもわかるとおり，①原処分庁以外の第三者から提出された物件あるいは審判所が職権で収集した物件については，閲覧が認められておらず，さらに②閲覧できる場合であっても謄写は認められないという不便な制度となっていました。その一方で，原処分庁に関しては，そもそも審査請求人が提出した物件について審判所内の特定の場所で閲覧する制度が設けられていませんでした（原処分庁は，審査請求人が反論書等に添付して提出した証拠について，反論書とともに審判所より送付を受ける形でしか，証拠物件に触れる機会がなかったといえます）。

　これに対して，平成26年度税制改正による改正後の国税通則法は，行政不服審査法の改正に合わせて，審理関係人による物件の閲覧等について**図表3－4**のとおり，かなり柔軟な枠組みを採用するに至りました（国税通則法97条の3参照）。

図表3－4　　改正後の国税通則法のポイント

1　**閲覧主体**：審理関係人全員（審査請求人，参加人，原処分庁を含む）
2　**閲覧等の対象**：①審査請求人または参加人が提出した証拠書類，証拠物（国税通則法96条1項），②原処分庁が提出した書類のその他の物件（同条2項関係），③審理のための質問，検査等の規定により提出された書類その他の物件（同法97条1項2号関係）
3　**手段**：閲覧（電磁的記録については，記録された事項を財務省令で定めるところに

より表示したものの閲覧）または書類の写し（ないし当該電磁的記録に記録された事項を記載した書面）の交付

4　閲覧拒否事由：担当審判官は，第三者の利益を害するおそれがあると認めるとき，その他正当な理由があるときでなければ，閲覧・交付を拒むことができない

ⅰ）　閲覧主体の拡大

まず，新制度のもとで特徴的なのは，原処分庁にまで閲覧主体が拡大されたという点です（国税通則法97条の3第1項）。改正前の実務では，原処分庁による証拠閲覧の制度すらなかったため，納税者側による証拠のコントロールは比較的容易だったといえます（原処分庁の目に触れさせたくない物件は，審判所に証拠として提出しなければよいという考え方）。これに対して，新制度では，①審判官からの証拠提出要求に応じて任意に提出した物件，②審判所が第三者から職権で収集した物件についても，原処分庁が閲覧謄写制度により入手してしまうリスクが生じます。

ただし，担当審判官は，閲覧をさせ，あるいは写しの交付をしようとするときは，当該閲覧・交付に係る書類その他の物件の提出人の意見を聴かなければならないことになっており（担当審判官が，その必要がないと認めるときは，この限りでない）（国税通則法97条の3第2項），例えば，原処分庁から審査請求人提出物件の閲覧等の要求がある場合は，審査請求人にあらかじめ意見聴取するのが原則となります。

原処分庁が新制度のもとで入手した物件が審査請求において原処分庁側の主張の材料として活用されているかは不明ですが，当局がいったん入手した物件は，税務訴訟に進んだ場合に，そのまま有力な証拠として用いられる可能性もあるため，留意が必要です。

ⅱ）　閲覧等の対象の拡大と謄写の実現

次に，納税者に有利な改正点としては，閲覧等の対象として，「審理のための質問，検査等の規定により提出された書類その他の物件」（国税通則法97条1項2号関係），すなわち審判官の職権調査により取得された物件が加えられた点が挙げられます（同法97条の3第1項）。

改正前の制度のもとでは，原処分庁が旧国税通則法96条1項に基づいて証拠として提出した物件に限り，審査請求人（納税者）に閲覧が認められていまし

た。ところが，旧国税通則法96条１項に基づき証拠提出しなかったとしても，審判所は職権調査（97条１項）により原処分庁から物件の提出を受けることができたため，職権調査による物件提出が中心となると，審査請求人による閲覧の対象が狭められるという問題がありました。

新制度のもとでは，国税通則法96条，97条のいずれを根拠とする物件であるかを問わず一律に閲覧等の対象となるため，審査請求人は，改正前の制度と比較してより広範かつ重要な物件に接することができることになります。なお，新制度のもとでは，閲覧のみならず写しの交付（謄写）が可能となった点も重要なポイントです（国税通則法97条の３第１項）。審査請求人（納税者）としては，審査請求人の権利が大幅に拡大された新制度のもとで，閲覧・謄写の請求を積極的に活用することを検討すべきといえます。

| コラム | 閲覧・謄写の方法と戦略 |

担当審判官は，閲覧について，日時，場所を指定することができることになっており（国税通則法97条の３第３項），閲覧を希望する審査請求人は，審判所に連絡をしてまずは閲覧の日時等を決定してもらうことになります。閲覧場所は，通常の場合，審判所の会議室となります。謄写が認められなかった改正前の制度のもとでも対象物件の内容をメモすることは認められていたため，重要な物件については会議室でメモを取り，その後の手続に備えるといった実務となっていました。謄写が認められている現行制度でも，まずは謄写対象を特定するために，関連資料の閲覧に行くのが効率的といえます。

審査請求人は，原則として，実費の範囲内において政令で定める額の手数料を納めなければならないことになっているため（国税通則法97条の３第４項・５項），謄写費用を適切な水準に抑えるためにも，閲覧を先行させ，証拠提出可能性があるなど重要な物件に絞って謄写要求するのが有益といえるでしょう。筆者の経験に照らしても，物件の閲覧は極めて重要という印象があります。審判所に閲覧に行くことにより，原処分庁から提出される主張書面（意見書等）からは見えてこない原処分庁の思惑を察知することができる場合もありますし，現行制度のもとでは，審判所が職権調査によりどのような物件を収集しているのかについても傾向をつかむことができるはずです。課税要件の充足性を検討する上で何らかのヒントが発見できる可能性がある以上，審判所に出向く労力を惜しむべきではありません。

iii) 閲覧拒否の可能性

最後に，第三者の利益を害するおそれがあると認めるとき，その他正当な理由があるときは，担当審判官に閲覧を拒否する権限が留保されている点にも留

意しなければなりません。「第三者の利益を害するおそれがあると認めるとき」，「その他正当な理由があるとき」とは，例えば，以下のような場合を指します（不服審査基本通達（国税不服審判所関係）97の3-2参照）。

> 第三者の利益を害するおそれがあると認めるとき……閲覧又は交付を求める者以外の者の権利，競争上の地位その他正当な利益を害するおそれがあるとき
> その他正当な理由があるとき……国の機関，地方公共団体等が行う事務又は事業に関する情報であって，閲覧又は交付の対象とすることにより，当該事務又は事業の性質上，それらの適正な遂行に支障を来すおそれがあるとき

　以上のように，閲覧等の請求が拒否される可能性があることも考慮に入れながら，閲覧等の請求の手続を進めるべきことになります。

⑨　審判官との面談と質問調書作成への対応

　審査請求は書面審理が中心となるため，審査請求人等は，前述の口頭意見陳述や同席主張説明といった機会を除き，審判官と直接面談して自己の言い分を述べたり主張補充したりする権利が確保されているわけではありません。
　一方で，審判所は，職権調査の一環として，審判官自らが事実関係の確認をし，質問調書を作成することを目的に，審査請求人ないしその他の関係者との面談を希望する場合があります。質問調書の作成を前提とする面談要請を行うに当たっては，審判官が面談を希望する者の役職や氏名等が事前に明らかにされることが通常であり，希望すれば，審査請求人の代理人も面談に立ち会うことができます。
　面談に実際に立ち会った経験がある筆者の印象は，請求人面談における面談対象者の選定や具体的な質問事項は，審判官の個性によってかなり影響を受けるのではないかというものです。面談時の質問事項は，審査請求人に有利なものもあれば不利なものもありますが，審査請求人側は，面談が実施される前に，質問事項をある程度予想し，どの程度質問に回答するか検討しておいたほうがあわてずに済みます。質問調書の作成を前提とする質問は，事実関係を正確に把握することを目的として実施されますので，質問事項に対しては，原則として丁寧に回答するのが望ましいといえます。
　しかし，審判官が，事実関係を十分に把握せずに誤導的な質問を発することもあり得ますので，そのような質問に素直に回答して不本意な質問調書が作成

されることのないように注意する必要があります。そのような事態を防ぐためには，弁護士等の代理人が面談に立会い，必要に応じて質問の趣旨を確認するなどの対応をとることが，有益です。

なお，回答者の回答内容を反映した質問調書については，通常の場合，内容を確認の上，署名押印を要求されることになります。誤った事実関係等が記載されていれば，署名押印の前に，審判所に必ず訂正を要求し，不本意な調書が完成しないよう留意しなければなりません。

⑩　裁決書をめぐる問題

国税不服審判所長は，合議体による議決に基づき，裁決をします（国税通則法98条4項）。

裁決書の構成は，概ね**図表3－5**のとおりとなります。

図表3－5　裁決書の構成

主文

理由
1　事実
　(1)　事案の概要
　(2)　関係法令等の要旨
　(3)　審査請求に至る経緯
　(4)　基礎事実
2　争点
　(1)　争点1
　(2)　争点2
3　主張
　(1)　争点1
　(2)　争点2
　＊争点ごとに当事者の主張を左右対応させて記載
4　判断
　(1)　法令解釈
　(2)　認定事実
　(3)　判断

主張欄には，争点の確認表で確認した主張が概ねそのまま反映されます。また，基礎事実の欄には，請求人と原処分庁の間で争いのない事実が反映されます。以上のことからも，裁決の前提となる争点の確認表のチェックは重要であり，反論書等の書面で主張した内容が的確に反映されるよう留意する必要があります。

一方で，認定事実欄には，請求人の提出資料，原処分関係資料および審判所の調査の結果により認められる事実が列挙されますが，審判所の最終判断の前提となる重要な認定事実がここに記載されることになる点を理解しておく必要があります。審査請求は，法令解釈というよりは事実認定で勝負しやすい手続であることは前述したとおりであり，審査請求人としては，上記基礎事実，認定事実に自己に有利な事実が反映されるように，手続の節目を意識しながら計画的に活動することが重要といえます。

また，裁決書の構成を見ても明らかなとおり，裁決では争点に沿った主張整理，判断がなされますので，書面による主張反論は，場当たり的に行うのではなく，争点を明確に意識しながら行うのが得策といえるでしょう。

2　税務訴訟における対応

(1)　税務訴訟の特徴

　税務訴訟の特徴といえば，独立した裁判官による公平で客観性のある判断を得ることができる点がまずは挙げられます。裁判所は，法を客観的に解釈・適用することを徹底する組織であり，税務上の紛争であれば，課税処分の違法性という判断対象（裁判用語では訴訟物と呼ばれます）の審理を通じて，課税要件の充足性（課税要件事実の認定可能性）を精緻に検証することになります。要件事実論が徹底されている裁判所においては，税務訴訟についても，税務訴訟の要件事実というフレームワークのもとで判断をくだすことになるため，課税要件事実の認定がその分他の手続より客観的になるという側面もあります。

　審査請求で勝ちきれなかったケースや審判所の判断に馴染まないケースについては，税務訴訟を提起して課税処分の違法性を認めてもらう必要があります。審査請求裁決や課税処分の内容に不満がある納税者としては，審判所や原処分庁が行った課税要件事実の認定のうちどの点に歪みがあるのかをしっかりと分析し，裁判所ならではの公正かつ的確な課税要件事実の認定をしてもらわなければなりません。

　そのためには，裁判の構造を念頭に置きつつ，有利な材料を納税者自らが主体的に裁判所に提供していく視点が必要になります。このような視点が重要となるのは，税務訴訟では，職権主義的な運営（真実発見の見地から，審判官が職権で幅広く事実関係を精査）がなされる審査請求とは異なり，当事者自らが権利関係の基礎となる事実の確定に必要な資料の収集を，責任を持って行わなければならないという原則（弁論主義）が貫かれているからです。税務訴訟においては，この弁論主義という当事者主義的構造をまずは押さえておくことが極めて重要です。

　また，裁判は三審制がとられており，この点は税務訴訟でも同様です。仮に税務訴訟の第一審で納税者が勝訴したとしても，控訴され控訴審で逆転敗訴する可能性があります。その一方で，最終的な判断が最高裁に委ねられ，最高裁で逆転することにより，納税者の勝訴が確定するケースもあります（武富士事

件やガーンジー島事件）。いずれにしても，課税当局（国）が争い続ける方針
である限り，最終解決までにある程度時間がかかってしまうことだけは理解し
ておく必要があります。

　本書では，以上のような税務訴訟の特徴をふまえつつ，裁判所で効果的な訴
訟活動を展開するためのエッセンスを紹介していきます。

(2)　税務訴訟の近時の傾向

　税務訴訟の近時の傾向として，課税所得が数百億から数千億にのぼる大型案
件において，納税者が最終的に勝訴するものが比較的多く見受けられることが
挙げられます。特に上場会社が巨額の課税処分を受ける場合，税務訴訟で課税
処分の違法性を争うことなく漫然と受け入れてしまうと，取締役が株主代表訴
訟を提起されるリスクがあることも指摘されています（第5章参照）。

　そのような事情もあってか，大型の課税事案については，前段階の不服申立
手続で解決するといった事例でもない限り，大半のものは税務訴訟に発展して
いるように思われます（**図表3－6**）。

図表3－6　課税額が1,000億円以上の案件

事案	課税額	概要
IBM事件 　東京高判平成27年3月 　25日判時2267号24頁	約1,200億円	有価証券の譲渡に係る譲渡損失額が損金の額に算入されて欠損金額が生じたことによる法人税の負担の減少が，法人税法132条1項（同族会社の行為計算否認規定）にいう「不当」なものと評価することができるか否かが争われた事案
興銀事件 　最判平成16年12月24日 　民集58巻9号2637頁	約1,500億円	金銭債権の貸倒損失を法人税法22条3項3号の「損失の額」として損金の額に算入し得るか否かが問題となった事案

　さらに，近時では，最高裁判所が税務事案について積極的に踏み込んで重要
な判断を示す傾向があります。もちろん，最高裁判決の中には残念ながら納税
者が敗訴するものもありますが，納税者が勝訴する事案も比較的多く見られる
のが近時の税務訴訟の特徴です。最高裁判決の判示内容は，実務における重要
な解釈基準となるため，税務案件に携わる実務家は，日ごろから過去の最高裁

判例を丁寧に分析するようにして，手持案件への影響等を考える必要があります。**図表 3 - 7**は，近時下された著名な最高裁判決の概要です。

図表 3 - 7 近時の主な最高裁判決

事案	主要論点の勝敗	概要
デンソー事件 　　最判平成29年10月24日 　　民集71巻 8 号1522頁	納税者勝訴	シンガポール子会社の主たる事業は株式保有業ではなく地域統括業とされ事業基準を満たすとされた事案
デラウェア州 LPS 事件 　　最判平成27年 7 月17日 　　民集69巻 5 号1253頁	納税者敗訴	デラウェア州リミテッドパートナーシップが租税法上，外国「法人」と評価された事案
武富士事件 　　最判平成23年 2 月18日 　　訟月59巻 3 号864頁	納税者勝訴	「住所」の意義が問題となった事案。最高裁は，借用概念であることを前提に，納税者を逆転勝訴させた
ホステス報酬源泉徴収事件 　　最判平成22年 3 月 2 日 　　判時2078号 8 頁	納税者勝訴	ホステス報酬からの源泉徴収につき，基礎控除方式の計算期間が問題となった。最高裁は，「期間」を厳格に文理解釈。
ガーンジー島事件 　　最判平成21年12月 3 日 　　民集63巻10号2283頁	納税者勝訴	デザイナーレートタックスの外国法人税該当性が認められた事案
南九州コカ・コーラボトリング事件 　　最判平成21年 7 月10日 　　民集63巻 6 号1092頁	納税者勝訴	当初申告要件（所得税額控除）との関係で納税者の制度適用選択の意思が重視された事案
ＮＴＴドコモ事件 　　最判平成20年 9 月16日 　　民集62巻 8 号2089頁	納税者勝訴	減価償却資産の判定単位が問題となった事案

(3) 税務訴訟の類型

① 処分取消訴訟

着眼点

・税務訴訟の基本形は，処分取消訴訟であり，課税処分の違法性を訴えの対象（訴訟物）として争う性格を持っている。

第 3 章　税務争訟に発展した場合の戦略的対応　　83

・処分取消訴訟を提起する場合でも，追徴税額は課税処分後にいったん支払って
　おくのが前提となる。訴訟で勝訴すると，還付加算金とともに支払額の還付を
　受けることができる構造となっている。

　税務訴訟といっても多様な類型があり，どのようなタイプの税務訴訟を提起
すべきかは，事案の性格次第ということになります。ただ，税務訴訟の大半を
占めるのは，追徴された税額の返還を目指して，課税処分の取消しを求めて提
訴する処分取消訴訟です。本書においても特に断りのない場合，税務訴訟とい
えばこの処分取消訴訟を指すものとご理解ください。
　行政処分には公定力がありませんので，更正処分等が行われた場合，所定の
税額を速やかに納付する必要があります。したがって，処分取消訴訟の場合，
処分取消しによって，納付した追徴税額の返還を受けることを目的にするとい
う形になるわけです。
　なお，処分取消訴訟において納税者が勝訴し判決が確定した場合は，追徴さ
れた税額に還付加算金が加算される形でお金が戻ってきます。例えば武富士事
件では，約1,330億円の課税がなされたわけですが（延滞税込みで約1,600億円
を納付），新聞報道等によると，これに対して約400億円の還付加算金がつき，
勝訴確定に伴い約2,000億円の還付があったといわれています。巨額の追徴が
なされた事案であれば一日単位で驚くほどの金額の還付加算金が発生します。
このような事情もあって，税務訴訟で勝訴すると，課税当局は速やかに追徴税
額および還付加算金の支払に向けて動くのが通例となっています。
　課税処分には様々なタイプのものがあることから，処分取消訴訟にも一定の
バリエーションがあります。本税について争う場合，通常は，加算税について
も同時に争うことになりますが，この場合の裁判所による事件管理名は，「法
人税更正処分等取消請求事件」となります（「等」の中に加算税賦課決定処分
取消請求事件が含まれる）。一方で，加算税賦課決定処分についてのみ争う
ケースもあり，その場合，過少申告加算税賦課決定，重加算税賦課決定のいず
れについて争うのか，あるいは両方とも争うのかといった判断を事案ごとに行
うことになります。
　また，本税についても，更正処分に記載された増額更正理由のすべてについ
て争うというよりは，税務調査の段階から見解の相違があった一部の争点（更
正理由）に絞って処分取消訴訟を提起するのが通常です。

② 更正をすべき理由がない旨の通知処分取消請求訴訟

着眼点

- 更正の請求をする場合は，請求が認められないことも視野に入れながら，更正をすべき理由がない旨の通知処分取消請求訴訟を提起することも検討する。
- 平成23年度税制改正により更正の請求の期限が大幅に伸長され，更正の請求が行いやすくなっている点もふまえた対応が望ましい。
- 立証責任は納税者が負担することに留意する。

確定申告書の提出をした後に，申告書に記載した課税標準や税額等の計算が税法の規定に従っていなかった場合，当該計算に誤りがあったことにより，当該申告書の提出により納付すべき税額が過大であるときは，当該申告書に係る国税の法定申告期限から5年以内に限り，税務署長に対し，更正の請求をすることができます。

税務署長は，更正の請求があった場合には，請求に係る課税標準等または税額等についてまずは調査を行います。調査の結果理由があると判断される場合は，職権で減額更正がなされますが，理由がないと判断される場合は，「更正をすべき理由がない旨の通知」が納税者のもとに送付されることになります。

この「更正をすべき理由がない旨の通知」に処分性があることには争いがなく，納税者は当該通知処分に不服がある場合は，不服申立てを経て，更正をすべき理由がない旨の通知処分取消請求訴訟を提起することができます。

実務上，更正の請求を行う機会は比較的多く，戦略的にこれを用いるべき必要性があることについては第2章の3(3)②で説明したとおりですが，課税当局としてもいったん確定申告ないし修正申告がなされたケースについて，そう簡単には減額更正をしてくれないのが現状です。

しかし，いったんは正しいと思って申告書を提出した場合であっても，後で冷静になって検討すると申告内容の誤りに確信を持つようなケースは意外と多く，そのような場合には，まずは更正の請求を行った上で，任意の減額更正に至らない場合は，更正をすべき理由がない旨の通知処分取消請求訴訟を積極的に利用するとよいでしょう。

なお，平成23年度税制改正前は更正の請求の認められる期間が申告期限から1年であったため，そもそも更正の請求を行う機会がかなり限定的でした。と

ころが，平成23年度税制改正により，期限は原則として申告期限から5年間となったため，納税者としては，何らかのきっかけで自らの申告に誤りがあることに気が付いた場合は，更正をすべき理由がない旨の通知処分取消請求訴訟を提起することも視野に入れながら，積極的に更正の請求を行う制度的枠組みが整っているといえます。

③　その他の税務訴訟の類型

　税務訴訟には，更正処分取消訴訟，更正をすべき理由がない旨の通知処分取消請求訴訟といった類型のほかにも，義務付け訴訟，差止め訴訟，仮の義務付け訴訟，仮の差止め訴訟といった類型があります。ただし，上記類型の訴訟は，それぞれ厳格な訴訟要件が規定されており，かなりハードルが高いことを認識しておく必要があります。

　一方で，税務紛争には，国や地方公共団体に対して，過誤納金の還付を求める類型があり，これは公法上の不当利得返還請求訴訟としての性格を有しています。特に地方税との関係では，公法上の不当利得返還請求訴訟を通じて過誤納金の還付請求がなされるケースが目立っており，著名事件としては，神奈川県臨時特例企業税通知処分取消等請求事件（最判平成25年3月21日）があります。

　同事件では，原告が申告納付した企業税額は，無効な条例に基づいて納付されたもので，これを是認した自治体の通知・更正も無効であり，原告が更正により追加納付した企業税額は，その根拠である更正が無効であるから還付されるべきとの理論に原告は依拠しました。その延長として，同事件の判決では，原告が納付した金額は，自治体による更正等を取り消すまでもなく，被告（自治体）にとって法律上の原因を欠く利得であるから，同金額につき誤納金としての還付請求が可能になるという構成が採用されています。このように，処分の取消しを経るまでもなく不当利得返還請求が認められる場合があることは押さえておく必要があります。

　その他にも，条例が無効であることを前提に，誤納金の還付請求が認容されたケースとして東京都外形標準課税条例無効確認等請求事件（東京高判平成15年1月30日）などがあります。

　上記事件は，①条例の無効確認請求，②条例に基づく更正処分および決定処分の差止め請求，③条例に基づく租税債務不存在確認請求，④国家賠償請求，

⑤過納金還付請求等が同時になされています。同事件からは，税務訴訟における選択肢の豊富さを改めて認識することができますが，一方で，最終的に認容され得る請求類型は特定の限られたものになるといった理解も可能です。

いずれにせよ，納税者は，事案の性格に応じた訴訟類型を選択する必要がありますが，このような選択は極めて技術的なところがあることから，代理人となる弁護士と十分に打合せを行い，最適な選択をすることが不可欠です。

(4) 訴訟提起

① 提訴の要件（不服申立前置と提訴期間）

税務訴訟を提起するためには様々な前提条件をクリアしなければなりません。重要な前提条件（訴訟要件）が整っていない場合，税務訴訟を提起しても，実体の審理に入る手前で訴えは不適法却下となってしまいますので，注意が必要です。税務訴訟に関する訴訟要件として特に重要なものとしては不服申立前置と提訴期間の問題があります。

ⅰ） 不服申立前置（審査請求前置）

国税に関する法律に基づく処分で不服申立てをすることができるものの取消しを求める訴えは，原則として，審査請求についての裁決を経た後でなければ，提起することができないものとされています（国税通則法115条1項）。つまり，処分取消訴訟を提起するためには，まずは，不服申立て（審査請求）を前置させる必要があります。

既に説明したとおり，平成26年度税制改正前は，原則として異議申立てを経なければ審査請求を行うことができなかったものであり，そのような意味で，二段階の不服申立前置の構造となっていました。平成26年度税制改正後は，再調査の請求を経るかは自由選択となったため，不服申立前置主義といっても，それは審査請求前置主義を意味している点に留意する必要があります。

なお，前置が必須となっている審査請求との関係では，さらに裁決を経るのが原則ですが，国税不服審判所長または国税庁長官に対して審査請求がされた日の翌日から起算して3か月を経過しても裁決がないときは，取消訴訟を提起することができます。

ⅱ) 提訴期間

☞ 着眼点

- ・審査請求から3か月経過した時点で，裁決を待たずに処分取消訴訟を提起するかどうかを検討する。
- ・審査請求裁決を受領してから判断する場合，6か月ルール（提訴期間）を確実に頭に入れておくこと。
- ・ただし，できる限り余裕を持ったスケジューリングを心掛けるのが望ましい。
- ・上場会社の場合，プレスリリースのタイミングも考慮に入れる必要がある。

　審査請求段階で請求が棄却されるなど不本意な結果しか得られなかった場合，次のステージとして処分取消訴訟を提起することになりますが，その場合の提訴期限は法定されています。具体的には，審査請求の裁決があった場合の課税処分取消訴訟については，裁決があったことを知った日から6か月を経過したときは，提起することができないとされています（行政事件訴訟法14条1項）。

　したがって，審査請求に対して裁決があり裁決書謄本が納税者のもとに送達された場合は，その翌日から起算して6か月以内に処分取消訴訟を提起する必要があります（初日不算入）。この6か月ルールについては，「正当な理由があるときは，この限りでない」とする例外が設けられていますが，正当な理由が認められる場合は極めて限定的であるため，税務訴訟の提起に当たっては上記ルールを厳格に守る必要があるといえます。

　6か月は長いように見えてあっという間に過ぎ去ってしまいます。複雑な事件や規模の大きい事件では，6か月をフルに使って期限ぎりぎりまで訴状の内容について検討する場合もあります（もちろん，可能であれば，ある程度余裕を持って訴訟提起するのが望ましい）。

　上場会社では，プレスリリースのタイミングなどもふまえ，訴訟提起する必要があります。プレスリリースの内容については，社内関係部署間で適宜すり合わせを行い，必要に応じて代理人弁護士のチェックを経ておくとよいでしょう。

　ところで，処分取消訴訟を提起するためには審査請求の裁決を必ず経なければならないのかといえば，そのようなことはありません。前述のとおり，審査請求がされた日の翌日から3か月を経過しても裁決がないときは，裁決を経ないで処分取消訴訟を提起することができます（国税通則法115条1項1号）。

通常のケースでは，まずは審査請求の裁決を経た上で，上述の提訴期限（6か月）内に処分取消訴訟を提起することになりますが，事案の性格からして審査請求で処分が取り消される見込みが薄いような場合は，審査請求から3か月が経過した段階で，裁決を経ることなく（通常，3か月経過した時点で裁決は出ません），戦略的に処分取消訴訟を提起することもあります。

このように，実務では，6か月ルールを提訴期間として念頭に置きながら，審査請求から3か月を経過した時点で裁決を待たずに訴訟提起するかどうかを別途慎重に検討する必要があります。

②　管轄の検討

税務訴訟の多くは，処分取消訴訟という形態をとりますが，納税者は，処分取消訴訟の管轄について，以下の3つのオプションを持っています（行政事件訴訟法12条1項・4項）。

---

① 被告の普通裁判籍の所在地を管轄する裁判所
② 処分もしくは裁決をした行政庁の所在地を管轄する裁判所
③ 原告の普通裁判籍の所在地を管轄する高等裁判所の所在地を管轄する地方裁判所

筆者は大阪弁護士会に所属する弁護士ですから，近畿圏のお客様が比較的多いわけですが，仮に神戸に本店所在地があり，神戸所在の行政庁による更正処分を受けた法人のクライアントが，私のところに顧問税理士とともに駆け込み，課税処分取消訴訟を提起してほしいと依頼をされた場合，上記のルールに従い，①東京地方裁判所，②神戸地方裁判所，③大阪地方裁判所という3つのオプションがあることをまずはクライアントに説明することになります。クライアントの最寄りの裁判所ということであれば，②の神戸地方裁判所になりますし，私の所属事務所の最寄りの裁判所ということであれば大阪地方裁判所になりますが，管轄の選択に当たっては，立地以外にも様々な要素を考慮する必要があります。

例えば，東京地方裁判所には，本書執筆時点で，行政専門部が4箇部（民事第2部，第3部，第38部，第51部）もあるのに加えて，被告の普通裁判籍の所在地を管轄する裁判所（①）として多くの税務訴訟が集まる傾向があり，裁判所として様々なタイプの税務訴訟を取り扱っているものと推察されます。さら

に，本書で紹介する事案を含めて，納税者勝訴事案の多くは東京地方裁判所に訴訟提起されているという実態もあります。

　以上のような点をふまえると，納税者の拠点（本店所在地等）が神戸にあり，私の所属事務所が大阪地裁のすぐ近くにあるとしても，東京地方裁判所への提訴をまったく検討しないということはあり得ません。筆者は，以下の諸点を会議の際にクライアントに説明し，様々な要素について議論した上で，最終的に提訴先となる裁判所を決定するようにしています。

・提訴先として考えられる各裁判所の行政部に所属する裁判官情報（①どのようなタイプの税務訴訟に関与してきたか（概要説明），②係争案件と同種案件への関与の有無，③経歴（最高裁判所調査官経験者であるか否かを含む），④異動の可能性（在籍期間））
・控訴となる場合も想定した高等裁判所に関する一般的な説明（高裁には行政専門部がないといった概括的説明）
・遠方の裁判所に出廷する場合の交通費や日当の問題

　クライアントとの協議の結果，被告の普通裁判籍の所在地を管轄する裁判所（①）として，東京地方裁判所に提訴することも最近では比較的増えてきましたが，あくまで諸般の事情を考慮してのことであり，このような選択に必然性はありません。

　なお，ある裁判所に提訴するに当たって，特定の部を納税者の側で選択できるわけではありません。また，東京地方裁判所のように行政専門部が複数ある裁判所の場合，行政専門部のいずれかに事件が係属することは間違いありませんが，特定の専門部を納税者の側で選択できるわけではありません。最終的に，各裁判所のいずれの部に事件が係属するかは，訴状が提出された順番により決定されており，納税者としては，このような事務分配の結果を待つしかありません。

③　訴状の作成

ⅰ）　訴状における記載事項
　処分取消訴訟の提起は訴状を裁判所に提出することにより行われますが，訴状には，①当事者および法定代理人，②請求の趣旨および請求の原因を記載しなければならないことになっています（民事訴訟法133条2項）。

図表3－8 訴状表紙サンプル

訴　状

平成●年●月●日

●●地方裁判所　御中

原告訴訟代理人
弁護士　　甲　野　太　郎

当事者の表示　　　　別紙当事者目録記載のとおり
請 求 の 趣 旨　　　　別紙請求の趣旨記載のとおり
請 求 の 原 因　　　　別紙請求の原因記載のとおり
証 拠 方 法　　　　別紙証拠方法記載のとおり
添 付 書 類　　　　別紙添付書類記載のとおり

法人税更正処分等取消請求事件
訴訟物の価額　　金【　　　　　　】円
貼用印紙額　　　金　　　【　　　】円
予納郵券額　　　金　　　　　【　　】円

　図表3－8は，訴状の表紙のサンプルとなります。一般的に訴状の表紙には，①当事者の表示，②請求の趣旨，③請求の原因，④証拠方法，⑤添付書類といった項目を列挙して，これらの事項を別紙において実質的に記載することを予告しておく形になります。

　また，訴状には，「法人税更正処分等取消請求事件」といった事件名を記載するとともに，訴訟物の価額，貼用印紙額，予納郵券額も記載することになります。訴訟物の価額は，印紙額を決定するために必要となることから，正確に特定する必要があります。訴訟物の価額には本税額のみを含め，加算税や延滞税は含めない点に留意する必要があります。

　印紙額は，訴訟物の価額に基づき算定することになりますが，弁護士は，訟廷日誌に記載されている早見表等（訴訟物の価額と印紙額の対応関係が記載されている）をもとに印紙額を算定します。印紙代は裁判利用に関する手数料であり，通常は，納税者が的確に算定した印紙額に相当する印紙を訴状に貼付する形で納付します。ただし，大型訴訟で訴訟物の価額が巨額になるようなケー

スでは，訴状提出にあたり書記官から交付される所定の振込用紙に基づき，印紙代を振込み納付する形で対応することになります。

なお，民事訴訟費用等に関する法律4条2項は，「訴訟の目的の価額を算定することが極めて困難な」場合，訴額を160万円とみなす旨規定しています。

ここでいう「訴訟の目的の価額を算定することが極めて困難な」場合とは，訴額算定のための重要な諸要因を確定することが極めて困難で，客観的合理的な算定基準を見出すことができない場合であると解されています（裁判所職員総合研修所監修『民事実務講義案Ⅰ（五訂版）』（司法協会，2016年）40頁参照）。例えば，欠損のため納付すべき本税額が発生しておらず，客観的合理的な算定基準を見出すことができないような場合は，上記「みなし訴額」（160万円）を前提に訴訟物の価額を設定し印紙額を計算することが考えられます。

訴状の起案に当たっては，「請求の趣旨および請求の原因」が重要なポイントとなることは言うまでもありません。

処分取消訴訟における請求の趣旨の書き方にはかなり技術的な要素がありますが，基本形としては，処分の取消しを求める範囲について，更正通知書の年月日，争いの対象とする事業年度，争いの対象とする範囲（一定の所得，税額を超える範囲）により特定することになります。

連続する2事業年度に係る法人税の更正処分，過少申告加算税賦課決定処分の各取消しを求めるようなケースにおける請求の趣旨の記載方法としては，**図表3-9**のようなモデルが考えられます。

第1項は，当初の確定申告段階でプラスの所得となっている事業年度の記載例であり，第2項は，申告段階および更正後のいずれにおいてもマイナスの所得（欠損）となる事業年度の記載例となります。本税については，所得，税額ともに納税者が適正と考える金額を基準とし，更正処分のうちそれを超える部分の取消しを求める形にするのがポイントです。更正通知書で複数の非違が指摘され，納税者としてそのうちいくつかの点は争わず一部のみ争うということになった場合，争わない範囲の所得，税額を納税者側で再計算し，ピンポイントで金額を特定する必要があります。

上場会社に対する更正処分の事例であれば，確定申告書に記載される所得，税額が莫大な額となり，複雑な申告調整が生じているケースもあることから，争わない範囲の所得，税額を特定するのも一苦労です。請求の趣旨の起案に当たっては，適宜，経理部や担当税理士の助言も得ながら進めるのが望ましいと

| 図表 3 - 9 | 請求の趣旨（案）|

> 1　●●国税局長（税務署長）が平成●●年●月●日付で原告に対してした原告の平成
> ●●年４月１日から平成●●年３月31日までの事業年度の法人税の更正処分のうち所
> 得金額●円，納付すべき税額●円を超える部分及び過少申告加算税賦課決定処分を取
> り消す
> 2　●●国税局長（税務署長）が平成●●年●月●日付で原告に対してした原告の平成
> ●●年４月１日から平成●●年３月31日までの事業年度の法人税の更正処分のうち所
> 得金額マイナス●円を超える部分及び翌期へ繰り越す欠損金●円を下回る部分を取り
> 消す
> 3　訴訟費用は被告の負担とする
> との判決を求める。

いえるでしょう。

　また，本税に加えて加算税についても争う場合は，加算税賦課決定処分の取消しについても併せて請求の趣旨に記載しなければなりません。通常の場合，本税と同じ条項において加算税賦課決定処分も取り消す旨記載しておけば足ります（第１項参照）。

ⅱ）　一歩進んだ訴状（請求原因）の書き方

　請求の趣旨は，訴訟における争いの範囲を特定するものとして非常に重要なものですが，実務上，記載の方法は固まっていることから，ミスのない記載ができるかがポイントとなります。一方で，処分取消訴訟の訴状における請求の原因には，課税処分の違法性（訴訟物）を基礎付ける事由について，法律・事実の両面から実質的に盛り込んでいく必要があります。

　請求の原因の構成（スタイル・分量等）については，戦略的観点から簡略型と詳細型に分類することができます。

【簡略型】

　簡略型を採用する弁護士の言い分は，国が立証責任を負っていることを前提に，立証責任を負っていない納税者が，訴状の段階で裁判所，相手方（国）に手の内を見せて，予断を持たれるのは得策ではないというものです。したがって，このような立場によれば，訴状には，課税処分の取消しを求めるための最低限の理由のみを記載しておき，国の方から課税処分の根拠となる事由を答弁

書あるいは準備書面において先に主張させる戦略をとるのが望ましいということになります。

【詳細型】

　これに対して，詳細型を好む弁護士は，訴状に提訴のための最低限の要素しか盛り込まないとすれば，裁判所は，一読しても事案の筋を見通すことができず，逆に心証を悪くするのではないか，という意識を持っています。

【採用の判断】

　簡略型と詳細型のどちらのタイプを採用するのがよいかというと，必ずしも正解があるわけではなく，事案の規模，性格，事実関係等をふまえながら，案件ごとに明確な戦略をもって個別判断をする必要があります。

　例えば，移転価格税制のような複雑な税制がからむ案件などでは，課税対象となっている取引の詳細や事案の背景のみならず，税制自体の概括的説明や関連する条文の解釈等についてもある程度ボリュームを割いて説明しなければ，裁判所としても，納税者が処分取消しを求める真意を理解することができない可能性があります。また，訴状に審判所裁決を証拠として添付する場合，当局や審判所の考える課税根拠が証拠上明確に表れるため，これに対する問題意識を何ら反映せずに請求の原因を構成することには抵抗を感じる場合もあります。

　これに対して，そもそも更正通知書受領の段階から課税根拠が極めて曖昧で，不服申立手続の過程でもこれが解消されなかったようなケースでは，訴状の請求原因で端的にその点を主張しつつ，国側から準備書面等で課税根拠を先に主張させた上で，納税者側において個別に反論していく方が，座りがよい場合もあります。

　以上のような判断はなかなか難しいところもありますが，訴状に記載する請求原因の構成段階から案件の性格に配慮した訴訟戦略を意識することで，はじめて税務訴訟における勝訴が見えてくるといった側面もあるように思われます。

　なお，請求の原因の記載が長くなる場合は，冒頭に目次をつけると読みやすくなりますが，目次の項目をあまり細かくし過ぎると逆に読みにくくなる場合もあるため注意が必要です。以下の点は，簡略型，詳細型のいずれを採用するかにかかわらず，訴状における請求原因を起案するに当たって筆者が意識している事項となります。

> **訴状の請求原因を起案する上で意識している点**
>
> ・分量が多くなる場合は目次をつける。その際，できる限りシンプルな目次を心掛ける。
> ・税の専門家ではない裁判官が一読して事案の全体像を理解できるよう，冒頭において事案の概要（納税者の主張骨子）を述べる。
> ・更正処分の概要，異議申立て（再調査の請求），審査請求といった不服申立ての経緯・概要について，時系列も意識しながら簡潔に述べる。そのことにより，不服申立前置や提訴期間といった訴訟要件の充足を示すことも可能となる。
> ・課税処分の違法性を根拠付ける事由についてどの程度盛り込むかは，事案の性格に応じて慎重に検討する（上述の簡略型，詳細型も意識）。
> ・訴状作成の段階でできる限りの文献リサーチをしておく。
> ・難解な法令解釈がからむ事案では，必要に応じて学者の意見も聞いてみる。学者の意見書の入手可能性についても適宜確認しておく。

④　証拠方法と添付書類の作成

ⅰ）　証拠方法

　訴状には証拠方法として，一定の証拠（甲号証：原告側が提出する証拠）を記載し，記載された証拠を訴状に添付して提出することになります。

　訴状にどの程度の証拠を添付するかは基本的に自由ですが，立証責任を負っているのは国側であることをふまえ，訴状に添付する証拠は，不服申立前置や提訴期間といった訴訟要件の充足を示す最低限のもので構わないという考え方があります。このような考え方は，前述の簡略型の問題意識の延長にあるものといえます。最低限のものとして実際に訴状に添付する証拠は，更正通知書等の課税処分を根拠付ける資料，再調査決定書謄本（異議決定書謄本），審査請求裁決書謄本等が考えられます。

　なお，審査請求裁決書（棄却裁決）には，納税者に不利な判断が反映されており，訴状に添付して提出すると訴訟の審理に入る前に裁判官に予断を持たれることを危惧する見解もあります。たしかに，状況次第ではこのような懸念が現実のものとなるケースもあり得ますが，訴状添付証拠の中に裁決書謄本がなければ，裁判所としても，不服申立ての経緯をふまえた事案の全体像をつかみづらくなることから，そこまで徹底した進め方を採用するかどうかについては慎重に検討したほうがよいでしょう。

　一方で，前述した訴状・詳細型のコンセプトによれば，訴状の請求原因には

第3章　税務争訟に発展した場合の戦略的対応　95

詳細な主張を盛り込むことになるため，上記主張を基礎付ける証拠については，できる限り早いタイミング（訴訟提起段階）で提出し，裁判所によい心証を与えるべきという発想になります。このような考え方に立てば，かなりのボリュームの証拠が訴状に添付されることになります。

ⅱ）　添付書類

処分取消訴訟の訴状には，添付書類として，以下のような書類を添付すべきことになります。

> ・訴状副本（裁判所から被告への送達用）
> ・甲号証写し
> ・訴訟委任状
> ・資格証明書（法人である場合）

訴状副本が要求されるのは，訴訟提起後に裁判所から被告に対して，訴状の送達を行うために必要だからです。上記各書類を訴状に添付することは，極めて形式的なことであり，漏れが生じないように注意する必要があります。甲号証の写しを添付する場合は，証拠説明書も提出して立証趣旨を明らかにしておかなければなりません。

なお，訴訟提起の段階で補佐人を選任している場合は，補佐人選任届も併せて添付することになります。

⑤　第1回期日の指定，答弁書の送付

訴状が提出されると，裁判所において訴状審査が行われます。訴状の形式面に特段の問題がなければ，裁判所は被告（国）に対して，訴状の送達をするとともに，答弁書の提出を求めることになります。これに応じる形で，被告は，所定の期間内に答弁書を提出します（原告にファックスで直送されます）。

答弁書には，請求の趣旨に対する答弁（「①原告の請求を棄却する，②訴訟費用は原告の負担とする，との判決を求める」と記載）がなされる一方で，請求の原因に対する答弁は「準備書面等で追って主張する」と記載される場合が多く，答弁書レベルで実質的な反論がなされることはほとんどありません。ただ，案件の規模によっては，答弁書の段階で，訴状の請求の原因に記載された事実関係に対する認否だけは行われ，具体的な被告の主張は準備書面により

追って主張というケースもあります。

　なお，第1回期日については，裁判所から原告・被告に対して候補日の打診があり，その中からお互い都合のつく範囲で指定されることになります。ケースバイケースですが，通常は，訴訟提起から2か月ないし3か月程度先の日程で第1回期日が指定されます。

(5)　税務訴訟の審理（第一審）

①　第1回期日

　通常の民事訴訟では，第1回期日に被告が欠席することもありますが（答弁書は擬制陳述される），税務訴訟では，被告の指定代理人が第1回期日に出廷するのが通常であり，その際に原告（訴訟代理人）と被告指定代理人が初めて顔を合わせることとなります。

　原告は，第1回期日で，訴状を陳述し，訴状添付の各証拠および証拠説明書の提出を行うことになります（原本については原本確認が行われます）。これに対して，被告（国）は，答弁書を陳述しますが，前述のとおり，答弁書は具体的な主張を留保した極めて淡白な書面となっていることから，次のステップとして，裁判長は，次回期日（第2回期日）までに，被告の詳細な主張を盛り込んだ準備書面を提出するよう被告に促すことになります。第1回期日では，さらに被告の準備書面提出期限と第2回期日の日程を決めて終了となるのが通常です。

②　第2回期日以降の審理

　第2回期日では，国の詳細な主張が反映された準備書面が陳述され，関連する証拠が提出されます。筆者の経験では，国側の第1準備書面は，かなりの分量のものとなります。

　第2回期日では，被告の主張をふまえ，今度はこれに対する反論の準備書面を原告にて準備するよう，裁判所から促されることになります。これを受けて，原告は，第3回期日に向けて準備書面を準備します。

　訴状・簡略型を採用している場合は，原告も第1準備書面で初めて実質的な主張を展開することになる関係で，かなりの頁数の第1準備書面を作成する必要があります。一方で，訴状・詳細型を採用した場合は，被告の第1準備書面

のトーンに応じて，準備書面を起案する必要があります（被告の第1準備書面の内容によっては，結局，簡略型の場合と同程度のボリュームになることもあります）。

第3回期日以降の対応は，原告・被告の双方が，相手方の準備書面の内容を検討しながら，さらに自己の準備書面において主張すべきことがあるか，あるいは提出すべき証拠があるかといった点から判断していくことになります。裁判所としても，両当事者の主張立証活動の推移を見ながら，その後の進行について適宜訴訟指揮をすることになります。

③　尋問期日

税務訴訟では，事実関係については原告・被告間で概ね争いのない場合も多く，どちらかと言えば，条文の文言解釈をめぐる争いとなる場合が多いところです。したがって，一般論としては，あえて証人尋問をしてまで真実を明らかにしなければならない税務訴訟案件はそれほど多くはないといえます。

しかしながら，例えば契約書の記載事項と取引実態にねじれがあることを前提に課税処分が行われる案件のように，当局が取引実態に疑いを持っているようなケースでは，取引実態に係る真実の究明のために，取引担当者の証人尋問を行うことが有益な場合もあります。

また，租税回避目的があることをベースにした課税処分が行われているケースにおいても，そのような目的が存在しなかったこと，あるいは経済合理性のある活動を行っていたことを実質的に示すために，担当役員の証人尋問を検討すべき場合などもあるでしょう。例えば，ヤフー事件（第4章の4(4)参照）においては，ヤフーの役員に加えてソフトバンクの社長の証人尋問が行われています。

処分取消訴訟では国が立証責任を負っていることなどもあり，納税者の側から積極的に証人尋問を請求する必要はないといった意見もあるかもしれませんが，納税者側の積極的な立証活動によって裁判官の心証にわずかでも良い影響を与える可能性があるのであれば，証人尋問を行う価値は十分にあるといえます。

証人尋問を行う前提として，原告は，証人尋問を予定する者の陳述書を作成して証拠として提出する必要があります。主尋問は陳述書の記載の流れにある程度沿った形で行われることも考えると，陳述書は，将来尋問が行われる可能

性があることも視野に入れつつ，構成や項目に慎重に配慮しながら作成する必要があります。

証人尋問が行われた場合，原告，被告は，通常，尋問期日の次の期日までに最終準備書面を提出するよう求められます。最終準備書面においては，証人尋問による立証対象を意識しつつ，証人調書（証言内容が逐語的に記録された調書）の記載内容を適宜引用しながら，原告の主張の最後の取りまとめを行うことになります。

④　弁論の終結と判決言渡し

準備書面による主張や各種立証活動が積み重なって，裁判をするのに熟したと裁判所が判断すると，弁論が終結されます（結審）。裁判所は，弁論終結に伴い，判決言渡期日を指定します。

判決言渡期日では，裁判長が判決主文を法廷で朗読することにより判決が言い渡されます。判決言渡期日に当事者ないしその代理人は必ずしも出頭する必要はありませんが，依頼者の意向や事案の性格なども考慮して，代理人が出頭して判決言渡しを当事者席で聞くこともあります。判決言渡期日に出頭しなかった場合は，判決言渡し後に，書記官に電話をして結論を教えてもらうことができます。

なお，判決書の送達は，裁判所書記官が判決書の交付を受けた日または判決言渡しの日から2週間以内にしなければならないことになっており，郵送による送達を待つ場合もありますが，判決言渡期日に出頭したような場合は，書記官室で判決書正本の交付を受けることも可能です。

(6)　税務訴訟における一般的留意点と戦略

①　総額主義と争点主義（処分理由の差替えの可否）

―😉　着眼点

・税務争訟に関与する納税者としては，国の処分理由の差替えに対しては，争点主義の観点から徹底的に対抗するべきである。
・税務訴訟になって不合理な処分理由の差替えをさせないように，曖昧かつ広範な質問検査権の行使による網羅的な証拠資料の収集に対しては，「必要性なし」

として対抗するべきである。

i) 処分理由の差替え

税務訴訟では，国側が更正通知書に記載されている処分構成をもとにした主張を展開していたにもかかわらず，途中から従来の主張を撤回して，あるいは従来の主張（主位的主張）の予備的主張として，まったく異なる構成（理由付け）による主張を展開してくる場合があります。納税者ないしその代理人としては，更正通知に記載された処分構成を前提にしながら，不服申立てや税務訴訟における防御・反論を行うわけですから，国（課税当局）が突然処分理由を変更してくると，不意打ち的な印象を持たざるを得ません。

このように，国（課税当局）が更正処分の理由を差し替えることが許されるか，許されるとしてどの範囲か，という問題が「処分理由の差替えの可否」という論点として議論されることがあります。

ii) 総額主義と争点主義

この問題は，審査請求の対象や税務訴訟の訴訟物をどのようにとらえるかという点と関連して，いわゆる総額主義と争点主義の対立がみられます。

総額主義は，処分によって確定された税額の適否そのものを判断対象とすべきとする見解であるのに対して，争点主義は，税額の適否といっても処分理由との関係をふまえたものであるべきとする見解です。総額主義は，処分理由との関係を理論上切断しているため，処分理由の自由な差替えを許容しますが，争点主義は，処分理由との関係を問題とすることから，原則的には処分理由の差替えを認めない立場といえます。

税務訴訟では，基本的課税要件事実の同一性が失われない範囲で処分理由の差替えが認められると判示する裁判例が比較的多くみられます。争点主義といっても，処分理由の差替えを一切認めないものから，裁判例の上記動向もふまえて基本的課税要件事実の同一性の範囲内で処分理由の差替えを認めるものまで立場が分かれていることに注意が必要です（金子1008頁参照）。

iii) 納税者の対応

税務争訟で争っている納税者としては，厳格な争点主義をベースとした対応

を行うのが基本です。ただ，上述のとおり裁判例の一般的傾向として，基本的課税要件事実の同一性が失われない範囲で処分理由の差替えが認められる可能性があるのも事実です。

そこで，納税者としては，百歩譲って基本的課税要件事実の同一性が失われない範囲では処分理由の差替えが認められるとの見解に従うとしても，当該事案における事実関係のもとでは，基本的課税要件事実の同一性が結論的に認められないとして，安易な処分理由の差替えを認めさせないように，強気の姿勢で税務争訟に臨むべきでしょう。

実際に，移転価格課税に関する当初の更正処分では差異調整を行っていなかったにもかかわらず，第一審で敗訴した国が控訴審になって唐突に差異調整を行ってきたという事案（ホンダ事件）（第4章の7(5)参照）でも，納税者側は「基本的課税要件事実の同一性があるとはいえない」として反論をしています。そして，控訴審判決では，基本的課税要件事実の同一性が認められないという理屈ではないものの，納税者の主張が事実上認められ，国の差異調整に関する主張が排斥されています。

さらに言えば，税務訴訟になって国が処分理由の差替えを行う動機として，処分理由の差替えに見合うだけの証拠を税務調査で押さえているということが考えられます。税務調査で広範かつ網羅的な資料収集を許してしまうと，税務争訟の場面になってから，当初の処分理由と異なる理由付けを場当たり的に検討されてしまい，いわば後付けの課税処分を許してしまう結果にもなりかねません。

もちろん，税務訴訟の場で，処分理由の差替えが認められないとして争うのは一つのオーソドックスな対応策ですが，税務調査で当局に検証させる事項を絞り，当該事項に関連しない資料は「調査について必要があるとき」（国税通則法74条の2第1項柱書等）には該当しないものとして，曖昧な質問検査権の行使を牽制することにより，納税者が証拠関係を事前にコントロールしておけば，税務争訟の場面で国が処分理由の差替えを躊躇する可能性が多少高まるかもしれません。

このような対応はかなり高度な技術を必要としますが，前述のとおり，当局も「争点整理表」を活用して課税要件事実の認定を慎重に進めようとしている以上，当局にとっても，複数の処分理由の余地を残した税務調査は決して望ましいものではないはずです。課税当局としても，税務調査で十分な詰めができ

第3章　税務争訟に発展した場合の戦略的対応　　101

ていなかったことを，認めることになるからです。納税者としては，このような事情を逆手にとって，上手な税務調査対応を心掛けるべきでしょう。

コラム　**処分理由の差替えが行われたオウブンシャホールディング事件**

　オウブンシャホールディング事件第一審（東京地判平成13年11月9日判時1784号45頁（認容））では，法人税法132条（同族会社の行為計算否認規定）の適用を前提に更正処分がなされたこともあり，訴訟の序盤では同条に基づく主張が国により展開されていました。ところが，第一審の口頭弁論終結予定日の直前に，主位的主張が法人税法22条2項を前提とするまったく新たな主張に変更され，法人税法132条の適用を前提とする従前の主位的主張が予備的主張として追加されました。このようなタイミングでなされた理由の差替えは，納税者にとっては不意打ちともいえるものです。

　第一審では，このような新たな主位的主張に関して，事実関係については従前の主張に包摂され，新たになったのは法律構成のみであるなどと認定され，時機に遅れた攻撃防御方法として却下されることはありませんでした。一方で，第一審では，主張変更が行われたことは，「処分前の検討がはなはだ不十分であったことを示すものであって，そのこと自体は被告の職責に悖（もと）るものといわざるを得ない」とも判示されています。

　国側は，理由（主位的主張）の差替えが基本的課税要件事実の同一性の範囲内で行われたこと（課税要件事実の包含関係）を強調したようですが，結果としてこのような差替えが認められたとしても，処分前の検討が不十分との心証を裁判所に抱かせる可能性があります。そうすると，課税当局としても，税務調査段階において，将来の理由の差替えを視野に入れた網羅的な課税要件事実漁りをするのではなく，課税要件の慎重な特定，あるいは特定（選択）した課税要件の裁判規範性をふまえた課税要件事実の精緻な認定というプロセスを着実に実行していくことこそが，むしろ有益といえるのではないでしょうか。

---

② 主張立証責任の所在

着眼点

・処分取消訴訟では，主張立証責任の所在を意識した対応をすることで手続を有利に展開できる場合もある。

・ただし，主張立証責任を国側に押し付ければ勝てるほど税務訴訟は甘いものではない（納税者側としても丹念な反証活動が求められる）。

・推計課税や更正をすべき理由がない旨の通知処分取消請求訴訟のように，立証

責任が納税者側にある事案もあるため留意する。

　裁判においては主張立証責任という言葉が用いられます。主張責任とは，ある事実（主要事実）を主張しない当事者は，当該事実を認定してもらえないという不利益を受ける責任のことをいいます。また，立証責任とは，ある事実（主要事実）が存在するか真偽不明に陥った場合に，裁判所としては裁判の拒否をするわけにもいかず，一方当事者に不利になるよう擬制して裁判することになるところ，その一方当事者が受ける裁判上の不利益のことを指します。

　税務訴訟においても，ある課税要件に関する要件事実（課税要件事実）をめぐって，主張立証責任が，国と納税者のいずれにあるかが争われることもありますが，一般的には，国（課税当局）側に主張立証責任があるとされています。したがって，税務訴訟を代理する弁護士としては，特定の争点との関係で，ある課税要件に関する課税要件事実をどちらの当事者が主張立証すべきか争いになった場合，主張立証責任は国側にあると主張して牽制するのが有効な戦略となります。

　裁判例にも，以下のとおり，主張立証責任は国（処分行政庁）にあると明示されているものがあり，参考になります。

アドビ事件控訴審判決（東京高判平成20年10月30日）

　本件算定方法が租税特別措置法66条の4第2項第2号ロ所定の再販売価格基準法に準ずる方法と同等の方法に当たることは，課税根拠事実ないし租税債権発生の要件事実に該当するから，上記事実については，処分行政庁において主張立証責任を負うものというべきである。

レンタルオフィススペース事件（東京地判平成24年10月11日，東京高判平成25年5月29日）

　本件においては，特定外国子会社等に当たるA社が措置法40条の4第4項所定の適用除外要件のうちの実体基準及び管理支配基準を満たすか否かが争点となっているところ，課税庁の属する被告側がA社が上記の各適用除外要件を満たさないことを主張立証する必要がある。

　なお，一般論として，税務訴訟においては，主張立証責任の所在だけで勝敗

が決まるほど甘くはないと心得ておくべきです。訴訟上の（客観的）立証責任というのは，前述したとおり，訴訟の終盤になって特定の事実について真偽不明となった場合に初めて発動されるものである以上，国側が十分な主張立証活動を行っている場合は，そもそも真偽不明にならず，容易に当該事実が認定されてしまうことになるからです。

　したがって，国が特定の事実関係について十分な主張立証活動を行っているとはいえないケースにおいて，主張立証責任の所在に関する一般論を裁判所に強調しておくことは有効であっても，国が十分な主張立証を行っている場合に，単に主張立証責任は国にあるとして納税者の側からの反論，反証等を十分に行わないとすれば，敗訴リスクを高める要因にもなりかねず注意が必要です。

　特に，課税要件に「ないこと」といった事実の不存在に係る文言が入っている場合，悪魔の証明ともいわれる「不存在の証明」は，事実上の推定といった理屈を用いて証明責任が一定の範囲で緩和されることに留意しなければなりません（アドビ事件地裁判決（第4章の7(4)）参照）。

　また，税務訴訟における立証責任は国側が負うのが原則ですが，以下のような場合の立証責任は納税者側にあるといわれており，そのような判示をする裁判例も存在します。したがって，訴えの性格や課税根拠に応じて，立証責任の所在について意識すべきポイントが違ってくることにも注意が必要です。

・更正をすべき理由がない旨の通知処分の取消しを求めて税務訴訟を提起するような場合
・推計課税や移転価格税制の推定課税を受けた場合に納税者側が推計（推定）を破るために実額や適正な独立企業間価格を証明する必要がある場合

　ただし，主張立証責任の所在だけで勝敗が決まることがないのは，納税者側が主張立証責任を負担している場合であっても同様です。更正をすべき理由がない旨の通知処分の取消訴訟では，国は納税者側が主張立証責任を負っていることを前提に，まずは納税者の側で処分の違法性を主張立証するよう求めることになりますが，意識しすぎる必要はないといえます。

③ 税務訴訟における立証活動（証拠収集活動）の特徴と納税者の心構え

👉 着眼点

・税務訴訟で国側が提出する証拠は，一般の税務調査以外のルートから入手されることもあるため留意する。
・再調査の請求や審査請求において証拠（資料）を当局や審判所に提出する場合は，税務訴訟において国側に活用される可能性を考慮しておく。
・海外子会社等に保管されている資料については，関連税制（移転価格等）で要求される文書化との関係や租税条約に基づく情報交換による取得リスクにも的確に配慮した対応をすべきである。

　前項において紹介したとおり，税務訴訟における主張立証責任は基本的に国側にあるとみてよいことから，国側にとっても，税務訴訟を戦う上で手元にどの程度の証拠があるかが非常に重要な問題となります。

ⅰ）　国側の証拠取得ルート①：税務調査

　では，国側が訴訟で活用する証拠は，どのような手続のもとで取得することになるのでしょうか。言うまでもないことですが，まず，税務調査で納税者から提出される資料が証拠の候補となります。したがって，国側が訴訟でしっかりとした主張立証を行うことができるか否かは，税務調査段階における充実した資料収集にかかっているといえます。

　以上をふまえると，納税者にとっては，税務調査における課税当局の要請（質問検査権の行使）に応じて，資料等をどの範囲で提出し，質問応答記録書の作成を目的とした質問にどこまで応じるのかといった基本対応が，その後の訴訟をにらんだ場合に極めて重要となってくることに留意しなければなりません。

　税務調査が任意調査といっても，調査忌避に対しては罰則が予定されていることも考えると，課税当局による質問検査権の行使にはできる限り真摯に対応する必要がありますが，調査担当者が調査についての必要性（国税通則法74条の２第１項柱書）について具体的な根拠を示すことなく網羅的な資料収集等を行おうとしている場合は，これを合理的に拒否しておかなければ，訴訟になっ

第3章　税務争訟に発展した場合の戦略的対応　105

た段階で後悔することになるかもしれません。

ii）　国側の証拠取得ルート②：税務調査以外

　通常の税務調査以外のルートで国側が証拠を取得する手段としては，①再調査の請求における再調査過程で提出された資料の取得，②審査請求において反論書等の書面に添付して提出された資料（証拠）の入手，③訴訟段階で文書提出命令によって提出された証拠，④租税条約上の情報交換により相手国を通じて入手した証拠等が考えられます。通常の税務調査段階ならまだしも，上記①から④のステージに至っている場合は，既に当局との対立関係が顕在化していることが多いでしょうから，納税者としては，このような手続を通じて不本意な形で不利な証拠が提出されることのないように細心の注意を払うべきでしょう。

　例えば，①については，税務調査の段階で十分な資料が提出されていなかった場合，再調査の請求段階で税務調査時以上の資料提出要求がなされる可能性が残ります（税務調査の補完ともいえる）。しかしながら，課税処分に不服があるからこそ不服申立てをしているのに，逆に不利な証拠の提出を余儀なくされ，自らのポジションをより悪くしてしまうのでは再調査の請求を行う意味はなく，むしろ有害といっても過言ではありません。資料提出要求に対しては，いかなる場合であれ，税務訴訟に発展した場合のことを常に念頭において対応することを忘れないようにしてください。

iii）　海外子会社等に関連する課税

　タックスヘイブン対策税制や移転価格税制のように，海外の子会社（関連会社）に関連する課税が問題となるようなケースにおいては，税務調査における提出依頼対象物件の中に当該子会社が所有する文書等が含まれていることがあります。このような場合，要求されている資料をそもそも提出するべきか，あるいは提出するとしてどの範囲で提出するかが問題となることがあります。

　この点については，「調査について必要があるときは」，「その者の事業に関する帳簿書類その他の物件」（国税通則法74条の2第1項柱書）の意義をどのように考えるかによっても対応が変わってきますが，これらの要件は一般的に極めて広く解されていますので，課税当局は，海外の子会社が所有・占有する物件についても，調査の必要性があり納税者の事業に関連するものとして，提

出を求めてくることが十分に予想されます。

　実際に，移転価格税制の場合は，一定の資料について文書化が要求されており，外国に所在する国外関連者に関連する事項を反映した資料（「国外関連者が当該国外関連取引において使用した無形固定資産その他の無形資産の内容を記載した書類」や「国外関連者の事業の内容，事業の方針及び組織の系統を記載した書類」等）もその範囲に含まれています（措置法施行規則22条の10第1項1号ハ・チ参照）。このように，一定の範囲の資料については，「国外関連者が占有・管理している資料であるから提出できない」といった納税者の抗弁は通用しない建付けとなっており，仮に提出を拒否し続けると，推定課税や同業者調査によるシークレットコンパラブルの取得がなされるリスクも生じるため注意が必要です。

　タックスヘイブン対策税制との関係については第2章4(3)②で詳述しましたが，平成29年度税制改正施行後は，経済活動基準（従前の適用除外基準に相当）の充足性を示す資料を納税者自らが準備の上，税務調査において適切なタイミングで提出できるように備えておく必要があり，このような準備を怠ると当該基準（経済活動基準）を充足しないことが推定される新ルールが適用されます。したがって，税務訴訟をにらんだ税務調査対応としては，上述した移転価格税制やタックスヘイブン対策税制の例のように，特殊な法令への配慮を忘れてはなりません。

④　税務訴訟でキーポイントとなりやすい証拠

　税務訴訟といっても，事実関係にはあまり争いがなく法令解釈が主要な争点となるような事案（法令解釈型事案）もあれば，事実認定や事実関係の評価が主要な争点となる事案（事実認定型事案）もあります。もちろん，事実認定と法令解釈の双方が同程度に重要となる事案（混合型事案）も多くみられます。

　それぞれのタイプに応じて，国および納税者による立証計画の力点の置き方も変わってくるところですが，法令解釈型事案，混合型事案であれば，特定の法令解釈を基礎付ける関連裁判例，立法関連資料，学者の鑑定意見書，文献（論文，コンメンタール等）といった証拠が重要となる場合が多いといえます。

i)　関連裁判例

　訴訟一般についていえることではありますが，税務訴訟においても有利な関

第3章　税務争訟に発展した場合の戦略的対応　107

連裁判例を証拠（ないし資料）として提出し，準備書面等で当該裁判例を引用することによって，自らの主張を補強していくことが重要です。これは，納税者，国側の双方にあてはまる点です。特に，関連する有利な最高裁判例があるような場合は，一定の範囲で先例としての拘束性も認められることから，納税者側としては必ず裁判所に示しておきたいところです。

　地裁判例，高裁判例の場合，最高裁判例ほどのインパクトはないものの，高い関連性が認められれば裁判所が興味を示す可能性もあるため，必要に応じて裁判所に提出すべきといえます。裁判例を証拠として提出する場合は，当該裁判例の射程を適切に見極める必要があります。むやみに関連性のない裁判例を提出すると，逆に裁判官の心証を悪くしてしまう可能性があるため注意が必要です。

　一方で，一見すると関連性がなさそうに見えても，特定の裁判例の基本的な考え方（概念）を裁判所に示すこと自体に価値がある場合もあります。例えば，国が文理から完全に外れた奇妙な法解釈を主張してきたような場合，租税法規については厳格な文理解釈が必要となることを示すために，ホステス報酬源泉徴収事件最高裁判例を持ち出すことにメリットがある場合もあるでしょう。

　また，国が，租税回避目的を強調するあまりに，私法上の法律構成を当局独自の観点から捻じ曲げて主張してくるような場合は，映画フィルムリース事件最高裁判決（私法上の法律構成による否認は，本最高裁判決において否定されたとみる有力な見解があります）や武富士事件最高裁判決を示しつつ対抗するという手段も考えられます。

　なお，税務訴訟を戦っていく中で，国側が提出した納税者に不利ともいえる裁判例に対して，納税者としてどのように反論していくかが課題となることもしばしばあります。国側は，ある裁判例について，自らの都合に合わせて一方的な主張をしてくる場合もあります。したがって，納税者としては，当該裁判例に関する納税者なりの解釈論を，自己に有利な判例評釈や論稿，学者の鑑定意見書等によって補強しつつ，主張していくべきといえます。

ⅱ）　立法関連資料

　租税法令における立法趣旨や特定の文言の解釈基準等については，関連分野のコンメンタールや立案担当者が執筆した書籍，関連裁判例等を読めば解決する場合が多いといえます。財務省は，「税制改正の解説」という改正関連資料

を毎年ウェブサイトで公開しており，税制改正の経緯や立法目的等に関する疑問は，「税制改正の解説」に当たることで解決するケースがほとんどです。「税制改正の解説」では，主税局における立案担当者が，担当分野ごとの主要改正事項について比較的詳しく解説しているため，税務訴訟においても，証拠として用いる機会が多い資料といえます。

ただ，法令解釈型の税務訴訟の場合，租税法令において用いられる特定の文言の解釈をめぐって，納税者・国の間で激しい争いが生じることになります。

例えば，納税者はある文言が借用概念（他の法分野から借用されてきた概念）であり，私法における解釈と同様の基準に従って厳格に解釈すべきと主張する一方で，国側からは，当該文言は固有概念であり税法独自の観点から柔軟に解釈すべきであるといった反論がなされることがあります。また，特定の税分野におけるある改正事項が，創設的に規定されたものなのか（創設規定），それとも従前の解釈基準が不明確であったため，予測可能性を高めるために明確化するために規定されたものなのか（明確化規定），といったレベルで争いが生じることもあり得ます。

このような場合，立法過程において，有識者，主税局，関連省庁および国会等がどのような議論を行い，最終的にいかなる立法事実に基づいて当該法令が制定されたかを詳細に見ていくことではじめて，文言解釈の糸口が見出せる場合もあります。

そこで，上記のようなケースにおいては，国会答弁やナマの立法関連資料を入手し，証拠化することも検討に値します。国会答弁については，ウェブサイトで関連する国会議事録を入手することで対応できます。また，ナマの立法関連資料については，一般には公開されていないものもあるため，情報公開法に基づく情報開示請求という制度を使って，関連省庁に特定の立法資料を開示してもらうことを試みる場合もあります。

iii）　学者の鑑定意見書

税務訴訟を担当する弁護士は，まずは事案の事実関係を丁寧に分析した上で，争点となっている事項について自ら徹底的にリサーチをして訴訟戦略を見極める必要があります。

しかしながら，租税法分野は奥が深く，相手方（国側）もいったん課税した以上は意固地になって課税処分を死守（維持）しようとする傾向があるため

第3章　税務争訟に発展した場合の戦略的対応　　109

（後述のとおり和解的解決も困難），特定の事項（特に法令解釈面）についてできる限り多角的な検討をしておくことも大切です。

　筆者は，税務争訟を得意分野としていることもあって，複雑な事案，先例に乏しい事案を取り扱う際は，初動の段階から，学者の方のご意見を聴取させていただく機会が比較的多くあります（税務訴訟よりも前の段階で意見交換をすることもめずらしくない）。事案の性格，国側の主張立証のトーン（国側から先に学者の鑑定意見書を証拠提出してくることもあります）なども考慮した上で，特定の争点に関する法令解釈について，学者の方に鑑定意見書の作成を依頼するケースもあります。

　ただ，やみくもに学者の鑑定意見書を取得すればよいというものでもありません。筆者の経験に照らしても，鑑定意見書がなくても勝つべき案件では勝訴することができています。鑑定意見書の要否についても，税務訴訟を代理する弁護士が，自らの信念（戦略）と経験により判断する必要があります。

学者からのアドバイスの有用性

　鑑定意見書を取得するか否かにかかわらず，複雑な税務紛争事案において，問題となっている分野に精通している学者の先生にご相談をし，一定のアドバイスを得ておくこと自体は大変有益なことです。仮に鑑定意見書の取得という形にはならなかったとしても，学者の先生との意見交換により，弁護士だけでは到底思いつかなかった解釈論を導き出すことができる場合もあります。税務紛争に携わる弁護士としては，普段から，勉強会や学会に参加するなどして，学者の先生方とのネットワークを少しずつでも広げていくよう努力すべきでしょう。

ⅳ）　各種文献のリサーチ方法

　税務訴訟の過程で比較的よく参照し，証拠の候補にもなりやすい税法関連の文献は以下のとおりです。

・金子宏『租税法』（弘文堂）……租税法の大家である金子宏東大名誉教授の教科書であり，本書脱稿時で22版まで版を重ねています。
・DHC コンメンタール（第一法規）……法人税，所得税等の主要な税目ごとの逐条解説となっています。
・法人税基本通達逐条解説（税務研究会出版局）……通達は法令そのものではないものの，課税当局は通達に拘束されることもあり，通達の意義が裁判で問題となるケースもあります。本書は，通達の逐条解説として定評があり，必要に

応じて用います。

- 税法学（清文社），税研（日本税務研究センター），日税研論集（日本税務研究センター），税務弘報（中央経済社），税務事例研究（日本税務研究センター），月刊税務事例（税経詳報社），大学の紀要論文……複雑な事案では，学者や実務家が特定の分野でどのような見解を述べているかが参考になります。リサーチする論文は上記に限りませんが，代表的なものとして掲載します。
- 租税研究（日本租税研究協会）……財務省，国税庁，国税局の職員，実務家，学者の講演録が幅広く掲載されており，立法関連資料から，実務上の動向，判例分析まで多様な情報を入手するのに便利です。証拠として提出するには至らなくても，有用なヒントを得ることができる場合もあります。

　もちろん，リサーチにはそれなりのテクニックが必要であり，関連文献を隅から隅まで読み込んでいくというよりは，検索システムを上手に利用しながら効率よく対象を絞り込んでいく作業が必要となります。

　筆者は，検討すべき文献について検索システム等の利用によりある程度当たりをつけた後は，所属事務所に蔵書がない場合，最寄りの大学図書館などに籠ってリサーチをすることもめずらしくありません。税務訴訟では，比較的小規模な事案でも国側指定代理人は少なくとも5人程度就任している印象があり，リサーチにも相当なマンパワーをかけられる体制が構築されています。納税者側代理人が国側のマンパワーに対抗するためには，それなりの覚悟が必要となることを自覚すべきでしょう。

ⅴ）　事実関係を証明するための証拠

　税務訴訟に限った話ではありませんが，訴訟において一定の主要事実を立証するためには，直接的な証拠があったほうが有利に働くケースが多いといえます。

　例えば，納税者がある取引を行ったことを国（当局）から否定されるようなケースにおいては，当該取引の内容について規定する契約書（処分証書）をまずは証拠提出し，契約書に沿った主張を展開するのが鉄則といえます。しかしながら，当局は，取引の実態は形式（契約書）どおりとなっていないことを，様々な間接証拠を積み上げて立証しようとしてくる場合があります。

　したがって，納税者としては，取引実態の合理性を示すべく，契約書のような直接証拠のほかに様々な間接証拠を準備しておくのが望ましいといえます。

第3章　税務争訟に発展した場合の戦略的対応　　111

この点，第三者との間の取引関連資料などは，客観性も高く，比較的重要な証拠となります。一方で，社内報告書やメール，議事録といったものには，どうしても内部の主観的な意図や不利な情報が反映されている場合もあるため，納税者の側から証拠として提出する場合は慎重な吟味が必要です。租税回避目的のような主観的な事項については，そのような目的の存在を否定し，逆に合理的な経済活動を行っていたことを示すために社内の議事録，報告書，メールを証拠提出することを積極的に考えなければならない場合もあり得ます。

　以下は，事実立証のために提出を検討する証拠の候補です。

　・契約書
　・会社パンフレット
　・業界の動向や取引・対象物件の一般的性格が記載されている資料
　・総勘定元帳や仕訳帳などの会計資料
　・取引相手との間の書類（発注書，請書，請求書）
　・現場や関連物件の写真や動画
　・取引内容を根拠付けるメール
　・取締役会議事録，経営者会議の議事録，稟議書

　税務訴訟において，証人尋問が行われる可能性はそれほど高くないことは前述のとおりですが，その一方で，関係者からのヒアリング内容を反映した陳述書だけは証拠として提出することが多いといえます。

　陳述書に期待される役割には様々なものがありますが，①事案の背景事情をできる限り詳細に記載することで，裁判官に業界の動向，事業内容，取引内容について正確なイメージを持ってもらうこと，②取引関連資料等の客観的な証拠（書証）を点とすると，点と点を結ぶ線として機能させることが考えれらます。いずれにしても，陳述書の記載内容に争いがある場合は，反対尋問を経る必要があることに留意する必要があります（ただし，上記①の点は，陳述書のみをベースに，裁判官が弁論の全趣旨としてある程度柔軟な事実認定をしてくれることもあります）。

⑤　税務訴訟における信義則の主張

ⅰ）　信義則が問題となる場合

　納税者が，課税当局の何らかの公的見解に依拠して行動したにもかかわらず，

そのような見解は客観的な法令解釈の範疇から外れるとして，当該見解とは異なる課税処分がなされる場合があります。このような場合，納税者は，主観的には課税当局からはしごを外されたという心情に陥り，当該課税処分は明らかにおかしいと感じるのが通常でしょう。

　このような局面においては，一般的に，信義則という法理が適用されないか検討していくことになります。信義則は民法1条2項において，「権利の行使及び義務の履行は，信義に従い誠実に行わなければならない。」と規定されています。信義則の背景には，相手方の合理的な信頼を裏切ってはならないという価値判断があり，租税法のもとでも，課税当局が公式的な見解を出し，納税者がそれに従って行動したのであれば，そのことから生じる合理的な期待，信頼は法的安定性の観点から保護に値するのではないかという問題意識が出発点にあります。しかしながら，この原則をむやみに推し進めると，客観的には課税要件を充足しているにもかかわらず，例外的に課税を減免することを許すことになり，他の納税者との公平性が維持できないという問題が生じます。そこで，どの程度の合理的な期待，信頼であれば保護に値するのかをめぐって，これまで裁判例が積み重ねられてきました。特に重要なのが以下の最高裁判例となります。

最三小判昭和62年10月30日

　租税法規に適合する課税処分について，法の一般原理である信義則の法理の適用により，右課税処分を違法なものとして取り消すことができる場合があるとしても，法律による行政の原理なかんずく租税法律主義の原則が貫かれるべき租税法律関係においては，右法理の適用については慎重でなければならず，租税法規の適用における納税者間の平等，公平という要請を犠牲にしてもなお当該課税処分に係る課税を免れしめて納税者の信頼を保護しなければ正義に反するといえるような特別の事情が存する場合に，初めて右法理の適用の是非を考えるべきものである。そして，右特別の事情が存するかどうかの判断に当たっては，少なくとも，税務官庁が納税者に対し信頼の対象となる公的見解を表示したことにより，納税者がその表示を信頼しその信頼に基づいて行動したところ，のちに右表示に反する課税処分が行われ，そのために納税者が経済的不利益を受けることになったものであるかどうか，また，納税者が税務官庁の右表示を信頼しその信頼に基づいて行動したことについて納税者の責めに帰すべき事由がないかどうかという点の考慮は不可欠のものであるといわなければならない。

ⅱ）　信義則適用に当たってのハードル

　上記最高裁判例が示すとおり，信義則の適用には極めて高いハードルがあると考える必要があります。整理すれば，①税務官庁が納税者に対し信頼の対象となる公的見解を表示したこと，②納税者が表示を信頼し当該信頼に基づいて行動したこと，③表示に反する課税処分が行われたために納税者が経済的不利益を受けることになったこと，④納税者の責めに帰すべき事由がないこと，という各要件を満たして初めて納税者は信義則の適用による保護を受けることができるのです。

　①については，あくまで公的見解であることが要求されていることからも，行政活動の一環として，責任ある立場の職員が正式な見解を表示する場合でなければならないとされており，税務職員による申告相談に対する回答や単なる助言の類は公的見解としては認められません。②ないし④も厳しい要件となっており，単に納税者が公的見解を信頼しただけでは足りず，納税者の信頼を保護するに値するだけの事情があるか否かが，上記各要件の充足性の検討を通じて判断されることになります。

　税務訴訟では，実際に，信義則の適用について主張するケースも比較的多く，多数の同種事件が裁判所に係属したストックオプション事件でも信義則の適用が争点とされました。ストックオプション事件では，残念ながら信義則の適用は否定されましたが，上記の最高裁判決の基準を充足する可能性のある特殊なケースにおいては，信義則の適用を積極的に主張することも検討する必要があります。

⑥　税務訴訟における和解の可能性

ⅰ）　税務訴訟において訴訟上の和解は困難であること

　租税法は強行法であり，課税要件が充足されている限り，租税行政庁には，租税の減免の自由はなく，法律で定められたとおりの税額を徴収しなければならないというルールがあり，「合法性の原則」と呼ばれています（金子82頁）。この合法性の原則があるために，納税者は，法律の根拠なく，納税義務の内容等について課税当局と和解することはできないとされています（金子82頁）。したがって，現行法を前提とする限り，課税処分取消訴訟が，通常の民事訴訟のように訴訟上の和解で終結することは基本的にないと考えておく必要があります。

ii） 事実上の和解的解決は可能であること

ただ，一つ留意する必要があるのは，あくまで訴訟上の和解ができないだけであって，訴訟過程において，税務事案が事実上の和解的解決によって終結することはありえるということです。事実上の和解的解決というのは，課税庁が，訴訟で争われている事項の一部について減額更正処分を行う一方で，納税者側も，訴えの取下げを行うといった類のものです。

なお，少し変則的ではあるものの，著名事件である東京都外形標準課税条例無効確認等請求事件（上告・上告受理申立事件）でも，最高裁判所レベルで和解的解決がなされています。すなわち，同事件では，条例の無効確認と過納金の還付請求がなされていたという特殊性があるところ，①改正条例が成立・施行された後直ちに，既納付税額との差額および還付加算金を都が原告に返還すること，②改正条例が成立・施行されたときは，原告は速やかに訴えを取り下げ，都および都知事は取下げに同意すること，③訴訟費用は各自の負担とすることを骨子とする和解が成立することにより最終解決をみており，今後の参考になります。

iii） 今後の柔軟な実務と立法上の手当てへの期待

個人的意見の域をでませんが，現行法のもとで，税務訴訟を事実上の和解的解決によって終結させるための土台作りは，租税法実務の発展のためにも急務であろうと考えています。

このことは，税務調査段階で行われている調査官と納税者間の和解類似の交渉と比較することにより，浮き彫りになります。課税当局は，税務調査における納税者側担当者との対話により，特定の争点に関する当局のポジション（スタンス）を示すことがあり，当該スタンスに基づく課税処分をちらつかせながら，納税者に修正申告を迫ることがあります（課税当局は，修正申告することになった場合の詳細な金額面まで明示してくることがあります）。

仮に納税者が，当局のポジションに当初まったく理由がないと考えていたのであれば，修正申告すること自体，いったんは非を認めることになり，納税者の側から一定の譲歩をしていることになります。この場合に，課税当局の側も，課税処分を行うと仮定した場合のポジションと比較して，8割程度の増差所得にとどめるような修正申告を納税者に求めているとすれば，課税当局側も一定の譲歩をしているといえるでしょう。そうすると，このような状況下で納税者

が修正申告をするのは，一種の和解類似の機能を営んでいることになります。

しかしながら，このような場面での和解類似のやり取りにおいては，裁判所や審判所のように，公平な観点から当該処理の妥当性を裁定するためのアンパイア役がいないことから，当該処理が自己にとって有利だったのか，それとも極めて不利なポジションに同意させられたのか，客観的評価が難しいところです。

一方で，訴訟における事実上の和解的解決を利用する場合，両当事者が，裁判所のもとで真摯に主張立証活動を展開した結果としての解決になるため，税務調査時の和解的解決に比べれば，解決の透明性・客観性は格段に高いということができます。

税務訴訟における事実上の和解による処理は，オールオアナッシングの解決しかあり得ない事案ではややハードルが高いかもしれませんが，例えば，時価（寄附金）や独立企業間価格の算定（移転価格税制）といった事実関係を基礎とする金銭的評価が争点となるような事案においては，比較的実現しやすいようにも思われます。税務紛争の解決に要する期間とコスト面の負担を考えると，今後の税務訴訟において，事実上の和解が実務上徐々に定着していくことが望まれますし，その延長として，税務訴訟固有の和解制度を立法上の手当てにより導入することが課題となります。

(7) 控訴審および上告審

① 控訴審における留意点

着眼点

・控訴審は，比較的早期の結審もあり得るため，第1回期日までの準備（控訴理由書の起案が中心となる）で勝負が決するといっても過言ではない。
・控訴すると決まれば，できる限り早めに準備に着手すること。

第一審で納税者が敗訴した場合，判決内容を十分検討した上で，控訴するかどうかを迅速に決定しなければなりません。一方で，納税者が第一審で勝訴した場合であっても国側から控訴される可能性は高く，国側からの控訴に対してどのように対応するかという点も重要となります。

控訴審は，**図表3-10**のように，かなりタイトなスケジュール感となります。

図表 3 - 10　控訴審のスケジュール

控訴状の提出	第一審の判決書の送達を受けた日の翌日から起算して２週間以内が期限となります
控訴理由書の提出	控訴提起後50日以内の提出が原則となります。ただし，裁判所はその期間を伸長できるため，提出期限の延伸を求めるケースも多いところです
答弁書（反論書）の提出	第一審で納税者が敗訴し控訴状・控訴理由書を提出するケースでは，国側は，第１回期日までに答弁書（反論書）を裁判所に提出して，控訴理由に対する反論を行うのが通常です。逆に，納税者が第一審で勝訴している場合は，納税者の側から控訴答弁書を第１回期日までに提出しなければなりません。いずれの場合であっても，納税者の書面提出スケジュールはタイトになることに留意する必要があります
第１回期日	控訴審の場合は，第１回口頭弁論期日で結審して，次回期日において判決言渡となるパターンも相当数あります
第２回期日以降	高裁の裁判官は，控訴理由書，控訴答弁書の内容を吟味した上で，第１回期日で納税者（および国）に対して様々な要請をしてくることがあります（訴訟指揮の一環）。その場合，裁判官の訴訟指揮に応じて，当事者双方が準備書面を提出するなどの作業が第２回期日以降続くことがあります。いずれにしても，第１回期日における裁判官の発言は一言一句重要であり，裁判官の発言の背景にある問題意識をあらゆる角度から検討した上で，その後の書面作成，期日対応を行うべきといえます
判決言渡期日	訴訟が裁判をするのに熟したら弁論終結（結審）となり，判決言渡期日が指定されます

　控訴状の提出は必ず２週間以内に行う必要があるため，特に上場会社などでは，控訴する場合のプレスリリース案の作成方針，取締役会への付議日程等について，第一審の判決期日の前から入念に段取りを検討しておかなければなりません。ただし，控訴状には，控訴の趣旨を含めた最低限の記載をするだけで足り，控訴の理由については，「追って，控訴理由書を提出する」などとして，具体的な理由を記載しないのが通常です。その場合，詳細な控訴の理由は，控訴理由書において主張していくことになります。

　控訴審は，原判決の当否を判断対象とするため，原判決見直しの必要性にもよりますが，比較的早いタイミング（第１回期日）で結審される可能性が高い

といえます。そこで，控訴理由書には，悔いの残らぬようできる限り詳細な主張を盛り込む必要があります。このように，仮に控訴理由書の提出期限が延長されたとしても，比較的タイトなスケジュールのもとで書面作成や証拠収集を的確にこなしていく必要があることを，理解しておく必要があります。

　なお，複雑事案ないし大型事案の場合，書記官とのやり取り等を通じて，第1回期日で結審しないことについて，事前にある程度確証を得られることもあります。このあたりの感触を得るのはかなり技術的な側面もありますが，代理人としての経験がものをいう世界になります。

②　上告審における留意点

─🤝 着眼点

・法律審である上告審においては，入り口段階で，「上告」と「上告受理申立て」という2つのタイプの手続があることをまずは押さえる。
・主戦場は，上告受理申立事件であり，上告受理申立理由（特に法令解釈に関する重要な事項を含むものかどうか）が存在するかどうかを慎重に検討することが重要となる。
・上告受理申立理由書は，上告受理申立通知書の送達を受けた日の翌日から起算して50日以内に提出する必要があり，短期決戦を意識すること。

ⅰ）　上告か上告受理申立てか

　控訴審において敗訴（全面敗訴ないし一部敗訴）した場合，さらに上告して争うか否かを判断する必要があります。税務訴訟においては，最高裁で納税者が逆転勝訴するケースが比較的多く，控訴審で敗訴したからといって直ちにあきらめる必要はなく，高裁判決の内容を十分に検討した上で，次のステージ（上告審）へと駒を進めるか慎重に判断するのが望ましいといえます。

　この場合の争い方としては，上告と上告受理申立てという2つのタイプの手続があることに留意する必要があります。最高裁判所に対する上告に関しては，「判決に憲法の解釈の誤りがあることその他憲法の違反があることを理由とするとき」（民事訴訟法312条1項）のほか，「判決に理由を付せず，又は理由に食違いがあること」を含め極めて限定された理由（民事訴訟法312条2項6号）に基づいてしか行うことができないため，一般論として，納税者にとってハードルが高い手続であるといえます。

一方で，上告受理申立ては，上告をすべき裁判所が最高裁判所である場合には，①原判決に最高裁判所の判例（これがない場合にあっては，大審院または上告裁判所もしくは控訴裁判所である高等裁判所の判例）と相反する判断がある事件，②法令の解釈に関する重要な事項を含むものと認められる事件について行うことができ，最高裁判所は，これらの要件を満たすと判断する場合は，決定で上告審として事件を受理することができます（民事訴訟法318条1項）。

　前述したとおり，よほどの事情がない限り，上告理由（民事訴訟法312条）が認められることはなく，通常のケースでは，納税者は上告受理申立理由が存在するか否かを中心に検討していくことになりますが，いずれにしても，各事案において，上告受理申立てのみを行うのか，それとも上告と上告受理申立てを同時に行うのか決断しなければなりません。

　上告を行う場合は，上告状を，上告受理申立てを行う場合は，上告受理申立書を作成することになりますが，両者を同時に行う場合は，上告状兼上告受理申立書を作成することになります。ただ，いずれの書面の場合であっても，いわゆる「追って主張」の形式をとるため（例えば上告受理申立書の場合は，「追って，上告受理申立理由書にて主張する」と記載），重要なのは，期限までに形式が整った書面を確実に提出することといえます（あて先は最高裁判所，提出先は控訴審係属部となります）。

ⅱ）　書面の提出期限と記載内容

　上告状，上告受理申立書（上告状兼上告受理申立書）は控訴審判決の送達を受けた日の翌日から起算して2週間の不変期間内に提出する必要があります。このように，控訴審判決が出た後は，上告理由，上告受理申立理由の存否を含めて上告するか否かの判断を速やかに行う必要があります。上記のような判断に当たっては，もちろん控訴審判決の精査が不可欠ですが，大型の事案等では，役員会の開催，プレスリリースの関係もあり，判決前の段階で，判決後の対応についてある程度詰めて検討しておく必要が高いといえるでしょう。

　その後の手続の流れとしては，上告受理申立理由書の作成・提出があります。上告受理申立理由書には，上告受理申立理由（前述）を具体的に記載する必要があります。上告裁判所である最高裁判所が原判決を破棄するためには，「判決に影響を及ぼすことが明らかな法令の違反があるとき」という要件を充足する必要があることから，上告受理申立理由書においては，このような要件の充

足性を基礎付ける理由についても詳細に論じておく必要があります。

また，上告受理申立理由書は，上告受理申立通知書の送達を受けた日の翌日から起算して50日以内に提出する必要があり，準備に充てられる時間は短いことを覚悟しておかなければなりません。上告受理申立理由書の提出後は，必要に応じて上申書を提出することはあり得ますが，その他特にすべきことがあるわけではなく，最高裁判所から連絡がくるのを待つことになります。

納税者が行う上告，上告受理申立てとの関係で最高裁がとり得るオプションは以下のとおりとなります。

■上告不受理決定・上告棄却決定が送達される場合

　上告理由書，上告受理申立理由書を提出しても，上告理由，上告受理申立理由がないと判断される場合は，判決ではなく決定が出されます（上告棄却決定，上告不受理決定）。これらの決定は郵送で送達されてきますので，これにより納税者は敗訴を知ることになります。

■口頭弁論を経た上で，判決が言い渡される場合

　原判決が見直される場合は，上告受理決定がなされた上で口頭弁論が開かれます。したがって，上告受理申立人の代理人（弁護士）のもとに口頭弁論開催の通知が届いた場合は，基本的に嬉しい知らせであり，この場合ほぼ高裁判決が見直されます。判決は，口頭弁論を経た後，判決言渡期日で言い渡されます。なお，判決には，最高裁が自ら判断をする「破棄自判」と原審に審理を差し戻す「破棄差し戻し」があります。

■口頭弁論を経ないで，判決が言い渡される場合

　高裁判決から結論は変えないものの，先例として取り上げる価値の高い場合，口頭弁論を開催することなく判決が言い渡されることがあります。一般的な傾向からすれば，この時点で，納税者の敗訴がほぼ予想されますが，決定の場合と違って，判決言渡期日が指定され，上告棄却判決が言い渡されることになります。

上告審では，基本的に書面審理となるため，上告理由書，上告受理申立理由書に，最高裁判事を説得するに足りる理由付けをどの程度明確に盛り込めるかにすべてがかかっています。上告審は事実審ではなく法律審である以上，新たに証拠を提出することは認められません。したがって，原判決における単なる事実認定の誤りを指摘することに意味はなく，控訴審判決の法令解釈に誤りがあること，および重要な事項に関する誤りであることを主張することに神経を集中させるべきといえます。

また，原判決に最高裁の判例（ない場合は高裁判例）と相反する判断がある場合も上告受理の理由となり得るため，原判決の内容を詳細に確認し，過去の最高裁判例（ないし高裁判例）との矛盾点がないか，短期間でリサーチを尽くすことなどが重要となります。

コラム　最高裁で口頭弁論が開かれる場合の緊張感

　筆者は，税務訴訟に関する上告審の口頭弁論期日に納税者代理人として出頭した経験があります。その案件は，第一審で勝訴したものの，控訴審で敗訴し，当方（納税者）から上告および上告受理申立てを行ったケースでした。口頭弁論が開かれる場合は，原判決が見直されるのが通例であり，逆転勝訴がある程度予想できる嬉しい知らせであるとはいえ，最後まで気を抜くことは許されません。口頭弁論期日自体は，当事者が口頭で弁論を行う形で淡々と進むのが一般的です。最後に，裁判長が判決言渡し期日を告げて弁論終結となります。税務紛争案件が最高裁までもつれ込んで逆転勝訴するというのは，ある意味弁護士冥利に尽きるところもありますが，他方で税務紛争の最終解決には長い時間がかかることを実感する場面でもあります。いずれにしても，代理人弁護士にとっては，いかなる審級であっても，よい結果が得られるよう全力を尽くすことが，何よりも重要なことです。

第4章

見解の相違が生じやすい税務上の
カテゴリーと効果的対応テクニック
──裁決・裁判例をもとにした検討

1　総　　論

　税務紛争は個々の取引関係を前提にして発生するという点で個別性が高く，過去の事案（裁判例や裁決）から重要な規範を抽出して適用するだけで完全な対応ができるものではありません。しかしながら，税務紛争では同一ないし類似の争点について繰り返し争われることがあり，さらに未解決であった法解釈問題について，最高裁が重要な規範を示すこともあります。

　したがって，重要な紛争やそこで争われた争点については，一定の類型化を試みた上で，今後の事案において積極活用するための武器を得ておくことが有益です。そこで，本章では，納税者と課税当局との間で見解の対立が起こりやすい一定のカテゴリーを選定し，各カテゴリーに分類される裁判例ないし審査請求裁決の事案の概要，判旨を簡単に紹介した上で，今後の税務紛争においてそれらの裁判例（裁決）を具体的に活用する方法を提示することを主眼とします。

　なお，本書は，税務訴訟のみならず，税務調査から不服申立てに至るまでのすべての過程における課税要件事実の認定に光を当てることを目的としていることから，可能な限り，税務訴訟のみならず税務調査や審査請求といった訴訟の前段階の手続における活用可能性にも配慮しています。

　例えば，税務調査において，課税当局が納税者の見解を完全に無視して課税処分を行おうとしている場面を想定してみましょう。ここで，火種となっている論点について有力な裁判例があり，法令解釈が当該裁判例によって実務上確立されているような場合，これをポジションペーパー等の形にまとめ，税務調

査の段階から真剣に課税当局にぶつけて議論をすることで，当局は訴訟になった場合の敗訴リスクを意識し，課税処分を取りやめる可能性も十分にあります。

　税務調査を担当する調査官は，もしかすると関連裁判例等に関する知識をまったく持たないままに課税処分を打とうとしているかもしれません。そのような場合，関連裁判例をベースにした法律論をわかりやすく担当調査官に伝えることで，担当調査官がはじめて問題の本質を認識し，同じ土俵の上に立った議論が成立する可能性もあるわけです。

　また，担当調査官がポジションペーパーに記載された裁判例の意味を理解しなかったとしても，見解の相違があるケースについては，審理部門で慎重な分析・検討がなされる可能性も高く，審理部門が課税処分に待ったをかけてくれる場合もあり得ます。

　以上のような戦略的視点を持ちながら，これから紹介する各カテゴリーの重要裁判例の意義を考えてみることで，一歩進んだ実務対応が可能となるはずです。

第4章　見解の相違が生じやすい税務上のカテゴリーと効果的対応テクニック　123

2　寄　附　金

(1)　当局との間で見解の相違が生じる主たる原因と対策

━━🤝 着眼点 ━━

・寄附金認定されると，一定の範囲で永久に損金算入が認められなくなるため（社外流出），インパクトが大きい。
・ポイントは実質的に贈与，低額譲渡等に当たるか否かであり（時価との乖離），当局にとってもこのような認定を行う上でのハードルはそれなりに高い。
・時価に関する当局の主張立証責任を意識した対応が効果的である。

　寄附金とは，寄附金，拠出金，見舞金をはじめとする（名義の如何は問わない），金銭その他の資産または経済的な利益の贈与または無償の供与のことをいいます（法人税法37条7項）。
　さらに，「内国法人が資産の譲渡又は経済的な利益の供与をした場合において，その譲渡又は供与の対価の額が当該資産のその譲渡の時における価額又は当該経済的な利益のその供与の時における価額に比して低いときは，当該対価の額と当該価額との差額のうち実質的に贈与又は無償の供与をしたと認められる金額は，法人税法37条7項の寄附金の額に含まれるもの」とされています（法人税法37条8項）。つまり，資産を低額で譲渡した場合や経済的利益を低額で供与した場合も，寄附金課税の対象となり得ます。
　寄附金に該当する場合，内国法人が各事業年度において支出した寄附金の額の合計額のうち，損金算入限度額（政令で定めるところにより計算した金額）を超える部分の金額は，損金の額に算入されず（法人税法37条1項），一定の損金算入制限効果があります。寄附金と認定された場合，損金算入のタイミング論（いわゆる期ずれ）で済む話ではなく，永久に損金算入が認められなくなるため，納税者にかなりのインパクトを与えることを常に意識しておく必要があります。
　実質的な贈与あるいは資産の低額譲渡・経済的利益の低額供与に該当するか否かは，時価等に関する事実認定によるところが大きく，当局と納税者間で見

解の相違が起こりやすいという特徴があります。寄附金課税の局面において，課税当局は，時価の適正な認定といった比較的ハードルの高い作業を要求されることになり，主張立証責任という観点から見た場合，当局にとってもかなりプレッシャーのかかる課税類型といえるでしょう。納税者にとっては，そのような特徴，性格をふまえつつ，寄附金課税をめぐる税務紛争においてどのように課税当局と対峙していくかが重要な課題となります。

(2) フィリップス事件（東京地判平成12年 2 月 3 日税資246号393頁）

━━◆ 武器としての利用可能性 ━━━━━━━━━━━━

- 税務調査で経営指導料の対価性に関する指摘を受けた際に利用を検討すべき案件。
- 独立企業間の同種契約における経営指導料の額との著しい乖離がなければ寄附金とはならず，しかもその点に関する立証責任は国側にある。

① 事案の概要

　本件は，オランダを本拠とする多国籍企業のグループ会社でありいずれも日本法人であるX社（A社を吸収合併する前の原告）とA社との関係において，X社からA社に対して支払われた経営指導料には，提供された役務との対価性を欠くものとして，経済的利益の贈与に当たる部分があるか否か，すなわち経営指導料の寄附金該当性が一つの争点となった事案です。

　課税当局は，X社からA社に対して支払われた経営指導料は，管理部門を有していないX社の管理事務の遂行に関する費用負担の相当額として認められる部分を除き，支払と対価関係に立つべき個々の具体的な役務提供の事実が認められず，原告側において経営指導料の額の計算根拠や負担理由等も示していないことを課税根拠として主張しました。上記主張は，年間売上総（予算）額の 1 ％に相当する金額の経営指導料の支払に着目し，当該支払とA社からの個別の役務提供との関連性を問うものであったともいえます。

　しかしながら，裁判所は，課税当局の寄附金該当性に関する上記主張を認めませんでした。

第4章　見解の相違が生じやすい税務上のカテゴリーと効果的対応テクニック　125

②　裁判所の定立した重要な規範

　裁判所が，本件の性格をふまえつつ寄附金該当性について示した判断基準（規範）は以下のとおりです。

重要な規範部分

- ある一定の役務の提供に対して金員が支払われることを内容とする契約が締結されている場合であっても，提供される役務の価値を超えて金員が支払われ，当該超える部分が，経済的な利益の贈与または無償の供与と評価されれば，当該部分は，右条文の適用上，寄附金に該当するというべきこととなる。
- 提供される役務が市場性を有さず，客観的な価格が形成されていない場合，また，提供される役務が様々な内容を含むため個々具体的な役務の提供に係る対価を個別に観念し難い場合，役務提供者において当該役務を提供するのに必要な費用の額（「提供経費」）をもって，当該役務の価値を判断する基礎とすることは合理的な方法ということができるが，提供者における利益ないし報酬の部分も役務の対価として含まれてしかるべきことからすると，提供される役務の価値が，提供経費に尽きるものではないことは明らかである。特に，当該役務の提供が提供者の主たる活動になっている場合，提供した役務の価値が提供経費を大幅に上回る場合などにおいては，利益ないし報酬部分を加算しないことは不合理というべきである。そして，独立企業間で役務の提供に対する利益ないし報酬部分をどのように定めるかは，私的自治の原則により基本的には当該企業が契約により自由に定めるところにゆだねられているものというべきである。
- したがって，提供される役務に対して支払われる対価の額が，役務提供者における提供経費を超えているからといって，当該超える部分が直ちに寄附金に該当すると速断することはできず，右超える部分が寄附金に該当するかどうかは，契約当事者である企業間の関係，当該役務提供契約において定められている役務の内容，対価の決定方法の合理性，実際の役務提供内容，提供される役務の被提供者における便益の大きさ，役務と右便益との関係の直接性，提供者において当該役務の提供がその業務に占めている地位等に照らして，役務の提供の対価が，独立企業間において行われる同種の契約で設定される対価の水準と著しく乖離していて，企業間の特殊な関係に基づく租税回避のための価格操作と認めるべきものかどうかによって，これを判断すべきものと解される。

③　あてはめ

　裁判所は，以上のような明確な基準を確立した上で，さらにX社とA社との間の役務提供契約に係る諸事実を勘案し，フィリップスグループ以外の会社と

の間における類似の契約との比較を行いました。その結果，裁判所は，Ｘ社が，Ａ社との間の役務提供契約に係る関連覚書等に基づき，経営指導料を，Ｘ社の年間予算計上の総輸出売上高および輸入国内販売高の１％に等しい金額と定めてＡ社に支払っていたことは，Ｘ社の販売面におけるＡ社への依存の広範さにかんがみて，必ずしも企業間の特殊な関係に基づく租税回避のための価格操作と認めるべきような不合理なものということはできないと認定しました。

　一方で，Ｘ社が支払っていた経営指導料の対価を，Ａ社が計上していたＡ社の社長室，専務室，広報室，法務室，生産企画開発室，外人給与担当および技術本部費用のうちＸ社が按分負担すべき額に限定されるべきであり，その余の金額は寄附金と評価すべきであるとする国側の主張は排斥されました。

　さらに，裁判所は，本件経営指導料の額が，独立企業間において行われる同種の契約に基づく対価の水準と著しく乖離していて，企業間の特殊な関係に基づく租税回避のための価格操作であるとすべき事情を認めるに足りる証拠はないとして，国側の立証活動が不十分であったとも判示しており，Ｘ社が支出した経営指導料の一部を寄附金に当たるとした更正処分の関連部分は違法と結論付けられました。

④　本判決の評価と今後の事案における活用方法

　本判決の重要なポイントの一つは，グループ内における経営指導料の定め方について一定の柔軟性を許容した点です。国側は，個々の経営指導（役務提供）の対価性を，経費の額に限定するなど，極めて厳格に判断する立場をとっていたものと考えられますが，役務提供の対価の額が，役務提供者における提供経費を超える部分が直ちに寄附金に該当するとまではいえないというのが裁判所の出した結論となります。

　さらに注目すべきポイントとしては，役務の提供の対価が，独立企業間において行われる同種の契約で設定される対価の水準と著しく乖離していて，企業間の特殊な関係に基づく租税回避のための価格操作と認めるべきものかどうかによって，寄附金該当性を判断すべきとしつつ，この点の立証責任を国側に求めている点が挙げられます。

　本件では，国側が上記の点について立証することができなかったことから，国側敗訴となっています。そして，上記の点を判断する際の考慮要素としては，①契約当事者である企業間の関係，②当該役務提供契約において定められてい

第4章　見解の相違が生じやすい税務上のカテゴリーと効果的対応テクニック　127

る役務の内容，③対価の決定方法の合理性，④実際の役務提供内容，⑤提供される役務の被提供者における便益の大きさ，⑥役務と便益との関係の直接性，⑦提供者において当該役務の提供がその業務に占めている地位等が列挙されています。

　したがって，税務調査において経営指導料の寄附金該当性を指摘されているような場合は，上記フィリップス事件の判旨を参考にしながら，国側が立証責任を負っていることを前提として対応することも視野に入れるべきでしょう。実際のところ，上記の①から⑦までの考慮要素を精緻に検討した上で，独立企業間の同種契約で設定される対価水準と著しく乖離していることを証明することは，それなりにハードルが高いものと思われます。

　課税当局が，役務提供の対価の額と，役務提供者における提供経費の額を単純比較することのみをもって課税根拠としようとしているときなどには，本判決は積極的武器として使えるかもしれません。

　ただし，経営指導の実態がまったくない，あるいは著しく乏しい状況で，不相当に過大な経営指導料の設定がなされているようなケースでは，仮にフィリップス事件の判旨に依拠したとしても，寄附金認定されるリスクが高いため注意が必要です。

　なお，本件における経営指導料は日本法人間で授受されたものであることから寄附金課税のみが問題となりましたが，国境をまたぐグループ会社間で授受される経営指導料の額の適正性については，移転価格税制の観点から問題とされる可能性もあります。移転価格税制の場合，当局にとって，独立企業間取引との比較可能性を確保することが技術的に難しい面もありますが，逆に信頼できる比較対象取引さえ発見すれば比較的安定感のある課税が可能となるという点もあることから，納税者は寄附金課税と移転価格課税の両面を意識するのが望ましいといえるでしょう。

> **コラム　寄附金課税と移転価格課税の相違点**
>
> 　租税特別措置法上，国外関連者に対する寄附金の額は全額損金不算入とされています（措置法66条の４第３項）。ここでいう寄附金は法人税法37条７項の寄附金をいうため，国外関連者寄附金該当性の目安は，贈与ないし経済的利益の供与等がなされているか否かであり，前提として時価取引がなされているか否かが問題とされます。一方で，移転価格税制の場合は，独立企業間価格（措置法66条の４第１項）との乖離が問題となります。寄附金課税，移転価格税制のどちらが適用されるか，

あるいは両方が重畳的に適用される可能性があるかといった問題は古くから議論されてきましたが，実務上，これといった明確な線引きがなされていないのが実状です。移転価格事務運営要領３－９(5)では，法人が国外関連者に対し支払うべき役務の提供に係る対価の額の適否の検討に際して，当該法人に対し，当該国外関連者から受けた役務の内容等が記載された書類（帳簿その他の資料を含む。）の提示又は提出を求め，当該役務の提供に係る実態等が確認できないときは，措置法第66条の４第３項等の規定（国外関連者寄附金課税）の適用について検討することに留意する，とされている点には注意が必要です。もちろん，書類等の提出がない場合に直ちに寄附金課税の課税要件が充足されたとして不透明な課税をしてくるような場合は徹底的に争う必要がありますが，上記のような事務運営要領もある以上，役務提供に関する関連資料を税務調査時に速やかに提出できないと，課税に結び付きやすいのも事実です。したがって，国外関連者との間で経営管理等の役務提供を受けたり行ったりしている場合は，実態を的確に文書化するなどして，税務調査時にあわてることのないよう準備しておくべきといえるでしょう。なお，一般的に，寄附金課税の場合は，移転価格課税の場合と異なり相互協議が困難といわれており，当局との間に見解に相違がある場合は，税務訴訟等の国内争訟に依拠せざるを得ないことも押さえておく必要があります。

(3) セキスイボード事件（東京地判平成26年１月24日判時2247号７頁）

＿＿＿武器としての利用可能性

・恣意的な利益調整があったとして真実の法律関係から離れた法律関係をベースとする課税がなされるような場合に，真実の法律関係を裁判所に認めてもらうためのエッセンスが詰まった事案であり参考になる。

① 事案の概要

　本件は，住宅用外壁部材等の製造を行う会社であるＸ（原告）が親会社（100％持株会社）に対して行った製品の売上値引きおよび単価変更による売上の減額が法人税法の規定する寄附金に該当するとして，所轄税務署長が各事業年度の法人税の各更正処分および過少申告加算税・重加算税の各賦課決定処分を行ったという事案です。

　Ｘ（原告）は，期初に設定された取引価格は暫定的なものであり，原告の親会社に対する販売価格は期末に決定されるものであるとして，本件各更正処分

第4章　見解の相違が生じやすい税務上のカテゴリーと効果的対応テクニック　129

等の取消しを求めて課税処分取消訴訟を提起しました。

本件訴訟における被告の主張は以下のようなものでした。

被告の主張の骨子

① 本件各事業年度における原告と積水化学社間の外壁販売取引に係る契約（本件販売契約）における外壁の契約価格は，当初取引価格である。

② 本件売上値引き及び本件単価変更は，合理的な原価計算に基づくものではなく，単に原告の利益を積水化学社に付け替えるだけのものであり，独立企業間の通常の経済取引として是認できる合理的理由がないのに，既に本件販売契約に基づいて発生していた債権を放棄し，または本件販売契約によって定まっていた取引価格を変更したものである。

③ したがって，本件売上値引き及び本件単価変更は，経済的に見て贈与と同視し得る利益の供与であるから，本件売上値引き及び本件単価変更に係る金額は，法人税法37条7項所定の寄附金に該当する。

Xによる訴訟提起の経緯，被告の主張の骨子からも明らかなとおり，本件における争点は，いったん確定した価格を事後的に調整する形で減額したのか（国側の言い分），それとも当初の取引価格は，事後的な改訂が予定された暫定的な価格にすぎなかったのか（納税者側の言い分），という点です。したがって，本件は，基本的には上記争点に関する事実認定の問題であったということもできます。

②　裁判所の定立した重要な規範

裁判所は，まず寄附金の意義について，以下のとおり判示しました。

重要な規範部分

法人税法37条7項は，寄附金の意義について，「寄附金，拠出金，見舞金その他いずれの名義をもってするかを問わず，内国法人が（した）金銭その他の資産又は経済的な利益の贈与又は無償の供与」と規定するところ，同条8項が「実質的に贈与又は無償の供与をしたと認められる金額」を寄附金の額に含む旨規定していることからすると，同条7項にいう「贈与又は無償の供与」とは，民法上の贈与に限られず，経済的にみて贈与と同視し得る資産の譲渡又は利益の供与も含まれると解される。そして，ここでいう「経済的にみて贈与と同視し得る資産の譲渡又は利益の供与」とは，資産又は経済的利益を対価なく他に移転する場合であって，その行為について通常の経済取引として是認できる合理的理由が存在しないものを指すと解することが相当である。

以上のように，法人税法37条7項における寄附金の意義について，同項にい

う「贈与又は無償の供与」とは，民法上の贈与に限られず，経済的にみて贈与と同視し得る資産の譲渡または利益の供与も含まれるという形でかなり広めの基準設定をしている点にまずは留意する必要があります。

したがって，寄附金該当性を指摘されそうな事案では，経済的にみて贈与と同視し得るか否かを，①資産または経済的利益を対価なく他に移転する場合かどうか，②当該行為について通常の経済取引として是認できる合理的理由が存在しないといえるかどうか，という観点から慎重に判断する必要があります。この場合，いずれにしても，取引の経済合理性の有無がポイントとなります。

③　あてはめ

ⅰ）　本件販売契約において合意されたとみるべき外壁の契約価格

被告（国）は，本件販売契約において合意されたとみるべき外壁の契約価格（「契約価格」）は，当初取引価格であり，それが生産会社方針検討会において決定された旨主張していました。これに対して，裁判所は，「購入価格暫定通知」などという書類のやり取りがなされており，当初取引価格を算定するのに使用される売上係数も「暫定」ないし「改訂前（暫定）」と表示されているといった事実関係もふまえ，原告と積水化学社との間で各半期において行われている複数の価格の設定やそれに関する通知書面等の存在からみる限りにおいても，当初取引価格は，後に改訂が予定された暫定的なものとして扱われているとみるのが自然であると判示しました。

また，生産会社方針検討会においては，積水化学社の関係役員と本件各子会社の代表者が出席して，本件各子会社の当半期の実績見込み，次半期の生産見込棟数およびその見込棟数を基にした生産原価の改善施策等について協議していたことが認められるものの，生産会社方針検討会において，当初取引価格を契約価格とする旨の決定がされていたことを認めるに足りる的確な証拠はない，といった判示もなされています。

その他諸般の事情を考慮した上で，本判決では，当初取引価格は，予算計画を策定するための基準となるものとして利用されることが予定されている数値にすぎず，積水化学社と原告との間で，本件販売契約上の契約価格として合意されていたとするには相当疑義があるといわざるを得ない，と結論付けられています。

第4章　見解の相違が生じやすい税務上のカテゴリーと効果的対応テクニック　131

ⅱ）　総コストカバー方式の合理性

　原告は，期末決定価格が本件販売契約における契約価格であり，本件覚書1
条1項の「合理的な原価計算の基礎に立ち，積水化学社・原告協議の上決定す
る」との定めは，実際原価に一定の上乗せ利益を加算するという方法で価格決
定をすることを意味し，いわゆる「総コストカバー方式」であって，本件販売
契約におけるこのような価格決定の方法には合理性があり，税負担を逃れるた
めの利益調整ではない旨主張しました。

　裁判所は，ユニット生産事業の事業内容，積水化学社および原告の関係なら
びに原告の事業特性に鑑みると，原告と積水化学社との間において，原告が積
水化学社に対して販売する外壁につき，各半期の期末または期中においてそれ
までの実績に基づいて行われる原価計算によって算定される実際原価（実績見
込原価）を基礎として，それに一定の損益算定方法（「差異分析」等）により
導かれる損益を加算するという手法により，取引価格を決定するという内容の
契約を締結することは，企業の事業活動の在り方として一概に不合理であると
までは断ずることはできず，その原価計算および損益算定方法の内容において
不合理な点がなく，税負担を逃れるための恣意的な利益調整ではないと評価さ
れるものであれば，本件覚書1条1項の「合理的な原価計算の基礎に立ち，積
水化学社・原告協議の上決定する」との定めに合致するものと解することが相
当である，と判示しました。

　なお，被告は，この点（上記下線部）に関連して，原告が行った差異分析の
手法について，会計学的に是認できない独自の理論であり，その内容にも不合
理な点がある旨主張しました。この点につき，裁判所は，「予算と実績の差異
分析」は，一般に，企業内部の予算統制において実施されるものであり，期首
に立てたその期の予算による営業利益と，実際の営業利益とを比較し，その差
額を算出し，その差異の要因を分析するための手法であることがうかがわれ，
取引価格を決定するために行われるものではないから，本件販売契約における
取引価格の決定において差異分析の手法を援用することは，本来の用途ではな
く，その転用であるといわざるを得ない，と認定して国側の主張にも一定の配
慮を見せています。

　しかしながら，裁判所は，結論的には国側の上記主張を排斥しています。ポ
イントとなったのは，積水化学社グループのユニット住宅事業における積水化
学社および原告の以下のような位置付けです。

① 積水化学社は，ユニット住宅の販売促進活動，原材料のコスト削減交渉，商品・技術開発，製品保証等のコストやリスクを負担するという立場にあること
② 原告は，積水化学社が使用する外壁しか製造しておらず，原告が製造した外壁はすべて積水化学社に販売するという極めて単純な売上構造を有しており，原告における業績は，積水化学社が統率する事業の影響を強く受ける立場にあること

本判決は，このような位置付けを勘案すると，両社の損益の帰属を差異分析の手法により判定すること（予算計画における損益と実績見込みにおける損益の差額につき，積水化学社と原告が損益の増減に関して果たした役割ないし貢献度に応じて損益の帰属を判定すること）は不合理であるとはいえない，と判示しています。そして，上記のような積水化学社と原告との役割等に照らせば，上記損益の差額について，出荷量や製品構成の変動等による利益の増加分はいずれも積水化学社に起因するものと分類し，原告のＣＲ分，すなわち原告が価格交渉を担当した部材等の減額および外壁製造過程でのコスト削減分による利益の増加分は原告に起因するものと分類して，損益の帰属を判定するという考え方も成り立ちうるとも判示しています。

裁判所は，その他いくつかの点を検討した上で，原告が差異分析の手法を転用し，その上で取引価格を決定したことは，不合理なものではなく，税負担を逃れるための恣意的な利益調整であるとは認められないから，原告と積水化学社が，本件覚書１条１項の「合理的な原価計算の基礎に立ち，積水化学社・原告協議の上決定」したものと認めることは妨げられないと判断しました。

iii）　最終結論

以上の検討をふまえ，本件では，本件販売契約における契約価格，すなわち「合理的な原価計算の基礎に立ち，原告と積水化学社間で協議の上決定した価格」は，各半期における期末決定価格または期中決定価格であると認められるとされ，本件売上値引きおよび本件単価変更により，原告から積水化学社に対し，経済的にみて贈与と同視し得る資産の譲渡または利益の供与がされたとは認められないから，本件売上値引きおよび本件単価変更に係る金額は法人税法37条7項の寄附金に該当しないと結論付けられました。

第4章　見解の相違が生じやすい税務上のカテゴリーと効果的対応テクニック　133

④　本判決の評価と今後の事案における活用方法

ⅰ）　事実認定と証明責任を意識した対応の重要性

　冒頭でもふれたとおり，本件のポイントの一つは，当初取引価格の性格付けだったといえますが，この点については，様々な証拠が検討された結果，あくまで暫定価格にすぎないと事実認定されました。

　また，実際原価（実績見込原価）を基礎として，一定の損益算定方法（「差異分析」等）により導かれる損益を加算する手法により，取引価格を決定する内容の契約を締結することの合理性についても争点とされていますが，この点についても，①その原価計算及び損益算定方法の内容において不合理な点がなく，②税負担を逃れるための恣意的な利益調整ではないと評価されるかどうかという基準をめぐっての事実認定の勝負となっています。このように，本件は，寄附金該当性のあてはめの問題として，真実の法律関係や取引価格設定に係る経済合理性が正面から問われた事案ということができます。

　国（課税当局）は，本件販売契約において合意された契約価格を当初取引価格と認めた上，その後に債権放棄又は取引価格変更合意があったと認めるべきとの見立てによる主張を縷々展開しましたが，結局，真実の法律関係から離れて法律関係を構成するものであり，採用することができない，として，裁判所に一蹴される形となっています。

　取引に価格調整の要素がある場合，課税当局からは，税回避のための不当な利益調整の有無について問題提起されやすい傾向があります。このような場合に納税者が留意すべきポイントは以下のとおりです。

・まずは，私法レベルでの真の法律関係が何であるのかを的確に見極める。
・税務調査段階で，課税当局が，納税者側の見解と異なる見解（法律関係）を持ち出してきた際は，当局にそのような見解を基礎付ける課税要件事実について証明するよう徹底的に求める（証明責任の所在を意識）。
・課税当局からの回答に合理性が認められない場合，税務訴訟の提起も辞さない旨明確な意思表示をしつつ，税務訴訟における国側敗訴リスクを認識してもらう。
・必要に応じて，納税者側の意見書（ポジションペーパー）を提出することも検討に値するものの，不用意な主張はしないように留意する。

　上記のうち最後のポイントについては，特に慎重な対応をすることが望まし

いといえます。本件訴訟においても，国は，原告が本件更正処分等に関して作成して提出した異議申立書，意見書等には「生産会社方針検討会において原価を算定してこれを確認の上決定された価格である」などの記載があることを主張しています。

このように，国は，税務調査や不服申立段階における納税者の提出証拠や主張のうち，国側に有利に働くものを，税務訴訟に入ってから積極的に活用してくる可能性があります。納税者としては，そのような点も考慮しつつ，税務調査過程等では，リスクがある主張や不確定な内容を伴う主張はなるべく避けるべきでしょう。

なお，本件では，議事録をみても，生産会社方針検討会において各子会社との間の契約内容を具体的に決定している部分は見当たらないことなどから，各半期における計画以上に契約価格を決定したものとまでは推認することはできず，結局，異議申立書等の各記載の表現は正確性を欠き，内容についての信用性を認めることはできない，と判示されています。

ⅱ） 他の処分構成（課税要件事実）に対する配慮の必要性

本判決においては，以下のような判示がなされています。

> 法人税法37条8項は，内国法人が資産の譲渡又は経済的な利益の供与をした場合において，その譲渡又は供与の対価の額が当該資産のその譲渡の時における価額又は当該経済的な利益のその供与の時における価額に比して低いときは，当該対価の額と当該価額との差額のうち実質的に贈与又は無償の供与をしたと認められる金額は，前項の寄附金の額に含まれるものとすると定めている。しかし，本件において，被告は，同項に基づく主張はしておらず，また，原告と積水化学社間の外壁の取引価格と，外壁の市場価格との差額の存在及び額を認めるべき証拠はないから，本件売上値引き及び本件単価変更に係る金額は37条8項の寄附金に当たるとはいえない。

本件判決において，上記のような指摘がなされた理由は定かではありませんが，寄附金課税の課税要件を検討する上では，法人税法37条7項と同条8項の両方に基づく構成があり得ることが示唆されています。本件においては，国側の主張立証は専ら法人税法37条7項に基づくものであったようですが，上記判示部分においても指摘されているとおり，理論的には法人税法37条8項に基づく処分構成も考えられます。そこで，一般論としては，納税者は，税務調査の

段階から当局がどちらの構成をターゲットにしようとしているのか，十分に検証しておくのが無難といえるでしょう。

　なお，フィリップス事件でも説明したとおり，法人税法37条8項に基づく寄附金課税の場合，取引価格と市場価格との差異の立証の難易度はそれなりに高いことから，納税者としては，そのような点も意識した戦略的な対応を考えると有益です。

3 交際費課税

(1) 当局との間で見解の相違が生じる主たる原因と対策

着眼点

・交際費認定されると，寄附金の場合と同様，一定の範囲で永久に損金算入が認められなくなるため，インパクトが大きい。

・二要件説，三要件説のいずれを採用するかで，課税要件事実の認定に微妙な影響が出るため，納税者側としては，三要件説に立脚した対応をするのが肝要である。

　寄附金の場合と同様，交際費をめぐっても，納税者と税務当局との間でしばしば争いが生じます。交際費等とは，交際費，接待費，機密費その他の費用で，法人が，その得意先，仕入先その他事業に関係のある者等に対する接待，供応，慰安，贈答その他これらに類する行為（接待等）のために支出するものをいいます（措置法61条の4第4項柱書）。

　ただし，①専ら従業員の慰安のために行われる運動会，演芸会，旅行等のために通常要する費用，②飲食費であって，その支出する金額が一定額以下の費用，③その他接待等に要するものとして政令で定める一定の費用は，交際費等に含まれません。交際費等に該当する場合，以下のとおり，損金算入が一定の範囲で認められなくなります（今後の法改正に留意）。

損金算入が否定される範囲

資本金の額または出資金の額が1億円を超える法人：交際費等の全額（ただし，接待飲食費については，半額まで損金算入を可能とする特例がある）

資本金の額または出資金の額が1億円以下の法人：上記の接待飲食費の特例に代えて，交際費等の額が定額控除限度額（800万円に当該事業年度の月数を乗じてこれを12で除して計算した金額）以下である場合に，全額損金算入とする特例を選択できる（定額控除限度額を超える場合，その超える部分の金額は損金不算入となる）。

　以上のように，特に資本金の額が1億円を超えるような比較的規模の大きい

第4章　見解の相違が生じやすい税務上のカテゴリーと効果的対応テクニック　137

法人の場合，交際費等に該当する金額の全額（一定の接待飲食費を除く）が損金不算入となりますので，その影響は極めて大きいものとなります。したがって，交際費等の意義，該否判定方法について十分に理解しておく必要があります。

　交際費等に関して見解の相違が生じる要因の一つとして，交際費等の類型は法令に列挙されているものの，交際費等の概念自体が曖昧であり，その評価方法について根本的な争いがあることなどが挙げられます。このような争いは，以下のとおり，二要件説と三要件説の対立として現実化します。

二要件説：①支出の相手方が事業に関係のある者であること，②支出の目的がかかる相手方に対する接待，供応，慰安，贈答その他これらに類する行為のためであること，という2つの要件を前提とする立場

三要件説：上記二要件説にいう二要件に加えて，行為の形態が，接待，供応，慰安，贈答その他これらに類する行為であること，という要件も要するとする立場

　後述する萬有製薬事件の控訴審判決は，三要件説を採用しましたが，それまでの事案では，二要件説を支持する立場が主流であったといえます（ドライブイン事件，オートオークション事件）。二要件説と三要件説の基本的な差異は，相手方が交際行為であることを認識していることまで要求するか否かにあります。二要件説では，相手方の認識は不要とされるのに対して，三要件説では，相手方の認識が必要とされています。

(2)　萬有製薬事件（東京高判平成15年9月9日判時1834号28頁）

━━☞ 武器としての利用可能性 ━━

・三要件説（納税者に有利）の具体的な活用方法を示唆する事案である。
・交際費等の認定のためには，一定の行為態様（相手方の快楽追求欲，金品や物品の所有欲などを満足させる行為）が要件となり，接待等に関する相手方の認識もふまえて判断される。

①　事案の概要

　控訴人であるＸは，医薬品を販売している大学病院の医師等から，その発表する医学論文が海外の雑誌に掲載されるようにするための英訳文につき，英文添削の依頼を受け，これをアメリカの添削業者２社に外注していました（本件英文添削）。Ｘは，医師等からは国内業者の平均的な英文添削の料金を徴収していたものの，外注業者にはその３倍以上の料金を支払い，その差額を負担しており，その金額は，平成６年３月期で１億4,513万円余，平成７年３月期で１億1,169万円余，平成８年３月期で１億7,506万円余に及んでいたというものです（本件負担額）。

　課税当局は，①英文添削の依頼をした医師等がＸの「事業に関係ある者」に該当すること，②本件負担額の支出の目的が医師等に対する接待等のためであることから，本件負担額は交際費に該当するとし，措置法の規定によって損金に算入されないとして，上記３事業年度（本件各事業年度）のＸの法人税について更正処分をしました。Ｘは，本件負担額は交際費ではなく損金の額に算入が認められる寄附金であると主張するとともに，更正通知書には理由附記の不備があるなどとして，更正処分の取消しを求めて争いました。第一審では，上述の二要件説に立ちつつ，本件負担額の支出は交際費等に該当するとして，Ｘの請求を棄却しました。

②　控訴審判決の重要な規範部分

　これに対して，控訴審判決は，交際費等の意義について，以下のとおり三要件説を採用することを明らかにしました。

　措置法61条の４第３項は，同法61条の４第１項に規定する「交際費等」の意義について，「交際費，接待費，機密費その他の費用で，法人が，その得意先，仕入先その他事業に関係のある者等に対する接待，供応，慰安，贈答その他これらに類する行為のために支出するもの（専ら従業員の慰安のために行われる運動会，演芸会，旅行等のために通常要する費用その他政令で定める費用を除く。）をいう。」と規定している。

　上記のような法文の規定や，「交際費等」が一般的に支出の相手方及び目的に照らして，取引関係の相手方との親睦を密にして取引関係の円滑な進行を図るために支出するものと理解されていることからすれば，当該支出が「交際費等」に

該当するというためには，①「支出の相手方」が事業に関係ある者等であり，②「支出の目的」が事業関係者等との間の親睦の度を密にして取引関係の円滑な進行を図ることであるとともに，③「行為の形態」が接待，供応，慰安，贈答その他これらに類する行為であること，の三要件を満たすことが必要であると解される。

そして，支出の目的が接待等のためであるか否かについては，当該支出の動機，金額，態様，効果等の具体的事情を総合的に判断して決すべきである。また，接待，供応，慰安，贈答その他これらに類する行為であれば，それ以上に支出金額が高額なものであることや，その支出が不必要（冗費）あるいは過大（濫費）なものであることまでが必要とされるものではない。

③　あてはめ（支出の目的）

控訴審では，以上の規範を設定した上で，「支出の目的」につき，本件英文添削の差額負担は，その支出の動機，金額，態様，効果等からして，事業関係者との親睦の度を密にし，取引関係の円滑な進行を図るという接待等の目的でなされたと認めることは困難である旨判示しました。

なお，支出の動機，金額，態様，効果等としては，①本件英文添削は，若手の研究者らの研究発表を支援する目的で始まったものであり，その差額負担が発生してからも，そのような目的に基本的な変容はなかったこと，②その金額は，それ自体をみれば相当に多額なものではあるが，その1件当たりの金額や，控訴人の事業収入全体の中で占める割合は決して高いものとはいえないこと，③本件英文添削の依頼者は，主として若手の講師や助手であり，控訴人の取引との結び付きは決して強いものではないこと，④その態様も学術論文の英文添削の費用の一部の補助であるし，それが効を奏して雑誌掲載という成果を得られるものはその中のごく一部であることといった事情が認定されています。

④　あてはめ（行為の態様）

交際費等に該当するためには，「行為の形態」として「接待，供応，慰安，贈答その他これらに類する行為」であることが必要であるとされていることからすれば，接待等に該当する行為すなわち交際行為とは，一般的に見て，相手方の快楽追求欲，金銭や物品の所有欲などを満足させる行為をいうと解される，と判示しました。

なお，国（被控訴人）は，接待，供応，慰安，贈答に続く「その他これらに類する行為」とは，接待，供応，慰安，贈答とは性格が類似しつつも，行為形態の異なるもの，すなわち，その名目のいかんを問わず，取引関係の円滑な進行を図るためにする利益や便宜の供与を広く含むものであると主張しましたが，判決では，課税の要件は法律で定めるとする租税法律主義（憲法84条）の観点からすると「その他これらに類する行為」を被控訴人主張のように幅を広げて解釈できるか否か疑問であるとして，一蹴されています。そして，ある程度幅を広げて解釈することが許されるとしても，本件英文添削のように，それ自体が直接相手方の歓心を買うような行為ではなく，むしろ，学術研究に対する支援，学術奨励といった性格のものまでがその中に含まれると解することは，その字義からして無理があることは否定できない，と結論付けられました。

　さらに，本件控訴審判決の特徴として，相手方の認識を重視している点が挙げられます。すなわち，「その負担の相手方が取引における意思決定において大きな影響力を有する関係者に限られているというような場合であり，かつ，その差額負担による利益の提供を相手方が認識しているような場合には，その差額負担は，客観的にみて，学問の発展に寄与するというよりは，相手方の歓心を買って，見返りを期待することにあると認められる場合もあるであろう」，としつつ，本件がそのような場合に当たらないことは明らかであると判示している点は興味深いところです。

　一方で，英文添削のサービスをするに際し，その料金が本来，そのサービスを提供するのに必要な額を下回り，かつ，その差額が相当額にのぼることを相手方が認識していて，その差額に相当する金員を相手方が利得することが明らかであるような場合には，そのようなサービスの提供は金銭の贈答に準ずるものとして交際行為に該当するものとみることができる場合もあると考えられる，とされている点には注意を要します（本件は，研究者らにおいて，そのような差額相当の利得があることについて明確な認識がない場合と認定されています）。

　以上の点をふまえ，本件英文添削の差額負担は，通常の接待，供応，慰安，贈答などとは異なり，それ自体が直接相手方の歓心を買えるというような性質の行為ではなく，むしろ学術奨励という意味合いが強いこと，その具体的態様等からしても，金銭の贈答と同視できるような性質のものではなく，また，研究者らの名誉欲等の充足に結び付く面も希薄なものであることなどからすれば，

交際費等に該当する要件である「接待，供応，慰安，贈答その他これらに類する行為」をある程度幅を広げて解釈したとしても，本件英文添削の差額負担がそれに当たるとすることは困難である，との最終結論を導いています。

⑤　本判決の評価と今後の事案における活用方法

　萬有製薬事件控訴審判決では，二要件説ではなく，三要件説を採用した上で，さらに，接待等に該当する行為すなわち交際行為とは，一般的に見て，相手方の快楽追求欲，金銭や物品の所有欲などを満足させる行為をいうとして，租税法律主義に従った解釈上の歯止めをかけている点がポイントです。

　税務調査では，交際費課税について二要件説を採用したり，三要件説でも，行為の態様を極めて広く解釈したもの（事実上，二要件説と異ならない）を採用したりすることで，課税の範囲を不当に広げてくることが予想されます。調査担当者が，課税ありきの姿勢で，不当なバイアスをもって支出の目的だけに着目してしまうケースはありがちなパターンです。しかしながら，調査担当者にそのように見えている事案であっても，萬有製薬事件と同様，支出の相手方は接待を受けていることを全く認識しておらず，客観的にみて何ら快楽の追求につながっていないことは十分にあり得ます。

　そのような場合は，課税当局に対して提出するポジションペーパー等において，萬有製薬事件控訴審判決を引用するなどして，的確な反論を試みる必要があります。萬有製薬事件控訴審判決が下されて以降の実務は，基本的に三要件説を前提に動いているといっても過言ではなく，課税当局が交際費課税に当たって認定すべき課税要件事実にはわずかな曖昧さも許容されるべきではありません。調査担当者が，支出の目的だけで攻めてくるようでしたら，①行為の態様も課税要件として要求されること，②行為の態様は厳格な解釈が求められること，③行為の態様について，当局はどのような事実認定を行っているか明らかにすべきこと等を書面に盛り込むのが効果的です。

4　租税回避をめぐる紛争

(1)　租税回避が否認されるパターンの整理

　税務争訟では，租税回避が問題となる事案が比較的多くみられますが，租税回避をめぐって当局と的確にせめぎ合うためには，租税回避の意義を正しく理解しておく必要があります。ただし，租税回避の位置付けは，学者によって微妙に異なっており，さらに，一人の学者が，租税回避の定義を変更するといったケースもみられます。例えば，金子宏東大名誉教授が，著書（『租税法』（弘文堂））において，租税回避に関する説明を以下のとおり改めているのは興味深いところです。

> 【21版】：私法上の選択可能性を利用し，私的経済取引プロパーの見地からは合理的理由がないのに，通常用いられない法形式を選択することによって，結果的には意図した経済的目的ないし経済的成果を実現しながら，通常用いられる法形式に対応する課税要件の充足を免れ，もって税負担を減少させあるいは排除することを，租税回避という。
>
> 【22版】：租税回避とは，私法上の形成可能性を異常または変則的な態様で利用すること（濫用）によって，税負担の軽減または排除を図る行為のことである。租税回避には，2つの類型がある。1つは，合理的または正当な理由がないのに，通常用いられない法形式を選択することによって，通常用いられる法形式に対応する税負担の軽減または排除を図る行為である。もう1つは，租税減免規定の趣旨・目的に反するにもかかわらず，私法上の形成可能性を利用して，自己の取引をそれを充足するように仕組み，もって税負担の軽減または排除を図る行為である。

　課税当局が租税回避を否認する場合に着目するのが，①「通常用いられない法形式を選択する」という点と②その結果としての税負担の減少です。例えば，本来であればどう見てもＡという取引が行われるはずなのに，通常用いられるはずのないＢ取引とＣ取引の組み合わせによって，同じ経済目的を達成しながら，税金を不当に安くしているといった点に，当局の担当者は過剰反応しがちです。

第4章　見解の相違が生じやすい税務上のカテゴリーと効果的対応テクニック　143

　しかしながら，B取引とC取引の組み合わせによって仮に税金が安くなると
しても，私法（民法や商法）の観点から，B取引とC取引は存在しなかったと
直ちに認定できるわけではありません。租税回避の否認とは，租税回避があっ
たとみなされる場合に，通常用いられるA取引（実際用いられている取引では
ない）に対応する課税要件が充足されたものと取り扱い，課税を行うことを意
味します。課税当局は，納税者の租税回避を公平性の観点から「けしからん」
と評価して課税してくるかもしれませんが，納税者としては，私法上，B取引
とC取引を行っているわけですから，B取引とC取引に対応する課税しか容認
できないことになり，このような場合，納税者と課税当局との間で見解の相違
が起こることになります。

　以上のような背景のもとで次に問題となるのが，①租税回避の否認が，否認
規定（個別的否認規定と包括的否認規定に分類されます）に基づいて行われて
いるのか，それとも基づかずに行われているのかといった点であり，さらに，
②否認規定に基づかずに行われているとして，租税回避の否認は，否認規定が
なければそもそもできないのかという点です。特に，上記②については，昔か
ら租税法の分野における究極的なテーマになっています。
　いずれにしても，租税回避の捉え方は，租税回避が問題となる税務争訟で新
しい問題意識が生まれるたびに変容しているといっても過言ではありません。
したがって，税務争訟を専門にする弁護士・税理士にとっては，租税回避が問
題となった重要な裁判例を網羅的にフォローしておくことが重要であり，①ど
ういったタイプの租税回避が当局に狙われ否認されやすいトレンドにあるのか，
あるいは，②既に裁判所の判断が示され，課税根拠として使えなくなっている
租税回避の否認類型（例えば，私法上の法律構成による否認）はないか，と
いった点にも留意しながら，案件の処理を進める必要があります。
　上記①のトレンドとして，課税当局は，組織再編成に係る行為計算否認，同
族会社等の行為計算否認をはじめとする包括否認規定に基づく租税回避の否認
をかなり積極的に用いるようになってきています。行為計算否認規定は，伝家
の宝刀と言われ，課税当局はめったに行為計算否認を行わないというのが一般
的な理解でした。
　ところが，ヤフー事件（IDCF事件）では，課税当局が組織再編成に係る行
為計算否認規定に基づき課税を行い，最高裁でも課税当局側に軍配が上がりま

した。さらに，最高裁は，組織再編成に係る行為計算否認規定の発動に関してかなり明確な基準設定をしましたので，課税当局にとっては，同規定に基づく課税を今後行いやすい環境が整ったといえます。

一方で，ほぼ同じようなタイミングで裁判所において争われていたIBM事件は，同族会社に係る行為計算否認規定が問題となった事案です。IBM事件では，一審・控訴審ともに納税者が勝訴し，国側の上告受理申立てが最高裁において不受理となる形で最終決着しています。ただし，納税者は勝訴したものの，控訴審判決は，同族会社等の行為計算否認規定について，納税者に比較的厳しい解釈基準を示したと評価することもでき，今後の当局の課税スタンスから目が離せない状況となっています。包括否認規定に基づく課税処分は今後ますます定着していく可能性が高いといえます。

これに対して，一昔前は，映画フィルムリース事件等の著名事件において，いわゆる「私法上の法律構成による否認」という否認理論が国（課税当局）により積極展開され，下級審でもこのような理論を支持する判決が下されることがありました。

しかしながら，①映画フィルムリース事件に関する最高裁判決（最判平成18年1月24日）は，私法上の法律構成による否認を課税根拠とすることを最終的に認めなかったこと，②上記理論を明確に否定する他の裁判例（岩瀬事件控訴審判決）もあり，これが世間的に支持されていることもあって，私法上の法律構成による否認が課税根拠として積極的に用いられる時代は去ったといえます。ただ，当局の調査官のすべてが，上記のような裁判例の流れを十分に理解しているわけではありません。調査官の中には，私法上の法律構成による否認と同様ないし類似の考え方に立った否認をしてくる者もいるかもしれません。このような場合には，「私法上の法律構成による否認は裁判例との関係でも理論上の根拠を完全に失っている」ことを，担当調査官に説明し，課税処分を行っても裁判を乗り切ることはできないことを説得することが重要です。

コラム　岩瀬事件

契約上は，個人Aが所有する不動産を個人Bに販売し，さらに，個人Bが所有する不動産を個人Aが個人Bから買い受けるという2つの売買取引を行い売買代金を相殺して決済している場合に，当局がこれを補足金付交換であると認定して課税処分を行った事案があります。譲渡総収入金額に算入する金額は，①異なる2つの

売買契約であると解釈すれば，契約書上のＡのＢに対する不動産の売却代金となり（本件では，7億3,313万円），②補足金付交換契約であると解釈すれば，ＡがＢから取得した不動産の時価と補足金の合計額（本件では10億7,733万円）となります。このように，上記課税処分は，補足金付交換契約と解釈したほうが，課税所得は明らかに大きくなるといった点に注目し，課税上の公平性の観点からなされたものといえます。

　本件において，地裁は課税庁を勝訴させましたが（東京地判平成10年5月13日訟月47巻1号199頁），高裁は，「最終的には本件取引の法形式として売買契約の法形式が採用されるに至ったこと」を認定した上で，「いわゆる租税法律主義の下においては，法律の根拠なしに，当事者の選択した法形式を通常用いられる法形式に引き直し，それに対応する課税要件が充足されたものとして取り扱う権限が課税庁に認められているものではないから」，2種類の不動産の売買契約及び売買代金の相殺という法形式を採用して行われた取引を，譲渡不動産と取得不動産との補足金付交換という法形式に引き直して，課税処分を行うことは許されないと判示しています（東京高判平成11年6月21日訟月47巻1号184頁）。この高裁判決については，いわゆる「私法上の法律構成による否認」を退けた裁判例という評価がなされています。

　ただし，高裁判決も，真の合意は補足金付交換契約の合意であるのに，2つの各売買取引と売買代金の相殺の合意があったかのように仮装していたとすれば，真実の合意である補足金付交換契約の合意を前提として課税が行われるべきであることを念のため指摘している点には注意する必要があります。いずれにしても，租税回避の否認が問題となる事案で大切なことは，民法，会社法といった私法の観点に立って考えた場合に，どのような取引が成立しているといえるかを意識すべきであるという点です。租税回避が疑われている事案で課税要件事実を考える場合も，この点は常に意識しておく必要があります。

(2)　個別的否認規定

　個別的否認規定は，特定の類型の租税回避に着目して，個別対応することを目的とする否認規定です。個別的否認規定による否認の効果は，損金算入の全部または一部の否定，繰越欠損金の引継ぎの制限，課税対象となるベース所得の拡大調整，課税の前提となる価格の調整といったものに及びます。

　例えば，①損金算入の全部または一部が否定されるケースとしては，前述の寄附金課税（法人税法37条1項），交際費課税（措置法61条の4）による損金不算入が，②繰越欠損金の引継ぎの制限としては，適格合併における繰越欠損金の引継制限規定（法人税法57条3項）が，③課税対象となるベース所得の拡

大調整としては，タックスヘイブン対策税制（外国子会社合算税制）（措置法66条の6）による特定外国子会社等の所得の合算課税が，④課税の前提となる価格の調整としては，独立企業間価格に引き直して課税を行う移転価格税制（措置法66条の4）が挙げられます。

　個別的否認規定については，否認するための要件が法令上明確に定められていますので，納税者としては，当局に否認されたくないのであれば，関連する個別的否認規定の文言，関連裁判例，通達，コンメンタール等をしっかりと確認しておくことが重要です。そうすることで，ある程度予測可能性を伴った取引スキームの策定等が可能となります。

　また，個別的否認規定に基づく課税が行われ，税務争訟に発展するようなケースであっても，納税者としては，租税法令の特定の文言や過去の裁判例等から明らかになる課税要件の解釈基準をベースにしながら，課税当局の採用する処分構成が特定の課税要件を充足しないこと，すなわち課税要件事実が認められないことを的確に主張することで，有効な対策を講じることができます。寄附金，交際費，タックスヘイブン対策税制等の特定の個別的否認規定について，重要裁判例が定立した規範等から納税者に有利な課税要件の解釈基準をどのように導き出し，課税要件の充足性を否定するかについては，本書の関連項目においてノウハウ・戦略を示していますので，そちらをご参照ください。

(3)　一般的否認規定

　一般的否認規定（包括的否認規定）の類型としては，同族会社等の行為計算否認規定（法人税法132条1項），組織再編成に係る行為計算否認規定（法人税法132条の2），連結法人に係る行為計算否認規定（法人税法132条の3），外国法人の恒久的施設帰属所得に係る行為計算否認規定（法人税法147条の2）があります。すべての分野を包括的に取り込む一般的否認規定が採用されている国もありますが（代表的なものとして，ドイツ租税通則法42条），我が国では，そのような意味での包括的な否認規定は現時点では設けられておらず，上述のように，同族会社等，組織再編成といった特定の事項に絞った一般的否認規定があるのみです。したがって，各一般的否認規定がカバーする個別の要件に該当しない場合は，同規定に基づく否認が行われることはありません。

　現行の一般的否認規定に共通する特徴として，「法人税の負担を不当に減少」

というように，極めて抽象的な要件が規定されていることが挙げられます。例えば，法人税法における同族会社等の行為計算否認規定は，以下のような規定振りとなっています。

【第132条1項（抜粋）】

　税務署長は，内国法人である同族会社等に係る法人税につき更正又は決定をする場合において，その法人の行為又は計算で，これを容認した場合には法人税の負担を不当に減少させる結果となると認められるものがあるときは，その行為又は計算にかかわらず，税務署長の認めるところにより，その法人に係る法人税の課税標準若しくは欠損金額又は法人税の額を計算することができる。

　つまり，法人の行為・計算をそのまま認めると法人税の負担を不当に減少させる結果となるような場合，税務署長は，行為・計算を自ら認めるところにより引き直すことができる形になっています。

　法人税法における組織再編成に係る行為計算否認規定は，以下のような規定になっていますが，合併等の組織再編成との関係で，税務署長に行為・計算の引き直し権限が認められています。

【第132条の2（抜粋）】

　税務署長は，合併，分割，現物出資若しくは現物分配又は株式交換等若しくは株式移転（「合併等」）に係る法人（①合併等をした法人又は合併等により資産及び負債の移転を受けた法人，②合併等により交付された株式を発行した法人，③前①②に掲げる法人の株主等である法人）の法人税につき更正又は決定をする場合において，その法人の行為又は計算で，これを容認した場合には，合併等により移転する資産及び負債の譲渡に係る利益の額の減少又は損失の額の増加，法人税の額から控除する金額の増加，前①又は②に掲げる法人の株式（出資を含む）の譲渡に係る利益の額の減少又は損失の額の増加，みなし配当金額の減少その他の事由により法人税の負担を不当に減少させる結果となると認められるものがあるときは，その行為又は計算にかかわらず，税務署長の認めるところにより，その法人に係る法人税の課税標準若しくは欠損金額又は法人税の額を計算することができる。

　当事者が行う行為，取引等は，民法や商法等の私法によって規律されており，租税法の観点から自由に引き直すことは基本的に許されないところ，行為計算否認規定の場合は，一定の要件（税負担の不当な減少）を充足する限り，納税

者等が行った行為・計算が当局により租税法上の観点から引き直される可能性がある点が，最大のリスク要因であるといえます。例えば，納税者が，合併や会社分割等の組織再編を合理的なビジネスプランを持って組織法上も的確に実行したつもりであっても，当局に税負担の不当な減少を認定され，まったく予期しない形で行為・計算が引き直されて莫大な課税につながるリスクを秘めています。

　そこで，問題となるのが，行為計算否認規定に基づく否認がなされるためのトリガー要件の解釈・適用です。当局が，恣意的に一般的否認規定のトリガーを引くことができるとすれば，納税者が行う私法上の取引の法的安定性，予想可能性は決定的に奪われることになり，極めて問題があるといわざるをえません。したがって，行為計算否認規定に基づく課税が無制約に広がらないように，何らかの歯止めをかける必要があります。

　しかしながら，行為計算否認規定では「不当に」といった抽象的な法令文言（いわゆる不確定概念）が用いられるため，このような要件を充足するか否かをめぐり，納税者と当局間で見解の相違が起きるのは，宿命であるともいえます。このような問題に対処するために，裁判所は，判決において「不当に」といった不確定概念の解釈を明確化し，一定の範囲で予測可能性を担保する機能を営んでいます。

　例えば，後ほど紹介するヤフー事件に関する最高裁判決が下されるまでは，組織再編成に係る行為計算否認に関する裁判例がまったく存在しない状況であったため，行為計算否認がどういった場合に許容されるのかについて，納税者，当局双方にとって未知数の部分が相当程度あったといえます。ヤフー事件は，まさにこのような状況の中で，当事者双方が手探りで主張立証を繰り広げた税務訴訟であったといえます。

　ヤフー事件（IDCF事件）について最高裁判決が下された以上，組織再編成に係る行為計算否認規定の適用が問題となりそうな事案では，当該最高裁判例の基準を念入りに分析するとともに，その射程範囲を的確に見極めながら，スキーム作り，税務調査対応，紛争対応を行っていく必要があるといえます。また，同族会社等の行為計算否認規定についてはIBM事件の控訴審判決が示した基準が参考になりますので，後ほど紹介します。

第4章　見解の相違が生じやすい税務上のカテゴリーと効果的対応テクニック　149

(4)　ヤフー事件（最一小判平成28年2月29日民集70巻2号242頁）

①　事案の概要

　資産が移転する場合，移転資産の譲渡損益に課税されるのが原則となります。ただし，企業グループ内組織再編（100％資本関係のある法人間など），共同事業を営むための組織再編のように，一定の要件を満たす場合，例外的に課税繰延べが認められることになります（適格組織再編）。

　ヤフー事件は，適格合併であることを前提に，さらに被合併法人の未処理欠損金額の引継制限規定の充足性が問題視された事案です。被合併法人の未処理欠損金額の引継制限規定とは，企業グループ内の合併として適格合併になる場合，所定の特定資本関係発生前に生じた被合併法人の欠損金引継ぎのためには，「みなし共同事業要件」を充足する必要があるというルールであり，一種の個別否認規定（個別の租税回避防止規定）の役割を果たしています。

　ヤフー事件では，みなし共同事業要件のうち特に「特定役員引継要件」が問題となりました。特定役員引継要件は，特定資本（支配）関係が生じる前の期間において，合併法人の特定役員（常務以上）であった者と被合併法人で特定役員であった者が，合併後に合併法人の特定役員になることが見込まれていることを要求するものです。ヤフー事件では，この特定役員引継要件を形式的には充足していましたが，課税当局は，これが租税回避の目的を持って実行され，法人税の負担を不当に減少させる結果になったとして，組織再編成に係る行為計算否認規定（法人税法132条の2）を発動したため，納税者・当局間で見解の相違が発生し，税務紛争に発展しました。

　本件は，各種行為・取引の時系列が重要であるため，以下簡単に整理しておきます。

・平成20年12月26日：上告人であるヤフー株式会社（「ヤフー」）の代表取締役社長であるＡ氏は，ソフトバンク株式会社の100％子会社であるIDCソリューションズ株式会社（「IDCS」）の取締役副社長に就任した（本件副社長就任）。
・平成21年2月24日：ヤフーはソフトバンクからIDCSの発行済株式全部を譲り受け（「本件買収」），100％子会社とした。
・平成21年3月30日：ヤフーは，ヤフーを合併法人，IDCSを被合併法人とする吸収合併（「本件合併」）をした。

- 平成21年6月30日：ヤフーは，本件合併の際に上告人の代表取締役社長であったA氏がIDCSの取締役副社長に就任していたため，本件合併は法人税法施行令112条7項5号の特定役員引継要件を満たしており，同項1号の事業関連性要件も満たしていることから，法人税法57条3項のみなし共同事業要件に該当するとして，同条2項に基づき，平成15年3月期から同18年3月期までに発生した542億6,826万2,894円を上告人の欠損金額とみなして，同条1項に基づきこれを損金の額に算入し，本件事業年度に係る法人税の確定申告を行った。なお，IDCS社には多額の未処理欠損金額があり，上記未処理欠損金額を償却するには相当な期間がかかることが見込まれていたところ，本件では，上記のとおり，このうち542億6,826万2,894円（「本件欠損金額」）が問題とされた。
- 麻布税務署長は，本件副社長就任を含む上告人の一連の行為は，特定役員引継要件を形式的に満たし，本件欠損金額を上告人の欠損金額とみなすこと等を目的とした異常ないし変則的なものであり，これを容認した場合には，法人税の負担を不当に減少させる結果となると認められるとして，法人税法132条の2に基づき，本件欠損金額を上告人の欠損金額とみなすことなく上告人の本件事業年度に係る所得金額を計算し，本件更正処分等をした。

図表4－1　ヤフー事件の関係図

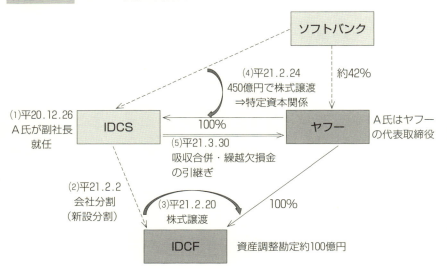

第4章　見解の相違が生じやすい税務上のカテゴリーと効果的対応テクニック　151

②　最高裁が定立した規範

最高裁は，以上の前提事実をふまえつつ，組織再編成に係る行為計算否認について，以下のような判示をしました。

> 組織再編成は，その形態や方法が複雑かつ多様であるため，これを利用する巧妙な租税回避行為が行われやすく，租税回避の手段として濫用されるおそれがあることから，法（法人税法）132条の2は，税負担の公平を維持するため，組織再編成において法人税の負担を不当に減少させる結果となると認められる行為又は計算が行われた場合に，それを正常な行為又は計算に引き直して法人税の更正又は決定を行う権限を税務署長に認めたものと解され，組織再編成に係る租税回避を包括的に防止する規定として設けられたものである。このような同条の趣旨及び目的からすれば，同条にいう「法人税の負担を不当に減少させる結果となると認められるもの」とは，法人の行為又は計算が組織再編成に関する税制（以下「組織再編税制」という。）に係る各規定を租税回避の手段として濫用することにより法人税の負担を減少させるものであることをいうと解すべきであり，その濫用の有無の判断に当たっては，①当該法人の行為又は計算が，通常は想定されない組織再編成の手順や方法に基づいたり，実態とは乖離した形式を作出したりするなど，不自然なものであるかどうか，②税負担の減少以外にそのような行為又は計算を行うことの合理的な理由となる事業目的その他の事由が存在するかどうか等の事情を考慮した上で，当該行為又は計算が，組織再編成を利用して税負担を減少させることを意図したものであって，組織再編税制に係る各規定の本来の趣旨及び目的から逸脱する態様でその適用を受けるもの又は免れるものと認められるか否かという観点から判断するのが相当である。

以上のとおり最高裁判決は，①組織再編成を利用した租税回避の意図の有無，②組織再編税制に係る規定の本来の趣旨・目的からの逸脱の有無によって，組織再編税制の濫用があったか否かを判断するものといえます。

③　あてはめ

最高裁は，上記のとおり定立された規範をふまえて，以下のとおりあてはめを行いました。

i）　本件欠損金額の利用による租税回避の意図

・法57条2項に基づき，IDCSの利益だけでは容易に償却し得ない約543億円

もの未処理欠損金額（本件欠損金額）を上告人の欠損金額とみなし，これを上告人の損金に算入することによりその全額を活用することを意図して，同21年3月30日までのごく短期間に計画的に実行された。

・本件提案において，IDCSの多額の未処理欠損金額をヤフーに引き継ぐことが前提とされていたことは，IDCSの発行済株式全部の売却想定価額700億円に，IDCSの未処理欠損金額のうち約500億円に税率40％を乗じて算出された「税務上資産200億円」が含まれていたことからも明らか。

・本件副社長就任が，法人税の負担の軽減を目的として，特定役員引継要件を満たすことを意図して行われたものであることは，上記一連の経緯のほか，ソフトバンクとヤフーの各担当者の間で取り交わされた電子メールの「税務ストラクチャー上の理由」等の記載に照らしても明らか。

ⅱ）　副社長就任の意図，経緯等

・従来のIDCSの特定役員については，本件合併後にヤフーの特定役員となる事業上の必要性はないと判断され，実際にそのような予定もなかったため，本件合併後にA氏がヤフーの代表取締役社長の地位にとどまってさえいれば特定役員引継要件が満たされることとなるよう，本件買収の前にA氏がIDCSの取締役副社長に就任することとされたものということができる（副社長就任の意図）。

・本件副社長就任は，本件提案が示された後に，ソフトバンクの代表取締役社長の依頼を受けて，上告人のA氏およびIDCSの代表取締役がこれを了承するという経緯で行われたものであり，上記依頼の前からIDCSと上告人においてその事業目的や必要性が具体的に協議された形跡はないこと（経緯）。

・A氏がIDCSの取締役副社長に就任していた期間もわずか3か月程度であり，本件買収により特定資本関係が発生するまでの期間に限ればわずか2か月程度にすぎないこと（就任期間）。

・IDCSの取締役副社長として一定の業務を行っているものの，その業務の内容は，概ね本件合併等に向けた準備やその後の事業計画に関するものにとどまること（就任後の業務内容）。

・代表権のない非常勤の取締役であった上，具体的な権限を伴う専任の担当業務を有していたわけでもなく，IDCSから役員報酬も受領していなかったこと（実質的な地位・権限）。

第4章　見解の相違が生じやすい税務上のカテゴリーと効果的対応テクニック　　153

iii）　考慮事情

・行為の不自然性

　A氏はIDCSにおいて経営の中枢を継続的かつ実質的に担ってきた者という法人税法施行令112条7項5号の特定役員引継要件の実質を備えていたとは評価できない。本件副社長就任は，本件合併後にA氏がヤフーの代表取締役社長の地位にとどまってさえいれば上記要件が満たされることとなるよう企図されたものであって，実態とは乖離した上記要件の形式を作出する明らかに不自然なものというべきである。

・税負担の減少以外の事業目的の不存在

　本件提案から本件副社長就任に至る経緯に照らせば，IDCSおよびヤフーにおいて事前に本件副社長就任の事業上の目的や必要性が認識されていたとは考え難い上，A氏のヤフーにおける業務内容も概ね本件合併等に向けた準備やその後の事業計画に関するものにとどまり，A氏の取締役副社長としての在籍期間や権限等にも鑑みると，本件副社長就任につき，税負担の減少以外にその合理的な理由といえるような事業目的等があったとはいい難い。

iv）　結論

　本件副社長就任は，組織再編成を利用して税負担を減少させることを意図したものであって，適格合併における未処理欠損金額の引継ぎを定める法人税法57条2項，みなし共同事業要件に該当しない適格合併につき同項の例外を定める同条3項および特定役員引継要件を定める法人税法施行令112条7項5号の本来の趣旨および目的を逸脱する態様でその適用を受けるものまたは免れるものと認められるというべきである。

　そうすると，本件副社長就任は，組織再編税制に係る上記各規定を租税回避の手段として濫用することにより法人税の負担を減少させるものとして，同法132条の2にいう「法人税の負担を不当に減少させる結果となると認められるもの」に当たると解するのが相当である。

④　本件最高裁判決の評価と今後の実務における活用方法

i）　最高裁判決に対する評価

　組織再編成に係る行為計算規定における「不当性」という抽象的な用語のみからは，その解釈基準が十分に読み取れず，従前は，実務においても一定の混

乱が生じていました。最高裁は，上記のような判断枠組みを示すことで，組織再編成に係る行為計算規定の課税要件を構成する不当性要件について，課税要件の実質的補充をしたものと評価できます。

「濫用」という用語が用いられていることからも明らかなとおり，最高裁は，組織再編成に係る行為計算規定の不当性要件の解釈について，制度濫用基準の考え方を採用しているといえます。同族会社等の行為計算否認規定である法人税法132条1項の不当性要件については租税回避の意図は不要というのが通説とされており，後述するIBM事件控訴審でもこの点が改めて明らかになりました。

これに対して，組織再編成に係る行為計算規定（法人税法132条の2）の不当性要件の解釈は，上述のとおり制度濫用という発想が根底にある以上，主観的要件としての租税回避の意図が必要ということになり，ヤフー事件最高裁判決はこの点を論理的に明確にした点で評価することができます。

また，上記最高裁判決は，濫用性の内容として，組織再編税制に係る各規定の本来の趣旨および目的から逸脱する態様でその適用を受けるものまたは免れるものと認められるか否かという点（「新趣旨目的基準」）も取り込んでいます。新趣旨目的基準は，本来の趣旨目的からの逸脱をメルクマールとしている点でなお抽象性の高い基準であり，これだけでは納税者にとって予測可能性の確保が困難といえます。

しかしながら，最高裁判決は，①当該法人の行為または計算が，通常は想定されない組織再編成の手順や方法に基づいたり，実態とは乖離した形式を作出したりするなど，不自然なものであるかどうか，②税負担の減少以外にそのような行為または計算を行うことの合理的な理由となる事業目的その他の事由が存在するかどうか等の事情を考慮した上で，上記各基準の該当性を判断するという構造を明確にしており，上記①，②のような事情により，租税回避の意図，新趣旨目的基準を推認するという枠組みを採用しています。

なお，第一審・控訴審においても，いわゆる趣旨目的基準が採用され，これが納税者の予測可能性を奪い租税法律主義に反する解釈であるとの批判がなされていていましたが，最高裁判決は，上記のように比較的具体性の高い推認要素を設定したことに加え，濫用を認定するための要件として租税回避の意図を要求することで，上記のような批判に対応したと評価することができます。

特に，最高裁調査官の解説によれば，(1)上記①（行為計算の不自然性），②

第4章 見解の相違が生じやすい税務上のカテゴリーと効果的対応テクニック 155

（行為計算の合理的な理由となる事業目的等の不存在）といった事情は，濫用の有無の判断に当たっては必ず考慮すべきであるという趣旨が含意されており，(2)さらに趣旨を推し進めると，単なる考慮事情にとどまるものではなく，実質的には，不当性要件該当性を肯定するために必要な要素であるとみることができるのではなかろうか，とまで言い切っており，推認要素とはいいつつも，事実上の規範化（課税要件化）が示唆されています。

ⅱ） 最高裁判決をふまえた今後の実務対応の指針

着眼点

・ヤフー事件最高裁判決の段階的構造をまずは理解すること
・行為計算にできる限り不自然性を伴わないように留意すること
・行為計算の合理性を説明するに足りる程度の事業目的が必要であり，その際は，行為計算の不自然さ（異常性・変則性）の程度との比較や税負担の減少目的と事業目的との主従関係等が考慮される点に留意すること
・ヤフー事件最高裁判決の基準のみでは予測可能性がいまだ不十分であるところもあり，今後の裁判例の集積が望まれる
・組織再編成に関する関連資料（役員会議録，メール）の整備方法が重要である。この点については，当該分野に精通した専門家（弁護士等）への相談が必要となるケースが増えることも予想される

最高裁判決の判旨をふまえると，納税者が組織再編成に係る行為計算否認を受けることのないようにするためには，特定の組織再編税制規定の適用との関係で，特に以下の点を慎重に検討することが重要ということになります。

① 行為計算に不自然性がないか
② 税負担の減少以外に行為計算の合理的な理由となる事業目的等が存在するか

調査官解説によれば，上記の点について，行為計算の不自然性がまったく認められない事案や，当該行為計算を行うことの合理的な理由となる事業目的等が十分に存在すると認められる場合は，他の事情を考慮するまでもなく，不当性要件に該当すると判断することは困難と結論付けており，参考になります。

また，行為計算の不自然性については，ヤフー事件最高裁判決で例示されている点（(a)当該法人の行為または計算が，通常は想定されない組織再編成の手

順や方法に基づくこと，(b)実態とは乖離した形式を作出すること）が代表的なものではありますが，調査官解説では，そのほかにも(c)組織再編成における何らかの契約上の対価が適正対価に比して著しく低額または高額である場合など，事案の特殊性に応じた新たな不自然性の類型があり得ることが示唆されており，注意が必要です。

次に，行為計算の合理的な理由となる事業目的等の存在についても，単に合理的な事業目的さえあれば，行為計算の不自然性の程度や，税負担の減少目的の有無にかかわらず行為計算否認されることはないと考えることはできない点にも注意が必要です。最高裁判決において，「……そのような行為又は計算を行うことの合理的な理由となる事業目的……」という枕詞が用いられたことからして，行為計算の合理性を説明するに足りる程度の事業目的が必要であり，この点の検討に当たっては，行為計算の不自然さ（異常性・変則性）の程度との比較や税負担の減少目的と事業目的との主従関係等が考慮されることに留意する必要があります。

以上のように，最高裁判決では，第一審判決・控訴審判決と比べると，納税者にとっての予測可能性が格段に増したと評価できますが，肝心の行為計算の不自然性，行為計算の合理的な理由となる事業目的等の有無の検討過程において，かなりの実質的な解釈が入り込む余地があり，行為計算否認による課税を受けるか否かに関する確実な予測ができるような状況にはないといえます。

この点に関する判断基準の更なる明確化は，今後の裁判例の集積を待たざるを得ないところですが，納税者としては，一定の組織再編成を実行するに当たり特定の行為計算により多少の税負担減少効果が生じる場合であったとしても，あくまでそのような行為計算は，合理性のある事業遂行を主目的としてなされており，税負担減少効果は従たる関係に立っていることを合理的に示せるようにしておくのが無難といえるでしょう。微妙な判断が要求される事案については，組織再編成に関する関連資料（役員会議事録，メール）の作成・保管方法を含めて，当該分野に精通した弁護士等の専門家への相談が不可欠な時代に入っているといえます。

コラム **IDCF 事件（最二小判平成28年2月29日民集70巻2号470頁）**

ヤフー事件の関連事件（IDCF 事件）についても，最高裁において納税者が敗訴しています。IDCS から新設分割（**図表4−1**における(2)平成21年2月2日付会社

第4章　見解の相違が生じやすい税務上のカテゴリーと効果的対応テクニック　　157

分割参照）により設立されたIDCF（上告人）は，上記新設分割は完全支配継続要件を満たしていない非適格分割であり，資産調整勘定の金額が生じたとして，上記資産調整勘定の金額からそれぞれ所定の金額を減額し損金に算入しました。処分行政庁は，ヤフー事件同様，法人税法132条の2を適用した結果，資産調整勘定の金額は生じなかったとして所得金額を計算した上で，法人税の更正処分及び過少申告加算税等の各賦課決定処分をしました。これを不服として，IDCFが提訴したのがIDCF事件です。IDCF事件最高裁判決においては，不当性要件に関してヤフー事件と同様の基準が示されました。その上で，本件新設分割は，平成22年3月期以降は損金に算入することができなくなるIDCSの未処理欠損金額約100億円を上告人の資産調整勘定の金額に転化させ，上告人において以後60か月にわたり償却し得るものとするため，本来必要のない株式譲渡（**図表4－1**における(3)平成21年2月20日付株式譲渡参照）を介在させることにより，実質的には適格分割というべきものを形式的に非適格分割とするべく企図されたものといわざるを得ず，一連の計画を前提とする点において，通常は想定されない組織再編成の手順や方法に基づくものであるのみならず，これにより実態とは乖離した非適格分割の形式を作出するものであって，明らかに不自然なものであり，税負担の減少以外にその合理的な理由となる事業目的等を見いだすことはできないと判示されました。

　結果的に，一連の計画を前提とする本件新設分割は，組織再編税制に係る各規定を租税回避の手段として濫用することにより法人税の負担を減少させるものとして，法人税法132条の2にいう「法人税の負担を不当に減少させる結果となると認められるもの」に当たると判断され，納税者が敗訴しました。IDCF事件のように，納税者が租税回避の手段として非適格性を意図的に作出したと認められるケース（いわゆる適格外し）においては，行為計算否認規定の適用の結果，非適格性が否定され，非適格であることを前提に認められる一定の処理（資産調整勘定の取り崩しによる損金算入等）が否定されることもあり得ますので，注意が必要です。

(5)　IBM事件（東京地判平成26年5月9日判タ1415号186頁，東京高判平成27年3月25日判時2267号24頁）

🤝 武器としての利用可能性

・本件判決では，国側の立証が不十分である点が再三指摘されており，税務調査対応において，調査の必要性の認められない資料を課税庁に取得させないことの重要性を再確認できる事案である。
・納税者は勝訴したものの，同族会社の行為計算否認規定の解釈という点では納税者にとって厳しい基準（独立当事者間取引該当性基準）が示されており，今後の実務では注意を要する。

① 事案の背景と概要

ⅰ) 事案の背景にある問題意識

　発行会社が自己株式を取得した場合，交付された金銭等のうち，取得する自己株式に対応する資本金等の額を超える部分はみなし配当となり，さらに，株主側の譲渡損益の計算において，みなし配当額については譲渡対価の額から控除されることになっています（法人税法61条の２第１項１号括弧書）。

　したがって，株主が簿価と同じ額で発行会社に対して株式を譲渡すると，みなし配当の額と同じ額の譲渡損失が発生するとともに，みなし配当についてはその全部ないし一部が益金不算入になるという問題が生じていました（法人税法23条１項）。このことは，平成13年度税制改正で，みなし配当額の計算における帳簿価額基準が廃止され，譲渡価額が対応する資本金等の額を超える部分がみなし配当に該当することになったことに起因しています。

　その後，グループ法人税制導入（平成22年度税制改正）により，100％親子会社間における自己株式取得に伴う譲渡損益は認識されないこととなり（法人税法61条の13第１項），さらに，自己株式取得によるみなし配当について益金不算入規定の適用を制限する規定（法人税法23条３項）が導入されたことにより（株主が株式を取得した時点で将来における自己株取得が予定されている場合は適用が認められない），上述のような仕組みを利用したプランニングを行うことは制度上困難となりました。

　本件は，上記のような制度改正がなされる前に行われた自己株式の取得をベースとするプランニングに対して，課税当局が，当該プランニングには，納税者に株式譲渡損失を発生させる以外の正当な理由ないし事業目的はなかったため，各譲渡による譲渡損失の発生は法人税の不当な減少につながると解釈して更正処分を行った事案といえます。

ⅱ) 事案の概要

　IBM事件の事案の概要は，概ね以下のとおりです。

・原告・被控訴人である有限会社アイ・ビー・エム・エイ・ピー・ホールディング（X）は，平成11年４月に設立された内国法人（有限会社）である。
・平成14年２月，IBM World Trade Corporation（「米国WT」）は，Xの全持分

第4章　見解の相違が生じやすい税務上のカテゴリーと効果的対応テクニック　　159

を取得し100％子会社とした。

- Xは，平成14年4月，親会社である米国WTから日本アイ・ビー・エム株式会社（「日本IBM」）の発行済株式の全部を代金1兆9,500億円で取得した（「本件株式購入」）。これは，IBMグループが，日本における中間持株会社としてXを置き，その下に日本IBM等の4社を配置する組織再編の一環として行われたものである。なお，上記購入資金については，米国WTからの融資（「本件融資」）と増資に伴い米国WTから得た資金により賄った。

- Xは，平成14年12月，平成15年12月および平成17年12月の3回にわたり上記日本IBM株式の一部を代金総額約4,298億円で日本IBMに譲渡した（「本件各譲渡」）。本件各譲渡に当たっては，本件株式購入における1株当たりの購入価格とほぼ同額の1株当たりの譲渡価格が設定された。

- Xは，本件各譲渡において，譲渡代金として取得した金銭とほぼ同額を直ちに本件融資の返済として米国WTに送金した。

- Xは，本件各譲渡に際してそれぞれ株式の譲渡に係る対価の額（利益の配当とみなされる金額に相当する金額を控除した金額）と当該株式の譲渡に係る原価の額との差額分の譲渡損失が生じたとして，平成14年12月期，平成15年12月期および平成17年12月期（本件各事業年度）の所得の金額を計算する上でこれらの譲渡損失額を損金に算入して欠損金額による確定申告をした。Xは，平成20年1月1日に連結納税の承認を受け（みなし承認），同年12月期連結期の法人税について，Xの本件各事業年度の欠損金額を含む欠損金額を翌期に繰り越す連結欠損金額として確定申告をした。

- これに対して，所轄税務署長は，法人税法132条1項の規定を適用し，本件各譲渡に係る譲渡損失額を本件各事業年度の所得金額の計算上損金の額に算入することを否認する旨の更正処分（「本件各更正処分」）や関連する処分（過少申告加算税賦課決定処分を含む）を行った。そこで，Xは，審査請求を経た上で，本件各更正処分等の取消しを求めて課税処分取消訴訟を提起した。

　譲渡損失額といっても3回にわたる本件各譲渡で発生した総額は約3,995億円にも上るものであり，莫大な金額となっています。本件各譲渡の譲渡代金総額は約4,298億円であるところ，日本IBMには利益積立金がかなり積み上がっていたことなどもあり，その約93％に当たる約3,995億円がみなし配当額として益金不算入となる一方で，同額が譲渡対価から控除されることによって譲渡損失額が発生した点が，課税当局により問題視されたといえます。

図表 4 − 2　IBM 事件の関係図

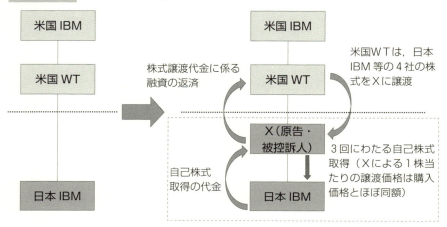

- IBM グループが，日本における中間持株会社としてX（原告・被控訴人）を置き，その下に日本 IBM 等の 4 社を置く組織再編を実施。
- 米国 WT（米国 IBM の子会社）が，休眠会社であったXの持分を購入。Xは，米国 WT から日本 IBM 等の 4 社の株式を購入。株式購入代金は，増資払込金と米国 WT からの融資で賄う。
- 組織再編後，日本 IBM はXから 3 回にわたって自己株式取得（Xには，みなし配当（益金不算入）と同額の譲渡損失が発生し，これを繰越欠損金として計上）⇒その後，連結納税の開始に伴い，上記繰越欠損金がみなし連結欠損金として持ち込まれた。

② 本件における争点

本件における争点は，以下の 3 点でした。ただし，第一審，控訴審ともに，争点 1 について納税者に有利な判断がされたため，争点 2 ，争点 3 については裁判所の判断は下されていません。

(1) 本件各譲渡による有価証券の譲渡に係る譲渡損失額が本件各事業年度においてXの所得の金額の計算上損金の額に算入されて欠損金額が生じたことによる法人税の負担の減少が，法人税法132条 1 項にいう「不当」なものと評価することができるか否か（争点 1 ）。
(2) 上記(1)において法人税の負担の減少が法人税法132条 1 項にいう「不当」なものと評価することができる場合に，処分行政庁による本件各事業年度の課税標準等に係る引き直し計算が適法であるか否か（争点 2 ）。
(3) 本件更正理由に理由の附記の不備による違法があるか否か（争点 3 ）。

③　第一審判決の概要

　被告・控訴人である国は，第一審では，①Xを中間持株会社としたことに正当な理由ないし事業目的があったとはいい難いこと，②本件一連の行為を構成する融資は，独立した当事者間の通常の取引とは異なるものであること，③本件各譲渡を含む本件一連の行為に租税回避の意図が認められることなどが，法人税法132条1項の「不当」性を基礎付ける評価根拠事実であると主張していました。しかしながら，第一審では国の上記主張は排斥され，国側が敗訴しました（東京地判平成26年5月9日判タ1415号186頁）。

　第一審における租税回避の意図（上記③）に関する国側の主張とこれに対応する判決内容は，以下のようなものでした。

（国側主張）**本件株式購入及び本件各譲渡は経済的合理性がないこと**
⇒（第一審判決）本件株式購入については，ファイナンシャルアドバイザリーサービスの専門業者（IBMグループに属する会社ではない）が作成した評価書に記載された非上場会社である日本IBMの株式に係る評価手法及び時価純資産価額が，専門的知識及び経験に基づく適正なものとはいえないことをうかがわせる事情等を認めるに足りる証拠はない。また，本件各譲渡についても，直近の取引実例に係る価額である本件株式購入時の価額を用いてそれとほぼ同額とするように本件各譲渡における日本IBMの株式の1株当たりの譲渡の価額を決定したとしても，それが不合理，不自然であるとまでは断定し難いものというべきである。

（国側主張）**Xに有価証券の譲渡に係る譲渡損失額が生ずることとなった経緯から米国IBMが税負担の軽減を目的として意図的にXに有価証券の譲渡損を生じさせるような事業目的のない行為である本件一連の行為をしたことを推認することができること**
⇒（第一審判決）2007年に至るまで，米国IBMの連結財務諸表の作成におけるグループの繰延税金資産を精査する業務に従事していた者にも，Xに約3,995億円もの譲渡損失が発生していることが伝えられていなかったのであり，意図的に譲渡損失を発生させたとの主張と整合的ではない。

（国側主張）**Xが中間持株会社として置かれた当初からいわゆる連結納税制度を利用して本件各譲渡によりXに生ずる有価証券の譲渡に係る譲渡損失額を連結所得の金額の計算上損金の額に算入することが想定されていたことが合理的に推認されること**
⇒（第一審判決）平成16年度税制改正によって初めて，日本IBMの資産につい

て時価評価することなく，平成14年譲渡によりＸに生じた譲渡損失額を連結所得の金額の計算上損金の額に算入することが可能となった。

（国側主張）**本件につき法人税法の適用のない米国法人が濫用的にその適用を受けて租税回避を企図したものと評価することができること（法人税法が定める自己の株式の取得に関する課税の計算の制度を濫用して租税回避を企図）**

⇒（第一審判決）米国 IBM ないしＸが本件のような法的な枠組みを構築して自己の株式を取得すること等を禁止する法令上の明文の規定が見当たらない。

④　控訴審判決の概要

ⅰ）　控訴審における国の主張内容

第一審で敗訴したことを受け，国は，控訴審では，法人税法132条１項の文理解釈および改正経緯からすれば，同項の適用に当たり，同族会社に租税回避の意図があることは要件ではないとまずは主張した上で，第一審においては，本件一連の行為の不当性を強調するあまり，上記①（正当な事業目的の不存在）および③（租税回避の意図）の各評価根拠事実の主張をしたとして，これを控訴審段階で撤回するという大胆な戦略を取りました。

さらに，本件一連の行為（米国 WT による被控訴人（Ｘ）の持分取得，増資，株式譲渡代金の融資，株式購入および株式譲渡）は，税額圧縮（関連グループが日本国内において負担する源泉所得税額を圧縮しその利益を米国 IBM に還元すること）の実現のために一体的に行ったものであるところ，本件一連の行為は，独立当事者間の通常の取引とは明らかに異なるもので経済的合理性を欠くものであり，その結果，Ｘは，本件税額圧縮を実現しただけでなく，本件各譲渡による巨額の有価証券譲渡に係る譲渡損失額を計上し，法人税の負担を減少させたものであるから，本件一連の行為を構成する本件各譲渡を容認した場合には「法人税の負担を不当に減少させる結果となると認められるものがあるとき」に当たると国は主張しました。

以上のように，国側が，控訴審において，第一審判決をふまえて主張の方向性を大きく変更したことが本件における重要なポイントとなっています。

ⅱ）　控訴審において示された重要な規範

控訴審では，法人税法132条１項の意義について，以下のとおり判示されました。

第4章　見解の相違が生じやすい税務上のカテゴリーと効果的対応テクニック　　163

- 法人税法132条1項は，同族会社が少数の株主又は社員によって支配されているため，当該会社の法人税の税負担を不当に減少させる行為や計算が行われやすいことに鑑み，税負担の公平を維持するため，当該会社の法人税の負担を不当に減少させる結果となると認められる行為又は計算が行われた場合に，これを正常な行為又は計算に引き直して当該会社に係る法人税の更正又は決定を行う権限を税務署長に認めたものである。
- このような法人税法132条1項の趣旨に照らせば，同族会社の行為又は計算が，同項にいう「これを容認した場合には法人税の負担を不当に減少させる結果となると認められるもの」か否かは，専ら経済的，実質的見地において当該行為又は計算が純粋経済人として不合理，不自然なものと認められるか否かという客観的，合理的基準に従って判断すべきものと解される（最判昭和53年4月21日等引用）。
- そして，同項が同族会社と非同族会社の間の税負担の公平を維持する趣旨であることに鑑みれば，<u>当該行為又は計算が，純粋経済人として不合理，不自然なもの，すなわち，経済的合理性を欠く場合には，独立かつ対等で相互に特殊関係のない当事者間で通常行われる取引（独立当事者間の通常の取引）と異なっている場合を含むものと解するのが相当であり，このような取引に当たるかどうかについては，個別具体的な事案に即した検討を要するものというべきである。</u>

⑤　控訴審におけるあてはめ

ⅰ）　国側主張に対する説示1

　本件一連の行為が，本件税額圧縮の実現のために一体的に行われたものであるとする国側の主張に対して，裁判所は概ね以下のように判示しました。

- 【源泉徴収税額の負担の推移について地裁判決で認定されたのとほぼ同じ内容の事実認定をした上で】，米国WTが日本の納税義務者として負担する源泉徴収税額は，Xが日本IBMの中間持株会社となった後は，その前と比較して大きく減少し，米国IBMにとっては，日本における源泉所得税の負担を軽減し，国際的二重課税が直ちに調整されないという事態を改善する結果になった。また，このことは，日本再編プロジェクトの財務面の目的として，米国IBMにおいて当初から計画されていたところ，本件各譲渡以外の本件一連の行為は，本件税額の圧縮の実現も重要な目的として，米国IBMの決定した計画に基づき実施された。

- 一方で，（米国IBM）は，Xが中間持株会社となった後は，Xが（日本IBM）から利益の還元を受ける方法として，配当を受けるとしても，又は自己株式の取得による金銭の交付を受けるとしても，いずれの方法によっても，（米国IBM）（直接は（米国WT））が負担する日本の源泉徴収税額は同じように軽減されることを前提とした上で，その資金需要の必要性や資金効率の改善という観点から，（日本IBM）からの利益の還元が，いかなる時期，規模，方法によることが望ましいかを判断していたことが明らかである。
- そうすると，本件各譲渡が，本件税額圧縮の実現のため，Xの中間持株会社化（（米国WT）によるXの持分取得，本件増資，本件融資及び本件株式購入）と一体的に行われたという控訴人の主張は，本件全証拠によっても認めることができないというほかない。

ii） 国側主張に対する説示2

　また，本件一連の行為が，全体として独立当事者間の通常の取引と異なるものであり，経済的合理性を欠くとの国（控訴人）の主張について，裁判所は，以下のとおり判示しました。

- 本件各［株式］譲渡とそれ以外の本件一連の行為とは，その主体，時期（本件各［株式］譲渡は平成14年，平成15年及び平成17年の各12月。［米国WT］によるXの持分取得は平成14年2月であり，本件増資，本件融資及び本件株式購入は同年4月である。）及び内容が異なる上，本件税額圧縮という共通目的の実現のために一体的に行われたという国（控訴人）の主張事実も認められない以上，本件一連の行為について，全体として経済的合理性を欠くかどうかを判断することが相当であるということはできない。

iii） 国側主張に対する説示3

　さらに，裁判所は，本件各譲渡がそれ自体で独立当事者間の通常の取引と異なるものであり，経済的合理性を欠くとの国（控訴人）の主張についても，概ね以下のとおり判示して排斥しています。

- 控訴人が指摘するような，最終的に行われた取引の確定に至るまでの譲渡価額や譲渡株式数の修正等の事情は，独立当事者間の通常の取引とは異なる取引がされた可能性を示唆する事情にはなり得るとしても，それ自体では，最終的に

第4章　見解の相違が生じやすい税務上のカテゴリーと効果的対応テクニック　　165

行われた取引が，独立当事者間の通常の取引とは異なる取引であることを基礎
付ける評価根拠事実にはなり得ないというべきである。
・そもそも，控訴人は，本件各譲渡が独立当事者間の通常の取引と異なると主張
しているのにもかかわらず，独立当事者間の通常の取引であれば，どのような
譲渡価額で各譲渡がされたはずであるのかについて，何ら具体的な主張立証を
していない。
・控訴人の主張は，本件各譲渡における譲渡価額の当否を問題にするのではなく，
専ら，関連グループにおける親子会社関係にあったXと［日本IBM］との間
でなければ本件各譲渡をすることはできなかったという意味で，独立当事者間
の通常の取引と異なると主張するものと解したとしても，［日本IBM］と親子
会社関係にない独立当事者の内国法人であれば，取得価額と同じ譲渡価額で
［日本IBM］による自己株式の取得に応じるという取引があり得なかったと認
めることもできないというべきである。

iv）　国側主張に対する説示 4

　国は，本件控訴審において，本件一連の行為を容認することが租税負担の公
平維持という法人税法132条 1 項の趣旨に反するとも主張していました。すな
わち，国は，X（被控訴人）に計上された約3,995億円の有価証券譲渡に係る
譲渡損失額は，法律の規定により計算上発生したみせかけの損失であり，本件
一連の行為を容認することは，法人税法132条 1 項の趣旨に反する旨主張して
いたものです。
　これに対して，裁判所は，概ね以下のとおり判示して，国側の主張を排斥し
ました。

・本件各事業年度においてXに多額の譲渡損失及び欠損金が生じたのは，本件各
譲渡に法人税法の規定を適用した結果であって，これをもって見せかけの損失
であるという控訴人の主張は，その故に直ちにその計上を否定すべきというも
のであれば，法律上の根拠を欠くものであって採用の余地はない。（なお，平
成22年法律第 6 号による改正後の法人税法61条の 2 第16項により，内国法人が
完全支配関係のある他の内国法人の自己株式の取得により金銭の交付を受けた
場合には，その株式の譲渡損益の計算上，譲渡対価となる額は譲渡原価に相当
する額とされ，譲渡損益額が計上されないこととなった。）
・本件一連の行為を容認することが法人税法132条 1 項の趣旨に反するという控
訴人の主張は，本件一連の行為を対象として「不当」性の判断をすべきものと

している点及び「不当」性の判断について経済的合理性を欠くと認められるかどうかという客観的，合理的基準に依拠しない点において既に失当であって，これを採用することはできない。

⑥　本件判決の評価と今後の実務における活用方法

ⅰ）　控訴審判決の規範部分に関する考察

同族会社の行為計算否認規定（法人税法132条）には，「その法人の行為又は計算で，これを容認した場合には法人税の負担を不当に減少させる結果となると認められるものがあるとき」との文言がありますが，このうち「不当に」の意義をめぐっては，以下のとおり従前から見解の対立がありました。

■同族会社比準説
　　非同族会社では通常なし得ないような行為・計算を基準とする説
■経済的合理性基準説
　　純経済人の行為として不合理・不自然な行為・計算を基準とする説

金子宏東大名誉教授は，抽象的な基準としては経済的合理性基準説が妥当であるとした上で，行為・計算が経済的合理性を欠いている場合とは，それが異常ないし変則的で租税回避以外にそのような行為・計算を行ったことにつき，正当で合理的な理由ないし事業目的が存在しないと認められる場合のことであり，独立・対等で相互に特殊関係のない当事者間で行われる取引（独立当事者間取引）と異なっている取引には，それに当たると解すべき場合が多いであろう，とされています（金子498頁参照）。

その一方で，本件では，第一審・控訴審判決ともに，経済的合理性基準説を採用しましたが，第一審と異なり控訴審判決では，行為・計算が経済的合理性を欠く場合には，独立かつ対等で相互に特殊関係のない当事者間で通常行われる取引（独立当事者間の通常の取引）と異なっている場合を含むと明示的に判示しているのが特徴です。金子教授の見解は，あくまで租税回避以外に正当な事業目的がない点を認定するための一要素として独立当事者間取引と異なる場合が該当し得るとしているのにすぎないのに対して，控訴審判決は，独立当事者間取引と異なる場合は，行為・計算が経済的合理性を欠くものと判断している点に留意しなければなりません。

第4章　見解の相違が生じやすい税務上のカテゴリーと効果的対応テクニック　167

このように，控訴審判決は，従前の経済的合理性基準説を独立当事者間取引該当性という基準を通じて拡張ないし厳格化するものであるという点は意識しておく必要があり，本件控訴審において，国側は事実関係では負けたものの，法令解釈では有利な立場に立ったと評価することもできます。本件は国側の上告受理申立てが不受理決定により退けられる形で終結しており，最高裁が判決によって上記控訴審判決の基準を認めたわけではありません。納税者としては，本件控訴審判決が確立した規範が実務上独り歩きすることのないよう再検証するとともに，132条1項に基づく否認リスクについても，個別案件ごとに慎重に検討していく必要があるといえます。

ⅱ）　控訴審判決のあてはめ部分に関する考察

本件控訴審判決は，本件各譲渡以外の本件一連の行為は，本件税額の圧縮の実現も重要な目的として，米国 IBM の決定した計画に基づき実施されたと認定しています。

一方で，同判決は，自己株式の取得による金銭の交付の方法によることが，本件税額圧縮という目的を実現するために必要不可欠であったわけではないことを念頭に置いています。実際のところ，X（被控訴人）は，中間持株会社となった後も，平成15年3月，平成16年3月，平成17年3月に配当を受ける方法によって日本 IBM から利益の還元を受け，これらの配当に係る源泉所得税相当額も還付を受けて米国 WT に送金しています。

したがって，配当を受けるとしても，自己株式を取得するとしても，日本の源泉所得税の負担が軽減されるのは同じである以上，米国 IBM としては，資金需要の必要性や資金効率の改善という観点から，利益還元の時期，規模，方法等を判断すればよかったということになります。

この点に関する国側の控訴審における主張は，やや方向性を見失っていたようにも考えられます。つまり，本件税額圧縮という目的を強調してしまうと，本件判示にもあるとおり，配当という方法もとり得た以上，本件各譲渡は当該目的のために特に必要ないということで，どうしても浮いた形になってしまいます。その結果，本件一連の行為が本件税額圧縮のために一体として行われたという前提が崩れ，本件一連の行為が経済的合理性を欠くかどうかを判断すること自体が相当ではないという結論に至ったと考えることもできます。

このような状況を作り出した一つの要因として，本件では，税務調査におい

て必要十分な資料を取得できなかったという事情が考えられます。この点は，「本件各譲渡が，本件税額圧縮の実現のため，Ｘの中間持株会社化と一体的に行われたという控訴人の主張は，本件全証拠によっても認めることができないというほかない」といったように，控訴審判決で国側の立証の不十分さが指摘されていることからも明らかです。国側が十分な手持証拠を得られなかったことから，中途半端な主張立証に終始してしまったというのが，本件の特徴であろうと思われます。裏を返せば，本件で納税者側が勝訴した背景には，課税要件を意識した優れた税務調査対応があったともいえるのではないでしょうか（もちろん，それだけで勝訴できたわけではないにせよ）。

　税務調査の必要性・限界を意識した納税者側の調査対応の重要性を再認識させられる事案といえます。

(6)　武富士事件（最二小判平成23年 2 月18日訟月59巻 3 号864頁）

━━🤝 武器としての利用可能性 ━━━━━━━━━━━━━━━━━━━

・租税回避が問題となる税務争訟に納税者が臨む場合の重要な戦略（租税回避には法の解釈ではなく立法によって対処すべきというテーゼ）を提供してくれる事案。
・租税回避の存在を根拠に課税当局が税法の文言解釈を歪めた対応をしてきた場合に，借用概念といった基本原理をふまえた盤石な反論を行う道筋をつけてくれた利用価値の高い事案。

①　武富士事件の意義

　巨額の課税処分が取り消されマスコミを賑わせた武富士事件最高裁判決は，贈与税回避という租税回避が問題となった事案です。その後の立法改正もあり，武富士事件で用いられたスキームを現在の実務においてそのまま活用できるわけではありませんが，武富士事件の最高裁判決は，贈与税回避という租税回避に対しては法の解釈ではなく立法によって対処すべきであると明確に整理をしている点で，租税回避が問題となる税務争訟に納税者が臨む場合の重要な戦略を提供してくれる事案といえます。

　なお，本件では，第一審で納税者が勝訴した後，控訴審では国側の逆転勝訴

第4章　見解の相違が生じやすい税務上のカテゴリーと効果的対応テクニック　169

となり，さらに最高裁で納税者が再逆転で勝訴して判決が確定するという経緯
をたどりました。そこで，以下では，最高裁判決を中心に本件の重要ポイント
について解説するとともに，今後の事件への応用可能性に関する提言を行いま
す。

②　事案の概要

ⅰ）　課税処分

　A（消費者金融大手X社の創業者であり当時代表取締役）およびその妻Bは，
オランダ王国における非公開有限責任会社Y社（総出資口数800口）の出資を
それぞれ560口，240口所有していましたが，平成10年3月23日，Y社に対して，
X社の所有株式合計1,569万8,800株を譲渡した上で，Aの上記出資560口および
Bの上記出資のうち160口（計720口となり，以下「本件対象資産」といいま
す）を，平成11年12月27日付で，AとBの長男（本件訴訟の原告，被控訴人お
よび上告人であり，以下単に「長男」といいます）に贈与（以下「本件贈与」
といいます）しました。

　本件贈与が行われた当時の相続税法1条の2，2条の2によれば，ある個人
が，財産の取得の時に日本国内に住所を有している場合は，無制限納税義務者
として，財産の所在地にかかわらず全財産について贈与税の納税義務を負うの
に対し，財産の取得の時に日本国内に住所を有していない場合は，制限納税義
務者として，贈与によって取得した財産で日本国内にあるものについてのみ贈
与税の納税義務を負うものとされていました。つまり，贈与により取得した財
産が国外にある場合には，受贈者が当該贈与を受けたときにおいて国内に住所
を有することが，当該贈与に対して贈与税を課すための要件（課税要件）と
なっていたのです。

　本件対象資産は本件贈与の時点で国外にあったため，本件では，長男の住所
が国内にあると認定されるかどうかで，本件対象資産に対する最終的な贈与税
の課税の可否が決まるという関係にありました。したがって，本件においては，
相続税法に規定される「住所」の意義，「住所」に係る具体的な事実認定が，
極めて重要な判断対象となっていました。

　結局，所轄税務署長は，長男の住所は本件贈与時において国内にあるという
事実認定を前提として，本件贈与につき，贈与税の課税価格を1,653億603万
1,200円，納付すべき贈与税額を1,157億290万1,700円とする贈与税の決定処分

および納付すべき加算税の額を173億5,543万5,000円とする無申告加算税の賦課決定処分をしました。これに対して，長男は，不服申立手続を経た上で，上記各処分の取消しを求めて訴訟を提起しました。

コラム　相続税・贈与税に関する法改正の概要

　相続税および贈与税については，昭和25年に財産の取得者を納税義務者として課税する仕組みに改組されて以来，納税義務の及ぶ範囲が，取得した財産のすべてとなるのか（無制限納税義務），または取得した財産のうち国内財産のみとなるのか（制限納税義務）については，財産の取得者の住所地によって区分されてきました。しかしながら，武富士事件もまさにそうであったように，このような制度のもとでは，経済のグローバル化，ボーダレス化が進む状況の中で，人・財産を国外に移転することによる租税回避が可能となるという問題に直面します。そこで，平成12年度税制改正では，相続・贈与により財産を取得した日本国籍を有する個人で当該財産の取得時に日本に住所を有しない者については，その者か当該相続・贈与に係る被相続人・贈与者が当該相続・贈与前5年以内のいずれかの時において日本に住所を有したことがあることを要件として，無制限納税義務を課すこととされました（平成25年度税制改正では，さらに，日本国籍がない者に対する課税を行うための一定の改正がなされています）。一方で，上記法改正後の状況として，被相続人（贈与者）と相続人（受贈者）の双方が5年を超えて国外に住所を有することとなれば，国外財産について相続税・贈与税を逃れることが可能となるため，これを相続税・贈与税の節税策とする例も見られる状況となったことから，平成29年度税制改正では，租税回避の防止等の観点から，さらなる法改正が行われました。具体的には，日本国籍を有する相続人，受贈者との関係では，国内に住所を有しない者であって日本国籍を有する相続人（受贈者）に係る相続税（贈与税）の納税義務について，国外財産が相続税（贈与税）の課税対象外とされる要件（すなわち無制限納税義務ではなく制限納税義務となる要件）を，被相続人（贈与者）および相続人（受贈者）が相続（贈与）開始前10年以内のいずれの時においても国内に住所を有したことがないこととされ，5年ルールから10年ルールへと変更されている点に留意する必要があります（平成29年4月1日以後に相続，贈与等により取得する財産に係る相続税・贈与税について適用）。武富士事件判決でも指摘されたとおり，租税回避に対しては，上述のような立法措置によって対処するのが本来の姿といえます。

ⅱ）「住所」の認定に関連する事実関係

　裁判において確定された事実関係のうち，「住所」の認定に関連する主要部分は以下のとおりです。

第4章　見解の相違が生じやすい税務上のカテゴリーと効果的対応テクニック　171

①　Aは平成7年1月にX社に入社した長男をX社における自己の後継者として認め，長男もこれを了解し，社内でもいずれは長男がAの後継者になるものと目されていました。

②　贈与者が所有する財産を国外へ移転し，更に受贈者の住所を国外に移転させた後に贈与を実行することによって，我が国の贈与税の負担を回避するという方法が，平成9年当時において既に一般に紹介されており，Aは，同年2月ころ，このような贈与税回避の方法について，弁護士から概括的な説明を受けていました。

③　長男は，平成9年6月29日に香港に出国していましたが，X社の取締役会は，同年7月，Aの提案に基づき，情報収集，調査等のための香港駐在役員として長男を選任しました。また，X社は，同年9月及び平成10年12月に，それぞれ香港の現地法人（「本件各現地法人」）を買収し，その都度，長男が本件各現地法人の取締役に就任しました。

④　長男は，平成9年6月29日に香港に出国してから同12年12月17日に業務を放棄して失踪するまでの期間（「本件期間」）中，合計168日，香港において，X社又は本件各現地法人の業務として，関係者との面談等の業務に従事しました。他方で，長男は，本件期間中，月に一度は帰国しており，国内において，取締役会の多くに出席したほか，営業幹部会，全国支店長会議，新入社員研修会，格付会社との面談，アナリストやファンドマネージャー向けの説明会等にも出席しました。また，長男は，本件期間中の平成10年6月にX社の常務取締役に，同12年6月に専務取締役にそれぞれ昇進しました。

本件期間中に占める長男の香港滞在日数の割合は約65.8％，国内滞在日数の割合は約26.2％でした。

⑤　長男は独身であり，本件期間中，香港においては，家財が備え付けられ，部屋の清掃やシーツの交換などのサービスが受けられるアパートメント（「本件香港居宅」）に単身で滞在していました。そのため，長男が出国の際に香港へ携行したのは衣類程度でした。他方で，長男は，帰国時には，香港への出国前と同様，Aが賃借していた東京都杉並区所在の居宅（「本件杉並居宅」）で両親及び弟とともに起居していました。

⑥　長男の香港における資産としては，本件期間中に受け取った報酬等を貯蓄した5,000万円程度の預金がありました。他方で，長男は，国内において，平成10年12月末日の時点で，評価額にして1,000億円を超えるX社の株式，23億円を超える預金，182億円を超える借入金等を有していました。

⑦　長男は，香港に出国するに当たり，住民登録につき香港への転出の届出をした上，香港において，在香港日本総領事あて在留証明願，香港移民局あて申請書類一式，納税申告書等を提出し，これらの書類に本件香港居宅の所在地を長男

の住所地として記載するなどしました。

⑧　A及び長男は，本件贈与に先立つ平成11年10月ころ，公認会計士から本件贈与の実行に関する具体的な提案を受けていました。また，長男は，本件贈与後，3か月に1回程度，国別滞在日数を集計した一覧表をX社の従業員に作成してもらったり，平成12年11月ころ国内に長く滞在していたところ，上記公認会計士から早く香港に戻るよう指導されたりしていました。

図表4－3は，本件事実関係を簡単にまとめた時系列です。

図表4－3　武富士事件の事実関係

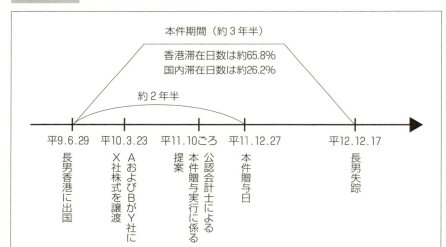

③　当事者の主張内容

ⅰ）長男の主張

長男は，訴訟において，一貫して，相続税法1条の2の住所は，民法21条（現22条）の定める住所の意義と同様であり（借用概念），「各人の生活の本拠」を指すものと主張した上で，各人の生活の本拠であるかどうかは，相続税法基本通達1・1の2共－5（現1の3・1の4共－5）にもあるとおり，客観的

事実によって判断するものであると主張しました。その上で，本件期間中に占める長男の香港滞在日数の割合は約65.8％に及んでいることなどから，長男の生活の本拠は香港であると主張しました。

ⅱ） 国の主張

これに対して，国側は，受贈者の住所がどこにあるのかは，単に住民票の記載事項により判断するのではなく，いずれが受贈者の「生活の本拠」に該当するかを，住居，職業，国内において生計を一にする配偶者その他の親族を有するか否か，資産の所在等の客観的事実に加え，本人の居住意思・目的も考慮して，総合的に判断することとなるなどと主張しました。その上で，国側は，さらに，Ａ，Ｂおよび長男は，諸外国の税制を十分に研究して税負担が最少になるようにした上で，周到な準備を行い計画的に本件贈与を実行したものであり，長男が，このように贈与税を回避する目的で，香港に住所を移転したとの外形を作出するために香港に渡航したことは，贈与税における「住所」の認定において十分考慮されなければならない，と主張しました。

④ 最高裁判決

ⅰ） 住所の意義

まず，最高裁は，「法１条の２によれば，贈与により取得した財産が国外にあるものである場合には，受贈者が当該贈与を受けた時において国内に住所を有することが，当該贈与についての贈与税の課税要件とされている（同条１号）ところ，ここにいう住所とは，反対の解釈をすべき特段の事由はない以上，生活の本拠，すなわち，その者の生活に最も関係の深い一般的生活，全生活の中心を指すものであり，一定の場所がある者の住所であるか否かは，客観的に生活の本拠たる実体を具備しているか否かにより決すべきものと解するのが相当である」として，過去の３つの最高裁判例における住所の意義を確認しています。このうち，最大判昭和29年10月20日，最判昭和35年３月22日を引用している点は第一審判決，控訴審判決と同様ですが，本件最高裁判決では，最判昭和32年９月13日裁判集民事27号801頁がさらに引用されており，「客観的に生活の本拠たる実体を具備しているか否か」という基準は上記最判昭和32年９月13日からの引用となっている点に特徴があるといえるでしょう。

ⅱ） あてはめ

ア　香港での生活

長男が本件贈与を受けたのは香港での赴任の開始から約2年半後のことであり，香港に出国するに当たり住民登録につき香港への転出の届出をするなどした上，通算約3年半にわたる赴任期間である本件期間中，その約3分の2の日数を本件香港居宅に滞在して過ごし，その間に現地においてX社または本件各現地法人の業務として関係者との面談等の業務に従事しており，これが贈与税回避の目的で仮装された実体のないものとはうかがわれない，とされました。

イ　国内での生活

長男は，国内においては，本件期間中の約4分の1の日数を本件杉並居宅に滞在して過ごし，その間にX社の業務に従事していたにとどまる，とされました。

ウ　結論

以上の客観的事実関係から，本件贈与を受けた時において，本件香港居宅は生活の本拠たる実体を有していたものというべきであり，本件杉並居宅が生活の本拠たる実体を有していたということはできない，と結論付けました。

エ　贈与税回避目的の位置付け

最高裁判決は，贈与税回避目的と住所の認定との関係について，以下のとおり明確な判断を示して，租税回避目的を重視した控訴審判決の考え方を退けています。この判示部分が最高裁判決の最重要ポイントといえます。

「一定の場所が住所に当たるか否かは，客観的に生活の本拠たる実体を具備しているか否かによって決すべきものであり，主観的に贈与税回避の目的があったとしても，客観的な生活の実体が消滅するものではないから，上記の目的の下に各滞在日数を調整していたことをもって，現に香港での滞在日数が本件期間中の約3分の2（国内での滞在日数の約2.5倍）に及んでいる上告人について前記事実関係等の下で本件香港居宅に生活の本拠たる実体があることを否定する理由とすることはできない。このことは，法が民法上の概念である「住所」を用いて課税要件を定めているため，本件の争点が上記「住所」概念の解釈適用の問題となることから導かれる帰結であるといわざるを得ず，他方，贈与税回避を可能にする状況を整えるためにあえて国外に長期の滞在をするという行為が課税実務上想定されていなかった事態であり，このような方法による贈与税回避を容認することが適当でないというのであれば，法の解釈では限界

第4章　見解の相違が生じやすい税務上のカテゴリーと効果的対応テクニック　　175

があるので，そのような事態に対応できるような立法によって対処すべきものである。そして，この点については，現に平成12年法律第13号によって所要の立法的措置が講じられているところである。」

⑤　判決の解説

ⅰ）借用概念と固有概念

　本件は，第一審では納税者側が勝訴したものの，控訴審で逆転され，さらに最高裁で再逆転して最終的に納税者勝訴（全部取消し）で終結するという背景を持つ事件です。このような経過をたどった原因の一つとして，住所の認定に当たり，居住の意思や租税回避目的といった主観的要素を考慮することが許容されるか，許容されるとしてこれらの要素をどのように位置付けるか（例えば居住の意思は主要な判断要素か補充的な判断要素か），といった点で各判決内容に違いが認められることが挙げられます。住所の意義に関して，なぜ上記のような違いが生じてしまうのでしょうか，以下，その理論的整理を試みます。

　まず，租税法（本件では相続税法）において用いられている住所の意義を考える上では，住所が「借用概念」なのかそれとも「固有概念」なのかという観点から整理をするのが一般的であるといえます。その前提として，租税法には，以下のとおり，「借用概念」と「固有概念」という対立概念があることを理解しておく必要があります。

> ■**借用概念**：他の法分野（典型的なものとして民商法等の私法）で用いられている概念で，租税法が借用しているもののことをいい，具体例としては「配当」（所得税法181条）があります。
> ■**固有概念**：他の法分野では用いられておらず，租税法が独自に用いている概念のことをいい，具体例としては「所得」があります。ある概念が「固有概念」に該当する場合は，租税法独自の観点からその意味内容が解釈されます。

　なお，「借用概念」をいかなる観点から解釈すべきかに関しては，ドイツにおける議論から発展して，以下のような理論的対立がありますが，法的安定性ないし予測可能性の観点から，統一説が判例・通説であるといわれています。

> ■**統一説**：私法と同様の意味に解釈するべきとの見解です。
> ■**独立説**：税法独自の意味に解釈するべきとの見解です。

> **■目的適合説**：法規の目的に応じて目的論的解釈を探求するべきとの見解です。

　本件との関係でいえば，相続税法で用いられている住所が「借用概念」であるとすれば，住所という概念は様々な法分野で用いられているものの，私法の一般法である民法における住所の概念を借用しているという考え方が自然であると思われるところです。この点，本件最高裁判決も，「法が民法上の概念である「住所」を用いて課税要件を定めているため，本件の争点が上記「住所」概念の解釈適用の問題となることから導かれる帰結であるといわざるを得ず」と判示しており，相続税法で用いられている住所は民法からの「借用概念」であることを前提にしています。

　さらに，民法からの「借用概念」である以上，上述した統一説を採用する限り，民法上の解釈を離れて租税法独自の観点から住所を解釈することは許されないことになります。

　以上の点に関しては，本件上告審の裁判長である須藤正彦裁判官の補足意見が詳細に検討しており参考になります。すわなち，かかる補足意見によれば，「相続税法において，自然人の「住所」については，その概念について一般的な定義付けがなされているわけでもないし，所得税法3条，所得税法施行令14条，15条などのような何らかの特則も置かれていない。国税通則法にも規定がない。そうすると，相続税法上の「住所」は，同法固有の「住所」概念として構成されるべきではなく，民法の借用概念としての意味とならざるを得ない。」として，相続税法上の住所が「固有概念」ではなく「借用概念」であることを税法の規定振り等をふまえてまずは確認しています。

　その上で，さらに続けて，「結局，民法（平成16年法律第147号による改正前のもの）21条（現行22条）によるべきことになり，したがって，住所とは，反対の解釈をすべき特段の事由がない以上，客観的に生活の本拠たる実体を具備している一定の場所ということになる。租税回避の目的があるからといって，客観的な生活の実体は消滅するものではないから，それによって住所が別異に決定付けられるものではない。」と判示しており，相続税法上の住所に関して，借用概念であることを前提にさらに統一説の立場に依拠することを明らかにした補足意見といえます。

ⅱ） 租税回避目的

　須藤裁判官の補足意見において「本件贈与税回避スキーム」と表現されていることから明らかなとおり，本件において長男に租税回避目的があること自体を否定することはできません。しかしながら，租税回避目的さえあればそれが直ちに重要な間接事実となって課税要件を充足する方向に解釈される（本件でいえば香港ではなく日本に長男の住所があると認定される）という考え方は，一般論として非常に危険であると評価せざるを得ません。

　この点につき，最高裁は，「一定の場所が住所に当たるか否かは，客観的に生活の本拠たる実体を具備しているか否かによって決すべきものであり，主観的に贈与税回避の目的があったとしても，客観的な生活の実体が消滅するものではない」と判示していますが，このように住所認定に当たって客観的生活実体を重視する考え方を採用する以上，単なる動機にすぎない租税回避目的が，客観的な生活実体の判断に直接影響を及ぼすという考え方を採用するのはいずれにせよ困難であると考えられます。

　なお，本件のような事実行為（住所の移転）による租税回避ではなく，私法上の選択可能性を濫用して法律行為による租税回避が行われたものと判断される事案においては，「私法上の法律構成による否認論」をベースにした課税が行われることがあります。しかしながら，「私法上の法律構成による否認論」は，租税法律主義を事実上潜脱するものであるとの評価も可能であるため，学説上批判も多く，最高裁も過去の事例（映画フィルムリース事件）であえて採用しなかった考え方であることからすれば，このような課税が行われた場合は徹底的に争うべきといえるでしょう。

用語の整理：私法上の法律構成による否認論

　私法上の法律構成による否認は，論者によって考え方が異なりますが，「民法の契約解釈の方法によって契約の真実の法的性質決定をした上で，課税要件に当てはめると，結果として租税回避行為を否認したのと同様の効果が生ずる場合」のことを指し，これは「租税回避行為の否認ではない」とするのが代表的な論者の考え方です（今村隆「譲渡所得課税における契約解釈の意義」中里実＝神田秀樹編著『ビジネス・タックス』（有斐閣，2005年）158頁参照）。一方で，私法上の法律構成による否認に対しては，「私法上全く争いのない法形式を課税関係のみにおいて別のものに引き直すのであるから，その本質は伝統的な租税回避の否認と何ら変わるところがない。ただ，租税回避の否認には立法が必要だとする通説や裁判例を「回避」するため，引き直しを私法の段階で行う工夫が施されているにす

> ぎない。」という痛烈な批判もあります（岡村忠生「判批」税研148号36頁参照）。

iii）　仮装の有無

　本件最高裁判決では，本件期間中における香港での長男の居住状況や業務従事状況（関係者との面談等）について，「これが贈与税回避の目的で仮装された実体のないものとはうかがわれない」と判示されています。仮装であれば実体を伴っていない以上，真実の事実関係または法律関係を見出すというのはむしろ自然なことであり，通謀虚偽表示等の仮装行為（法律行為による仮装）が現実に行われていれば，実体のない仮装の法律関係ではなく真実の法律関係に基づいて課税が行われるべきというのが通説的見解です。住所の移転は事実行為ではあるものの，仮装があれば真の事実関係を認定すべきことは法律行為の場合と同様であり，そのような場合は，真の事実関係を前提にしながら，住所がどこにあるかについて客観的な観点から総合判断をする必要があります。

⑥　武富士事件をふまえた今後の調査対応のあり方

　租税回避的な行為が行われていることを発見した場合，課税当局は，租税負担の公平の観点から，私法上の法律構成による否認，権利濫用法理，一般的な否認規定（同族会社の行為計算否認規定，組織再編成に係る行為計算否認規定，連結法人に係る行為計算否認規定，恒久的施設帰属所得に係る行為計算否認規定），条文の拡張解釈，縮小解釈等のありとあらゆる課税手法を駆使して，当該租税回避行為を否認できないか検討し，事案によっては更正処分を行うことになると思われます。

　このような課税当局の調査，処分に納税者が対抗するためには，見解の相違点を場当たり的に主張するだけでは不十分です。納税者側としては，課税庁側がいかなる課税手法を前提としているのかについて十分確認した上で，事実認定に関する見解の相違を明確に主張するのに加えて，関連する重要判決等に照らした正しい法の解釈・適用に関しても，積極的に課税庁側に主張していく姿勢が必要です。

　更正処分が万一なされてしまった場合であっても，調査段階から理論的な整理を的確に行っておくことにより，不服申立て（審査請求等），訴訟といった後の手続において納税者側の主張をより有利に展開できるはずです。

第4章　見解の相違が生じやすい税務上のカテゴリーと効果的対応テクニック　　179

| コラム | 須藤裁判長の補足意見から学ぶべきこと |

　武富士事件の最高裁判決補足意見において，須藤裁判長は，「納税は国民に義務を課するものであるところからして，この租税法律主義の下で課税要件は明確なものでなければならず，これを規定する条文は厳格な解釈が要求されるのである。明確な根拠が認められないのに，安易に拡張解釈，類推解釈，権利濫用法理の適用などの特別の法解釈や特別の事実認定を行って，租税回避の否認をして課税することは許されないというべきである」（下線筆者）と指摘されています。納税者側としては，このような指摘を無視した課税庁側独自の論理に基づく課税が行われようとしている場合には，ステークホルダー（株主等）の利益を損なわないよう，徹底的に反論していく必要があります。

| 5 | 加算税（過少申告加算税，重加算税） |

(1) 加算税の概要と見解の相違が生じる主たる原因

① 過少申告加算税の概要

　期限内申告書が提出された場合において，修正申告書の提出または更正があったときは，修正申告または更正に基づき納付すべき増差税額の10％の割合の金額に相当する過少申告加算税が課されます（国税通則法65条1項）。ただし，自発的な修正申告を促す観点から，修正申告書の提出が，その申告に係る国税についての調査があったことにより当該国税について更正があるべきことを予知してされたものでないときは，5％の割合となり（国税通則法65条1項括弧内），さらにこのほか「調査の事前通知がある前に行われたものであるとき」という要件も満たす場合は，過少申告加算税は課されません（同条5項）。なお，上記増差税額（累積増差税額を加算した金額）が期限内申告税額と50万円とのいずれか多い金額を超えるときは，その超える部分に相当する税額の5％が加算されます。いずれにしても，税務調査において当初申告税額に明確な誤りが発見された場合，過少申告加算税相当額の負担を覚悟する必要があります。

　一方で，過少申告加算税は本税の納付義務に連動しているため，税務訴訟等で本税部分について争い勝訴した場合は，過少申告加算税も自動的に取り消されることになります。したがって，税務争訟では，まずは，本税部分の取消しに向けた努力をすることが過少申告加算税賦課決定処分の取消しとの関係でも重要になってきます。

　ただ，本税部分については，争っても残念ながら敗訴となるケースが多いことは，統計的な裏付けもあるところです。そこで，本税はあきらめるとして，過少申告加算税だけでも取消しの対象とすることができないかが問題となる場合があります。この点については，修正申告または更正前の税額（還付金の額に相当する税額を含む）の計算の基礎とされていなかったことについて正当な理由があると認められるものがある場合，その正当な理由があると認められる事実に基づく税額は，過少申告加算税の計算の基礎となる金額から控除するこ

とが可能となっている点に留意する必要があります（国税通則法65条4項1号）。

　税務争訟においては，本税部分を徹底的に争うのがまずは重要ですが，本税に関する納税者の主張が認められなかったとしても，過少申告につき正当な理由があるため過少申告加算税を課すべきではないとして，予備的主張を行っていくことも戦略上考えられます。

　そこで，本書では，過少申告加算税が課されないための要件である「正当な理由」について判示した裁判例について分析・検討します（後述）。

②　重加算税の概要

　国税の課税標準等または税額等の計算の基礎となるべき事実の全部または一部について隠蔽または仮装があり，過少申告（納税申告書の提出），無申告等が当該隠蔽または仮装に基づいている場合，過少申告加算税や無申告加算税ではなく重加算税が課されることになります（国税通則法68条1項・2項・3項）。過少申告加算税に代えて課される場合は計算の基礎となる税額の35％，無申告加算税に代えて課される場合は40％となるなど，重加算税は極めて重いペナルティを課すものといえます。なお，平成28年度税制改正により課税が強化された結果，過去5年以内に同一の税目について無申告加算税または重加算税を課されている場合の重加算税の額には，基礎となるべき税額の10％がさらに加算されることになるため，注意が必要です（国税通則法68条4項）。

　重加算税は，隠蔽・仮装という不正手段に依拠したことに対するペナルティとしての性格を持つものであり，争う余地のないもの（当局の指摘が正当かつ合理的なもの）であれば，不名誉な事実関係を受け入れなければならないことになります。上場会社に対して重加算税が課された場合は，加算税額の多寡にかかわらず，新聞報道等の対象となることはめずらしくなく，その場合のレピュテーションリスクは計り知れないものがあります。

　重加算税の課税要件は極めてシンプルであり，隠蔽ないし仮装があるか否かに尽きます。事実の隠蔽とは，売上除外，証拠書類の廃棄，課税要件に該当する事実の全部または一部を隠すことをいい，事実の仮装とは，架空仕入，架空契約書の作成，他人名義の利用等，存在しない課税要件事実が存在するかのように見せかけることをいうとされています（金子830頁参照）。

　しかしながら，上記のような意味での隠蔽・仮装があったといえるか否かに

ついては，事実関係次第といったところもあり，該否判断が非常に微妙な案件が多いのも事実です。納税者としては，上述のレピュテーションリスクの問題もあるため，税務調査において当局から重加算税を示唆された場合，重加算税の成立の余地がない旨主張し，重加算税の課税阻止に向けて動く必要がある場合も想定されます。

本書では，紙幅の関係から，重加算税について類型別に詳細な分析をすることはできませんが，近時は，架空契約書を作成するなどして課税要件事実の存在を意図的に作出しているなどとして更正処分がなされるケースが比較的目立つことから，そのようなケースを中心に分析・検討することにします（後述）。

(2) 正当な理由の存否が問題となった事案（ストックオプション事件（最判平成18年10月24日民集60巻8号3128頁））

① 事案の概要

本件においては，上告人が勤務していた会社の親会社である米国法人から付与されたストックオプションを行使して得た権利行使益について，これが所得税法28条1項所定の給与所得に当たるとして所轄税務署長が上告人に対してした所得税に係る更正および過少申告加算税賦課決定が争いの対象となりました。

② 事実関係

本件で確定した事実関係等の概要は，次のとおりです。

・上告人は，A株式会社に勤務していた者であるが，同社在勤中に，米国法人であるAからそのストックオプション制度に基づきストックオプションを付与された。Aは，A株式会社の発行済株式の全部を有しているCの発行済株式の全部を有している。上告人は，上記ストックオプションを行使して，平成11年に7億7,556万6,478円の権利行使益（「本件権利行使益」）を得た。

・上告人は，平成12年3月9日，平成11年分の所得税について確定申告をしたが，本件権利行使益をその所得金額に算入していなかった。上告人は，同12年4月4日，本件権利行使益が一時所得に当たるとして上記所得税について修正申告をした。これに対し，所轄税務署長であった玉川税務署長は，同年11月8日，本件権利行使益が給与所得に当たるとして増額更正および過少申告加算税賦課

第4章　見解の相違が生じやすい税務上のカテゴリーと効果的対応テクニック　　183

決定（「本件賦課決定」）をした。
・我が国においては，商法の改正によりすべての株式会社においてストックオプ
　ション制度を利用するための法整備が行われ，これらの法律の改正を受けて，
　ストックオプションに係る課税上の取扱いに関しても，租税特別措置法や所得
　税法施行令の改正が行われた。しかしながら，外国法人から付与されたストッ
　クオプションに係る課税上の取扱いに関しては，現在に至るまで法令上特別の
　定めは置かれていない。
・ストックオプションの権利行使益については，課税実務において，かつてはこ
　れを一時所得として取り扱う例が多かったが，平成10年ころからは，租税特別
　措置法により課税の繰延べが認められる一部のものを除き，給与所得として課
　税することにその取扱いが統一された。しかし，そのころに至っても，外国法
　人である親会社から付与されたストックオプションの権利行使益の課税上の取
　扱いが所得税基本通達その他の通達において明記されることはなく，これが明
　記されたのは，平成14年6月24日付け課個2－5ほかによる所得税基本通達23
　～35共－6の改正によってであった。

③　最高裁判決が示した重要な規範

　例外的に過少申告加算税が課されないものとされる「正当な理由があると認
められる」場合の解釈については，過去の最高裁判決においても考え方が示さ
れていました（最判平成18年4月20日等）。本件最高裁判決は，これらの過去
の判決も引用する形で以下のとおり判示しています。

・過少申告加算税は，過少申告による納税義務違反の事実があれば，原則として
　その違反者に対して課されるものであり，これによって，当初から適正に申告
　し納税した納税者との間の客観的不公平の実質的な是正を図るとともに，過少
　申告による納税義務違反の発生を防止し，適正な申告納税の実現を図り，もっ
　て納税の実を挙げようとする行政上の措置である。
・この趣旨に照らせば，過少申告があっても例外的に過少申告加算税が課されな
　い場合として国税通則法65条4項が定めた「正当な理由があると認められる」
　場合とは，真に納税者の責めに帰することのできない客観的な事情があり，上
　記のような過少申告加算税の趣旨に照らしてもなお納税者に過少申告加算税を
　賦課することが不当又は酷になる場合をいうものと解するのが相当である（過
　去の最高裁判決参照）。

④ あてはめ

- 所得区分に関する所得税法の解釈問題については，一時所得とする見解にも相応の論拠があり，これを給与所得とする最高裁の判断（最三小判平成17年1月25日（民集59巻1号64頁））が示されるまでは，下級審の裁判例においてその判断が分かれていた。
- このような問題について，課税庁が従来の取扱いを変更しようとする場合には，法令の改正によることが望ましく，仮に法令の改正によらないとしても，通達を発するなどして変更後の取扱いを納税者に周知させ，これが定着するよう必要な措置を講ずべきものである。
- ところが，課税庁は，上記のとおり課税上の取扱いを変更したにもかかわらず，その変更をした時点では通達によりこれを明示することなく，平成14年6月の所得税基本通達の改正によって初めて変更後の取扱いを通達に明記した。
- そうであるとすれば，少なくともそれまでの間は，納税者において，外国法人である親会社から日本法人である子会社の従業員等に付与されたストックオプションの権利行使益が一時所得に当たるものと解し，その見解に従って上記権利行使益を一時所得として申告したとしても，それには無理からぬ面があり，それをもって納税者の主観的な事情に基づく単なる法律解釈の誤りにすぎないものということはできない。
- 以上のような事情の下においては，平成11年分の所得税の修正申告において，上告人が本件権利行使益を一時所得として申告し，本件権利行使益が給与所得に当たるものとしては税額の計算の基礎とされていなかったことについて，真に上告人の責めに帰することのできない客観的な事情があり，過少申告加算税の趣旨に照らしてもなお上告人に過少申告加算税を賦課することは不当又は酷になるというのが相当である。
- 国税通則法65条4項にいう「正当な理由」があるものというべきであって，本件賦課決定は違法である。

⑤ 信義則との関係

　第3章2⑥⑤では，税務訴訟における信義則の適用可能性について，非常に高い壁があることを指摘しましたが，上述のストックオプション事件でも信義則の適用が争点とされました。ストックオプション事件では，信義則の適用は否定されましたが，過少申告加算税との関係では前述のとおり最高裁で正当な理由が認められ，賦課決定処分が取り消されるに至っています。

第4章　見解の相違が生じやすい税務上のカテゴリーと効果的対応テクニック　　185

　一般的な傾向として，税務当局の公的見解を納税者が信頼したと主張する
ケースにおいては，本税との関係における信義則の適用について納税者に厳し
い判断が下されることが圧倒的に多いものの，そのような場合であっても，同
時に争われる過少申告加算税に係る正当理由の存在については認容されるケー
スもあります。したがって，このようなケースでは，①本税に係る信義則の主
張，②過少申告加算税に係る正当な理由の存在に関する主張を両方とも行う方
向で，ひとまず検討を進めるべきところです。

　ただ，本税の課税根拠自体を激しく争うようなケースにおいては，信義則や
正当な理由の存否に関する論点を争点として設定するにせよ，そのような争点
は必ずしも主戦場とはならないことが想定されます。主戦場とはならないとこ
ろに労力をかけすぎると，主戦場となる本税の争点に関する主張について，裁
判所にやや弱腰な印象を与える可能性もあることから，全体的なバランスを失
することのないよう，慎重な対応をすべきといえます。

(3)　重加算税の賦課要件（ヴァージン・エンターテイメント事件（東京地判平成20年2月6日判時2006号65頁，東京高判平成21年7月30日訟月56巻7号2036頁））

①　事案の概要

　重加算税が賦課された事案として注目を集めたのが，ヴァージン・エンター
テイメント事件です。本件は，多国籍企業グループに属する日本法人（X社）
が，グループ内のスイス法人（B社）を取引の中間に介在させて，グループ外
の日本法人（T社）にグループ内対象会社（A社：日本法人）の株式を譲渡し
たものの，一連の取引が仮装行為に該当するとして否認されたケースです。

　重加算税の賦課決定処分が行われる前提として，本税についても，どの当事
者間で株式の譲渡取引があったのかをめぐって，仮装行為の有無を中心に激し
い主張の応戦があった事案であることから，本書では，本税，重加算税両面の
観点から本件を検討します。

　事案の概要は，概ね以下のとおりです。

・原告・控訴人であるX社が，平成14年12月6日付けで，自己の所有するA社株

式を，X社と同グループに所属するスイス法人のB社に17億1,966万円で譲渡した（第一譲渡）。
- 平成15年3月31日付けで，B社はA社株式をT社に103億円で譲渡した（第二譲渡）。
- X社は，X社のB社への売却額に基づき，法人税の確定申告を行ったところ，税務署長が，X社はA社株式をT社に直接譲渡したにもかかわらず，多額の譲渡益課税を回避するため，X社とB社との間およびB社とT社との間の株式譲渡が存在するかのように仮装して確定申告をしたものであるとして，法人税の更正処分および重加算税の賦課決定処分を行った。
- X社は，各処分の取消しを求めて訴えを提起した。

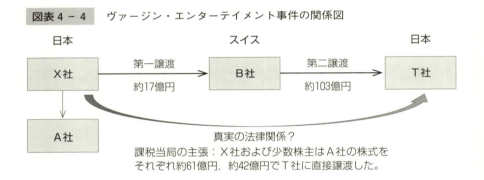

図表4－4　ヴァージン・エンターテイメント事件の関係図

② **主たる争点**

株式譲渡が仮装行為か否か。

③ **判決の概要**

本判決は，詳細な事実関係を丹念に分析したものとなっていますが，その判断プロセスの概要は以下のとおりであり，結論的に仮装行為（通謀虚偽表示）であることが認定されています。

- X社とB社との間およびB社とT社との間で，真実，A社株式を順次譲渡する意思があったとは認められず，第一譲渡および第二譲渡は別個独立のものではなく，X社が譲渡益課税を免れるための仮装行為にすぎない。

第4章　見解の相違が生じやすい税務上のカテゴリーと効果的対応テクニック　　187

- 第一審，控訴審を通じて，X社・T社間の契約交渉の経緯，B社の財務状況，譲渡代金の授受，株券の引渡し状況，英国財務省への報告内容，XグループのT社に対する株式譲渡の意思，X社が第一譲渡をした目的，第一譲渡および第二譲渡の履行状況等について詳細な認定がなされている。

④　本件の教訓と今後の実務への展開

ⅰ）　重加算税の認定につながる仮装行為の認定リスク

　本件は，M＆Aの事案ですが，M＆Aにおける売り手側にとっては，莫大な譲渡益課税への対応が重要な問題として立ちはだかる場合があります。特に，我が国は，法人税率が高いので，税率が低い国での譲渡に比べて譲渡益課税のインパクトが大きいという問題があります。我が国における譲渡益課税を免れるために，株式譲渡取引の中間に，低税率国の関連会社等を介在させると，上記裁判例のように，第一譲渡，第二譲渡が仮装行為と認定されるリスクがあるのも事実ですが，このようなスキームを組むと常に仮装行為であるとの評価を受けてしまうのでしょうか。それとも，本件では，本件事実関係のもとでたまたまそのように認定されてしまっただけなのでしょうか。

　この点は，非常に微妙な事実認定の問題をはらみます。そもそも，租税回避の意図があるからといって，租税法上，直ちに取引の効力が否定されるといったことはまずあり得ません。むしろ，関連する先例（岩瀬事件：東京高判平成11年6月21日訴月47巻1号184頁）に照らすと，税負担の軽減という目的があれば，そのような目的を達成するための法形式を採用するほうが当事者にとって望ましく，わざわざ通謀虚偽表示等の仮装行為を行って真の法形式を隠蔽する動機に乏しいと評価するのが合理的といえます。

　本件では，たしかに，譲渡益回避の意図が多少はあったのかもしれませんが，そのことのみをもって，仮装行為であると認定されたわけではありません。本件は，むしろ，株券発行手続や取締役会の開催に関する手続的不備を含めた細かい間接事実を積み上げて通謀虚偽表示を認定した事案といえます。したがって，租税回避の意図をもって中間会社を介在させた2段階の取引を行えば直ちに仮装行為（通謀虚偽表示）に該当するというのは，やや形式的すぎる考え方であり，事実関係次第では，そのような事案であっても税務争訟で争う余地があるといえます。

ii）　重加算税の点

　一方で，間接事実の積み上げによって結果として仮装行為（通謀虚偽表示）があると認定されてしまった場合，そのことから自動的に重加算税の賦課決定が容認されてしまってもよいのでしょうか。この点については，本件裁判例もそうですが，通謀虚偽表示の存在が認められれば重加算税の賦課も連動して認容しているのが，裁判例の傾向といえます。

　例えば，本件の同種事案として，名古屋地判平成18年12月13日がありますが，同事案には，原告である不動産会社が，県による収用が予定されている土地を取得したものの，直接県に収容された場合には，自らは租税特別措置法の特典を享受できないために，中間にグループ会社を介在させたという背景があります。このような背景のもと，上記判決では，原告から上記グループ会社への譲渡が通謀虚偽表示であると認められ，さらに重加算税も認容されています。

　一方で，重加算税における隠蔽・仮装を民法上の虚偽表示より広く解する見解もあり，実際，大阪高判昭和60年3月28日のように，仮装隠蔽行為は認めつつも，一連の行為に民法上の通謀虚偽表示行為はなかったと判断している裁判例もあるため注意が必要です。

　しかしながら，納税者の立場からすると，重加算税おける隠蔽・仮装はできる限り限定的に解釈したいところです。この点については，重加算税は，過少申告加算税の要件を厳格化したものであること，重加算税はかなり刑事罰に類似した制裁的性質を有していること，税率がきわめて高いことから，重加算税は相当限定的な場合においてのみ賦課すべき，という有力な見解があります（中里実『事実認定・私法上の法律構成による「否認」と重加算税』税研18巻6号94頁）。この見解によれば，重加算税を課すのが相当である事案とは，通謀虚偽表示が「悪質」である場合であり，「悪質」かどうかの判断においては，誰の目から見ても通謀虚偽表示としか解し得ないかどうかを基準とすべきとされており，参考になります（同書94〜95頁）。

　以上の点をふまえつつ，ある取引が通謀虚偽表示であり重加算税事案であると当局から指摘を受けた場合の，納税者側の争い方を以下にまとめておきます。

・まずは，通謀虚偽表示そのものが存在しないことの説明に集中する（当局としても通謀虚偽表示を認定できなければ，重加算税を課すためのハードルが上が

る）。

・その一環として，契約書等の処分証書を調査担当者に示しつつ，通謀虚偽表示があるというなら当局にて具体的に主張・立証するよう押し返す。

・一方で，通謀虚偽表示を指摘されるケースでは，間接事実の積み上げ合戦になることを覚悟の上，契約内容の経済合理性を基礎付ける事実関係，当局が通謀虚偽表示の根拠事実として指摘する点に対抗し得る事実関係について，できる限り幅広く収集して後の争訟に備える。

・最後に，万一通謀虚偽表示が認定されてしまった場合であっても，悪質性の有無の観点などから，重加算税の賦課決定処分を争う方法がないか，法解釈上の検討を尽くす。

6 国際課税（タックスヘイブン対策税制）

(1) タックスヘイブン対策税制に関する税務訴訟の概観

① タックスヘイブン対策税制の基本的な仕組み

　タックスヘイブン対策税制（外国子会社合算税制）とは，一定の要件を満たす外国法人の所得を，当該法人の株主（居住者，内国法人）の所得にその持分に応じて合算して課税する制度のことをいいます。タックスヘイブン対策税制の制度趣旨は，タックスヘイブンにある子会社等を利用した我が国の租税負担の回避を防止するためのものとされています。

　我が国のタックスヘイブン対策税制の最大の特徴は，基本的には，いわゆるエンティティーアプローチが採用されているところにあります。すなわち，我が国のタックスヘイブン対策税制では，一定の要件を満たす外国法人の所得については，所得の種類によらずにすべて合算対象とするシステムが採用されています。このことは，諸外国において，外国法人の稼得する所得の性格に応じて合算対象とするか否かを決めるインカムアプローチが採用されていることと対照的です。ただし，我が国でも，平成22年度税制改正により，エンティティーアプローチを原則としながらも，一定の種類の資産性所得については部分的に合算対象とする制度が導入されていることに留意する必要があります。

　以上のとおり，エンティティーアプローチを採用する我が国のタックスヘイブン対策税制のもとでは，一定の要件を満たす外国法人の所得がすべて合算対象になるリスクを秘めているわけですが，その一方で，正常な海外投資活動を阻害しないため，所在地国において独立企業としての実態を備え，かつ，それぞれの業態に応じ，その地において事業活動を行うことに十分な経済合理性があると認められる場合は，同税制を適用する必要はないと考えられてきました。そのような考え方を反映するものとして，平成29年度税制改正前の制度のもとでは，適用除外基準が定められており，適用除外基準を満たす限り，基本的に制度の適用は除外され合算課税は行われない仕組みとなっています（ただし，上述の資産性所得の例外に注意）。

　このように，我が国のタックスヘイブン対策税制は，適用除外基準を満たす

第4章　見解の相違が生じやすい税務上のカテゴリーと効果的対応テクニック　　191

かどうかで，オールオアナッシングの課税関係となることが，従来から，懸念
されてきました。適用除外基準を充足しない場合は，一定の経済合理性があっ
ても莫大な金額の課税となる一方で（オーバーインクルージョン），一定の租
税回避が疑われる場合であっても適用除外基準を充足する場合は一切課税でき
ない（アンダーインクルージョン），という税制のフレームワークがあるが故
に，これまでも適用除外基準の充足性をめぐって，納税者と課税当局間におい
て頻繁に見解の相違が生じてきたという歴史があります。

②　平成29年度税制改正の概要

　タックスヘイブン対策税制に関しては，平成29年度税制改正において大きな
制度改革があったことを意識しておく必要があります。平成29年度税制改正前
の制度のもとでは，我が国の居住者，内国法人，特殊関係非居住者が一定以上
の株式等の保有を通じて支配している法人（外国関係会社）のうち，所得に対
して課される税負担が著しく低い国・地域に所在する法人を特定外国子会社等
と定義しており，特定外国子会社等への該当性を判断する要件としてトリガー
税率（租税負担割合による閾値）が設けられています。また，特定外国子会社
等に該当する場合は，上述した適用除外要件を充足しない限り，会社単位の合
算課税が行われ，さらに適用除外要件を充足し会社単位での合算が行われない
場合であっても，一定の受動的所得（資産性所得）については部分的に合算課
税の対象となるシステムが採用されています。

　これに対して，平成29年度税制改正においては，大要，以下のとおりの制度
改正がなされました。

---

①　従前の外国関係会社の範囲が見直されたこと（実質支配基準の導入と持株割
　合の計算方法の見直し）
②　トリガー税率の考え方が廃止され，これに伴い，特定外国子会社等という枠
　組み自体も廃止されたこと
③　適用除外基準を充足すれば制度の適用を除外するという建付けから，経済活
　動基準を充足しない外国関係会社（対象外国関係会社）を課税対象とする建付
　けへと変更したこと
④　経済活動基準を構成する各基準の内容は適用除外基準の内容から抜本的に変
　更されることはなかったものの，(a)オーバーインクルージョンを是正する観点
　から一定の個別対応規定が導入され（航空機リースの特例等），(b)所定の書類

等の提出等がない場合に経済活動基準を充足しないことを推定する規定が導入
されたこと

⑤　アンダーインクルージョンを是正する観点から，特定外国関係会社という枠
組み（ペーパー・カンパニー，事実上のキャッシュ・ボックス，ブラックリス
ト国所在の外国関係会社から構成される）が創設され，上述の対象外国関係会
社に関する課税から切り離された課税関係が想定されていること

⑥　トリガー税率が廃止されたとはいえ，事務負担軽減の措置として，租税負担
割合によっては，制度の適用を免除する基準（制度適用免除基準）が設けられ
たこと（対象外国関係会社については租税負担割合が20％以上，特定外国関係
会社については租税負担割合が30％以上が要求される）

⑦　平成22年度税制改正で導入された所得単位での部分合算課税制度について，
部分合算課税の対象となる所得の範囲や合算対象所得の計算方法等の見直しを
行うための，実質課税強化の方向の改正がなされたこと（部分適用対象金額に
係る合算課税）

⑧　新税制は，外国関係会社の平成30年4月1日以降に開始する事業年度より適
用されること

③　適用除外基準（経済活動基準）の概要

　本書では紙幅の関係から，平成29年度税制改正における改正点のすべてについ
いて詳細な解説をすることはできませんが，エンティティーアプローチを基本
形とする我が国のタックスヘイブン対策税制における位置付けの重要性に鑑み，
以下では，適用除外基準および経済活動基準の概要について簡潔に解説をしま
す。

　まず，適用除外基準は，①事業基準，②実体基準，③管理支配基準，④所在
地国基準または非関連者基準という基準から構成されており，これらの各基準
のすべてを充足することが要求されています。その一方で，経済活動基準にお
いては，実体ある事業が合算対象とされないよう一部基準の見直しが図られた
ものの（航空機リース等），適用除外基準を構成する上記各基準の内容は，基
本的に経済活動基準にそのまま引き継がれています。この点，経済活動基準は，
外国関係会社の経済活動の内容に着目して，外国関係会社が，会社全体として，
「能動的所得」を得るために必要な経済活動の実体を備えているかを判定する
基準として設定されたものであり，前述の適用除外基準の趣旨と微妙な違いが
見られるのも事実です。しかしながら，適用除外基準と経済活動基準の内容自

第4章　見解の相違が生じやすい税務上のカテゴリーと効果的対応テクニック　193

体に特段の差異が認められないことを考慮すれば，平成29年度税制改正による新税制の適用後も，改正前の適用除外基準に関する解釈が，経済活動基準の解釈にも概ねあてはまる，といって差し支えないと考えられます。

　このような観点からすれば，「経済活動基準」の充足性を検討するに当たっては，「適用除外基準」の充足性に関する関連裁判例等の判旨を参照することにより，一定の効果的な分析が可能になるといえます（適用除外基準を満たせば制度の適用が除外される結果，課税対象とならない一方で，経済活動基準を満たせば対象外国関係会社に該当しない結果，合算課税の対象とならないという流れの違いはあるものの，要件をすべて満たせば課税対象にならないという結論自体に変わりはありません）。

　ただし，航空機リースの特例を含め一部基準の見直しが図られるなど，経済活動基準の解釈・適用に当たっては，平成29年度税制改正前の適用除外基準に関する解釈論を参照するだけで完結しない要素があるのは言うまでもなく，そのような場合は，経済活動基準自体に関する法令文言や趣旨・目的等について，別途の検討が必要となることに留意してください（本書においても，そのような点については，可能な範囲で個別に説明を加えるよう配慮しています）。

　以上のような適用除外基準と経済活動基準の関係性があることを念頭に置きつつ，以下では，適用除外基準（経済活動基準）を構成する個別基準の概要と，タックスヘイブン対策税制に関する裁判例に関する概要を簡単に説明します。

【適用除外基準（経済活動基準）の概要】

（＊一部の特例（保険特例等）については割愛）

事業基準
　基本要件：株式等の保有，工業所有権・著作権等の提供，船舶・航空機の貸付けといった特定事業を主たる事業とするものではないこと
　・事業持株会社の特例（被統括会社の株式保有を行う一定の統括会社（事業持株会社）は，事業基準を満たすこととされる特例）……平成22年度税制改正により導入（法令文言等は適宜改正されている）
　・航空機の貸付けに関する特例（一定の要件を満たす航空機の貸付けを主たる事業とする外国関係会社は事業基準を満たすこととされる特例）……平成29年度税制改正により導入

実体基準

基本要件：本店または主たる事務所の所在する国または地域においてその主たる事業を行うのに必要と認められる事務所，店舗，工場その他の固定施設を有していること

管理支配基準

基本要件：その事業の管理，支配および運営を自ら行っていること

非関連者基準

基本要件：主たる事業が，卸売業，銀行業，信託業，金融商品取引業，保険業，水運業または航空運送業の場合⇒その事業を主として関連者以外の者との間で行っていること（関連者以外の者との取引が収入金額ベースで50%を超えること）

・物流統括会社の特例（物流統括会社が被統括会社と行う取引は，非関連者取引とされる特例）……平成22年度税制改正により導入（法令文言等は適宜改正されている）
・航空機の貸付けに関する特例（航空機の貸付けについては，非関連者基準を適用する）……平成29年度税制改正により導入
・その他の平成29年度税制改正事項（一定の要件を満たす保険受託者に関する措置，第三者介在取引に関する規定の整備）

所在地国基準

基本要件：上記非関連者基準が適用される事業以外の事業の場合⇒その事業を主として本店または主たる事務所の所在する国または地域において行っていること

・製造業に係る所在地国基準の適用方法の整備……平成29年度税制改正により導入

(2)　当局との間で見解の相違が生じる主たる原因

タックスヘイブン対策税制では，適用除外基準の充足性が問題となることが多い点については前述しましたが，関連税務訴訟における論点の概要は，以下のとおりです。

・問題となっている海外子会社の主たる事業はどのようなものか。その前提として，そもそも「主たる事業」はどのような基準に基づいて判定するべきか（主従判定論）。
　　関連事案……デンソー事件，ホンコンヤオハン事件（主従判定は複数の事業を営んでいることが前提。総合勘案基準を採用）
・事業基準において，特定事業（株式の保有，船舶の貸付け等）の文言解釈をどのような観点から行うべきか（特定事業の文言解釈）。
　　関連事案……デンソー事件（地域統括業が株式保有業に包含されるとの国側の包含論が最高裁により否定された。最高裁は，特定の法解釈が事業基準の

趣旨と整合するかどうかといった観点についても検討している）

・主たる事業が製造業（所在地国基準）か卸売業（非関連者基準）かを判定する
　必要がある場合に，どのような判定基準を用いるべきか（主たる事業に関する
　特別な判断基準の必要性）

　　関連事案……来料加工事件（裁判所は，主たる事業の判定について，事業実
　　態の具体的事実関係に即した客観的な観察アプローチを採用）

・所在地国基準の解釈・適用をどのような観点から行うべきか（所在地国基準の
　解釈論）。

　　関連事案……来料加工事件（所在地国基準の解釈・適用について，人員配置
　　や資本の投下先を重視。なお，平成29年度税制改正による要件の精緻化・柔
　　軟化により，所在地国基準の充足性に関する予測可能性は確保されやすくな
　　る）

・海外子会社は親会社からの物的・機能的独立性を有しているか（実体基準，管
　理支配基準の充足性）

　　関連事案……レンタルオフィス事件（実体基準と管理支配基準に関する要件
　　を具体化・詳細化。ただし，管理支配基準に関する判旨には不合理，不明確
　　な点（常勤取締役の意義等）も残されている。なお，平成29年度税制改正で
　　導入された「ペーパー・カンパニー」への該当性判断においても，本判決の
　　判旨が一定の範囲で参考になる）

・タックスヘイブン対策税制（特に適用除外基準）について目的論的解釈をする
　ことがどの範囲で許容されるか。

　　関連事案……来料加工事件（納税者は，関連条文を形式的に適用すると適用
　　除外とならず，我が国企業の国際競争力を弱めるというような事態が生じる
　　場合には，タックスヘイブン対策税制は適用されるべきでないと主張。裁判
　　所は，納税者の上記主張は，措置法の条文にはない独自の適用除外要件を創
　　設して適用除外の範囲を拡大すべき旨を主張するものであって，実質的には
　　立法論の範疇に属するとして排斥）

コラム　デンソー事件最高裁判決の重要性

　タックスヘイブン対策税制に関しては，平成29年10月24日に下されたデンソー事
件最高裁判決の概要を押さえておくことが重要です。同事件では，デンソーのシン
ガポール子会社の主たる事業が株式保有業以外の事業に該当するかが主たる争点
となりました（**事業基準の充足性**）。より具体的には，①デンソーの主張する地域
統括業務は株式保有業から独立した事業といえるか（**包含論**），②地域統括業務が
独立した事業といえる場合，上記海外子会社の主たる事業は地域統括事業と株式保

有業のいずれであるか（主従判定論），が争点となりました。

　最高裁は，包含論に関して，地域統括の結果として当該会社の配当額の増加や資産価値の上昇に資することがあるとしても，株主権の行使や株式の運用に関連する業務等とは異なる独自の目的，内容，機能等を有するものというべきであって，上記の地域統括業務が株式の保有に係る事業に包含されその一部を構成すると解するのは相当ではないと判示しました。このような結論を導くに当たって，最高裁が，事業基準の趣旨（株式の保有に係る事業はその性質上我が国においても十分に行い得るものであり，タックス・ヘイブンに所在して行うことについて税負担の軽減以外に積極的な経済合理性を見いだし難いことにある）との整合性を重視したことは，重要なポイントとして理解しておく必要があります。今後の事案においても，当局が事業基準に列挙された特定事業の文言を拡張的に解釈しようとしてきた場合には，本件最高裁判決の上記判旨を武器にして戦うのが合理的な戦略となり得ます。

　一方で，主たる事業の判定に関しては，主たる事業は，特定外国子会社等の当該事業年度における事業活動の具体的かつ客観的な内容から判定することが相当であり，特定外国子会社等が複数の事業を営んでいるときは，当該特定外国子会社等におけるそれぞれの事業活動によって得られた収入金額又は所得金額，事業活動に要する使用人の数，事務所，店舗，工場その他の固定施設の状況等を総合的に勘案して判定するのが相当である，と判示しています（主従判定に関する最高裁基準）。このように，主たる事業の判定（主従判定）は，生産要素や金額的要素等の諸般の事情を総合勘案することによってなされることが，最高裁判決中で明らかになったことが極めて重要なポイントといえます。

　なお，デンソー事件では，生産要素，金額的要素を含めて様々な事実関係が認定されましたが，これらの事実関係を総合的に勘案した結果，シンガポール子会社の行っていた地域統括業務は，相当の規模と実体を有するものであり，受取配当の所得金額に占める割合が高いことを踏まえても，事業活動として大きな比重を占めていたということができ，関連事業年度においては，地域統括業務が主たる事業であったと認めるのが相当であると結論付けられました。以上のように，最高裁は，あくまで当該事案の事実関係のもとで総合勘案を丁寧に行った結果，上記結論を導いている点に留意する必要があります。

(3)　レンタルオフィス事件（東京地判平成24年10月11日税資262号順号12062，東京高判平成25年5月29日税資263号順号12220）

①　事案の概要と争点

　シンガポール共和国において設立されたＡ社の発行済株式総数7,800株のうち7,799株を保有する原告・被控訴人（Ｘ）は，Ａ社は特定外国子会社等に該

当し，外国子会社合算税制の適用があるとして，A社の課税対象留保金額に相当する金額をXの雑所得の総収入金額に算入することを前提に，平成16年分から平成18年分までの各所得税の更正処分および過少申告加算税賦課決定処分を受けました。

Xは，異議申立て，審査請求を経た上で，本件処分の取消しを求めて訴訟提起したところ，第一審，控訴審ともに，A社は外国子会社合算税制の適用除外要件を満たすと判示され，Xが勝訴しました（確定）。

本件においては，外国子会社合算税制の適用除外要件の主張立証責任の所在が重要な争点となりました。課税当局の手持ち証拠が比較的薄い事案において，

図表 4 - 5　レンタルオフィス事件の関係図

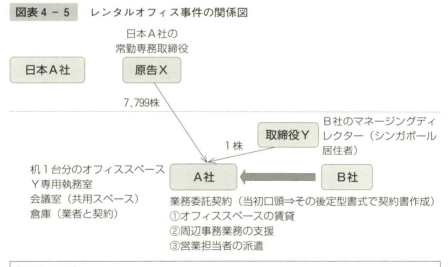

課税要件事実の認定をめぐって納税者と国側のいずれが立証責任を負うかは，国側にとって死活問題となります。特に控訴審においては，この点をめぐって激しく争われました。また，本件の特徴としては，現地のレンタルスペース（スモールオフィス）でオペレーションが行われている場合に，実体基準，管理支配基準を満たすかが争点とされたことが挙げられます。平成29年度税制改正により，ペーパーカンパニーに対する課税が新設されましたが，ペーパーカンパニーの要件を検討する上でも，従前の実体基準，管理支配基準の充足性に関する解釈基準は参考になります。そのような文脈の中で本件を分析すると，今後の実務において，より有益な視点が得られるものと思われます。

② 裁判所の示した重要な規範とその検討

ⅰ) 争点1（適用除外要件の主張立証責任）

第一審では，適用除外要件の立証責任について，「本件においては，特定外国子会社等に当たるA社が措置法40条の4第4項所定の適用除外要件のうちの実体基準及び管理支配基準を満たすか否かが争点となっているところ，課税庁の属する被告側がA社が上記の各適用除外要件を満たさないことを主張立証する必要がある」と判示されていました。

控訴審において国側は，適用除外要件に関しては，納税者が主張立証責任を負っているとして，様々な論拠を示しながら争いましたが，上記の点が覆ることはありませんでした。控訴審判決では，①適用除外基準に関する条文構造，②別法人所得を株主所得に算入することの異例性，③証拠との距離，④書類等保存規定との関係，⑤過少申告加算税の除外要件等との比較，⑥大学教授の意見書といった多岐にわたる項目を丁寧に分析した上で，結論が出されています。

なお，客観的立証責任は，主要事実に関する真偽が不明になったときにその不利益をいずれの当事者に負担させるかを問題とするものです。税務訴訟では（客観的）立証責任をいずれの当事者が負っているかで結論が左右されることはあまりないといわれます。

しかしながら，本件では，国側が本論点について控訴審で明確に争ったことからも明らかなとおり，適用除外要件に関する主張立証責任が国側にあるという認定が納税者勝訴という結論に少なからず影響を与えたものと考えられます。この点は，国側に有利な事実を「推認することができない」という言い回しや，「控訴人は，原判決の認定を種々非難するが，この認定を否定する有効な証拠

第4章　見解の相違が生じやすい税務上のカテゴリーと効果的対応テクニック　　199

を，結局，提出することができなかったのである」という控訴審判決の総括部分がある程度参考になります。

ⅱ）　争点2（実体基準）

裁判所は，実体基準の具体的内容について，以下のとおり判示しました。

・適用除外要件として実体基準が規定されたのは，我が国に所在する親会社等から独立した企業として実体を備えているというためには，主たる事業を行うために必要と認められる事務所，店舗その他の固定施設を有している必要があるとの考え方に基づくものであり，実体基準は，物的な側面から独立企業としての必要条件を明らかにしたものである。
・固定施設を有しているというためには，特定外国子会社等が賃借権等の正当な権原に基づき固定施設を使用していれば足り，固定施設を自ら所有している必要はないものと解される。また，実体基準を満たすために必要な固定施設の規模は，特定外国子会社等の行う主たる事業の業種や形態により異なると考えられるため，特定外国子会社等が使用している固定施設が必要な規模を満たしているか否かについては，特定外国子会社等の行う主たる事業の業種や形態に応じて判断されるべきである。

ⅲ）　争点3（管理支配基準）

裁判所は，管理支配基準の具体的内容について，以下のとおり判示しました。

・適用除外要件として管理支配基準が規定されたのは，我が国に所在する親会社等から独立した企業として実体を備えているというためには，事業の管理，支配及び運営という機能面から見て独立性を有している必要があるとの考え方に基づくものであり，管理支配基準は，機能的な側面から独立企業としての必要条件を明らかにしたものである。
・上記のとおり，管理支配基準が機能的な側面から独立企業としての実体があるかどうかを判断する基準であるとすれば，前提として，①事業を行うために必要な常勤役員及び従業員が存在していることが必要であり，かつ，②特定外国子会社等の業務執行に関する意思決定及びその決定に基づく具体的な業務の執行が親会社等から独立して行われていると認められるか否かについては，特定外国子会社等の株主総会及び取締役会の開催，役員としての職務執行，会計帳簿の作成及び保管等が行われている場所等を総合的に勘案することが必要である。

---

③　あてはめ

ⅰ）　争点2（実体基準）

ア　業務委託契約の検討

　本件では，当初の口頭の業務委託契約とその後に締結された業務委託契約書の関係等が問題となりました。国側は，業務委託契約書において，オフィススペースの賃貸に関する条項が設けられておらず，A社の会計帳簿上も，他社に対する賃借料名目の支払がなく，B社に対する支払はすべて業務委託料とされていることを根拠として，A社は他社のレンタルオフィススペースを賃借していなかった旨主張しました。

　これに対して，裁判所は，口頭での業務委託契約が成立してから5年程度経過後に作成された業務委託契約書の書式は，他社と取引のあるどの会社にも使用できるよう定型の書式を用いたものであって，契約書作成の目的は本件業務委託契約の内容を正確に反映させることにはなかったものと認定し，そのような事情等もふまえて，当初の口頭ベースの業務委託契約の内容に基づき，オフィススペースの賃貸を認めました。

イ　営業担当者の位置付け

　国側は，A社の営業担当者は，B社から派遣されてA社の業務を行っていたのではなく，他社の受託業務を行っていたにすぎないとして，当該営業担当者の使用していた席は，賃貸用のスペースではなく，他社の業務を行うために使用していた専用業務スペースである旨主張しました。

　これに対して，裁判所は，営業担当者は，他社の中間管理職に対する報告等は義務付けられておらず，指揮監督も受けていなかったことが認められるから，A社の営業活動を他社の業務としてではなく，A社の業務として行っていたものと認めるのが相当であると認定しました。

ウ　控訴審における国側の追加主張（特定性，排他的かつ独占的使用権原）

　控訴審において，国側は，特定外国子会社等が「賃借権等の正当な権原に基づき固定施設を使用している」というためには，使用することができる場所や施設が特定され，排他的かつ独占的にその施設等を継続的に使用することができる権原を有すること等が必要であるところ，①B社のレンタルオフィススペースは，特定性や排他性・独占性の要件を欠き，②Y（取締役）の専用執務室は，排他性・独占性およびA社のために実際に使用しているとの要件を欠く

第4章　見解の相違が生じやすい税務上のカテゴリーと効果的対応テクニック　201

など，A社は，その事業に必要な固定施設を有していたとは認められず，したがって，実体基準を満たしていないと新たに主張しました。特に上記②について，国は，Yの専用執務室がA社のみならず他の多くの会社の役員としての執務にも使用されていたのでは，A社が排他的または独占的に執務室を有し，A社の業務を主に遂行するために当該執務室を「固定施設」として独立して使用していたとは認め難いといった主張を展開しました。

　これに対して，控訴審判決では，上記②の主張との関係について，役員を兼務する会社の所在地が同一である場合には，役員としての執務室が複数になることは現実的ではないとした上で，この場合，当該執務室が物理的な場所としては一つの部屋であったとしても，その部屋で当該会社の業務を独立して行っているとみることができる限り，観念的には，その部屋は，各会社の個々の執務室としての性格を持つとみるべきであると判断されました。

　以上をふまえ同判決は，Yはその専用執務室で，A社の職務の遂行を独立して行っていたとみることができるのであるから，その限りでは，当該執務室は，他の者との関係で，排他的かつ独占的な執務室であり，A社の職務の遂行のため独立して使用されているということができ，その使用は，正当な権原に基づくものであるといえるとして，国側の主張を最終的に排斥しました。

ⅱ）　争点3（管理支配基準）

ア　取締役の存在

　国側は，A社には常勤役員が存在しない旨主張し，その根拠として，取締役Yが，他社のマネージングディレクター（役員）であり，他に7社の法人の役員を兼務しており，A社から各事業年度において役員報酬を受領していないことを挙げました。

　これに対して，裁判所は，各事業年度において，上記取締役YはA社から役員報酬を受領していないことが認められるとしつつも，XとYは，A社設立時にA社の経営が軌道に乗るまで無報酬で業務に当たる旨合意しており，実際に，X自身も各事業年度において役員報酬を受領していないことをまずは認定しています。また，B社がA社から業務委託を受けておりその報酬が得られることのみをもって，YがA社の取締役に名目的に就任したものと推認することもできない，と判断しています。

　さらに，Yは，シンガポール在住取締役として，A社が法令・規制を遵守す

るために必要な各種届出等や税務申告を行い，Ａ社の経理，銀行取引および為替管理を含む資金管理，営業担当者に対する指揮監督，売掛債権の督促・回収等の業務を行っていたものと認められるから，Ａ社がその本店を置くシンガポールに取締役を置いていなかったものということはできないと認定されました。

イ　従業員の存在

国側は，さらに，Ａ社には，従業員が存在しない旨主張しました。

しかしながら，裁判所は，営業担当者は，Ａ社が直接雇用するものではなく，他社から派遣を受けてＡ社の営業業務を行っていたものと認められるものの，特定外国子会社等が親会社等から独立して自ら事業を管理，支配しているといえるためには，居住取締役の指揮監督を受けて実際に日常業務を行う従業員が存在すれば足り，当該従業員について特定外国子会社等自らが直接雇用していることまでは必要ではなく，親会社等以外の第三者から従業員の派遣を受けている場合を含むと解すべきであるとの基準を定立しました。

その上で，本件における営業担当者は，Ｂ社の中間管理職による指揮監督ではなく，ＹまたはＸによる指揮監督を受けていたものであり，Ｙによる指揮監督はＢ社のマネージングディレクターとしてではなく，Ａ社の取締役としてされたものと推認するのが相当であると結論付け，Ａ社に従業員が存在しない旨の国側の主張を排斥しました。

ウ　株主総会の開催状況

国側は，ＸがＡ社の発行済株式総数の99.9％を保有し，シンガポール会社法の定めによれば，Ａ社の意思決定権をＸが掌握しているから，株主総会による意思決定は，Ｘの所在する場所で行われていたと解すべきである旨主張しました。

しかしながら，裁判所は，各事業年度において，株主総会の招集および開催手続がシンガポールにおいて行われ，株主２名のうちの１名が実際にシンガポールで参加し，その旨の株主総会議事録も作成されているのであるから，Ａ社の株主総会は，その本社が所在するシンガポールにおいて開催されたものと認定しました。

そして，国側の主張は，Ａ社の大株主であるＸの所在地を過度に重視し，大株主の所在地と株主総会の開催地とを混同するものであって採用することができないと判断しました。

エ　結　論

　裁判所はその他にも様々な要素について細かい評価を行い（Ａ社の重要事項について，専らＸのみが意思決定していたものと推認することはできないことなど），最終的には，管理支配基準を充足しているものと認定しました。

④　本判決の評価と今後の事案における活用方法

ⅰ）　適用除外要件に関する主張立証責任

　課税処分取消訴訟の立証責任は国側にあるというのが通説となっています。一方で，タックスヘイブン対策税制における適用除外要件に関する主張立証責任の所在については，以下の２説が対立しているといわれます（中里実＝太田洋ほか編著『タックス・ヘイブン対策税制のフロンティア』（有斐閣，2013年）155～156頁参照）。

> 甲説　外国子会社合算税制は外国子会社の所得を合算するという特別な租税回避
> 　　　規定であるとの解釈を前提に，課税当局側に適用除外に関する主張立証責
> 　　　任が存するとする見解
> 乙説　措置法40条の４第１項と第３項〔本件当時は第４項〕（措置法66条の６第
> 　　　１項と第３項）の条文構造や課税当局による特定外国子会社等の実態把握
> 　　　が困難であること等を理由に，納税者側に主張立証責任があるとする見解

　本件控訴審では，国側は乙説の立場に依拠した主張を行ったものの，裁判所は，前述のとおり，国側の主張を排斥して甲説を支持しています。本件判決は，税務訴訟における主張立証責任の分配に関する基本的な考え方を示す貴重なものであり，タックスヘイブン対策税制関連事案のみならず，それ以外の事案であっても，主張立証責任の分配が争点となる限り参照すべき重要裁判例といえます。

　なお，平成29年度税制改正により，経済活動基準の非充足性に関する推定規定が導入されました（新措置法66条の６第４項）。経済活動基準を充足しないことの推定がなされる場合，経済活動基準の充足性に関する立証責任が納税者側に転換される可能性もあります。したがって，平成29年度税制改正適用開始後の実務においては，推定規定の存在もふまえた主張立証責任の検討が必要となることに留意する必要があります。

ⅱ）　管理支配基準に関する規範とあてはめの不整合

　本判決においては，管理支配基準が機能的な側面から独立企業としての実体があるかどうかを判定するための前提として，「事業を行うために必要な常勤役員及び従業員が存在していることが必要」という要件が定立されています。しかしながら，管理支配基準の法令文言や趣旨目的を考えた場合に，現地に常勤役員が存在する必要があるとの解釈がそもそも直ちに成り立つのかという問題，さらに仮に常勤役員の存在が必要になるとしても，本件判決の関連あてはめ部分との整合性を考えた場合，「常勤」の意義を具体的にどのように考えるのか極めて不明確であるという問題があります。

　このように，本件判決は，結果的に納税者が勝訴したとはいえ，管理支配基準における上記要件設定に不合理性，不明確性が認められるといった問題点があります。今後の実務において，上記のような問題点に対してどのように対応していくかが，管理支配基準に係る課税要件事実の認定の観点からも重要な課題となるように思われます。

ⅲ）　平成29年度税制改正における特定外国関係会社の創設との関係

　本件判決は，平成29年度税制改正において創設された特定外国関係会社（ペーパー・カンパニー）との関係でも重要な意義を持つことになります。

　平成29年度税制改正においては，租税負担割合が20％以上であっても，租税回避が強く疑われるケースがあることを想定し，①ペーパー・カンパニー，②事実上のキャッシュ・ボックス，③ブラック・リスト国所在外国関係会社を，特定外国関係会社として合算課税の対象とすることとなっています（ただし，租税負担割合が20％以上30％未満の場合のみが対象となる）。このうち，①のペーパー・カンパニーとは，事務所等の実体がなく，かつ，事業の管理支配を自ら行っていない外国関係会社のことであり，具体的には，次の(1)および(2)のいずれにも該当しない外国関係会社とされています（新措置法66の6第2項2号イ）。

---

(1)　その主たる事業を行うに必要と認められる事務所，店舗，工場その他の固定施設を有している外国関係会社
(2)　本店所在地国においてその事業の管理，支配及び運営を自ら行っている外国関係会社

第4章　見解の相違が生じやすい税務上のカテゴリーと効果的対応テクニック　　205

　経済活動基準との関係では，実体基準，管理支配基準を両方とも充足する必要がある一方で，ペーパー・カンパニーについては，上記(1)または(2)のいずれかの要件を充足していれば適用を免れる点にまずは留意する必要があります。上記のような相違点があるにせよ，ペーパー・カンパニーにおける上記(1)または(2)の要件を検討する場合には，適用除外基準との関係で実体基準，管理支配基準に関する解釈基準を示した本件レンタルオフィス事件が一定の範囲で参考になるように思われます。

　レンタルオフィス事件が示した基準によれば，実体基準については，「主たる事業の業種や形態に応じて判断」することが，管理支配基準については，列挙事項を「総合的に勘案する」ことが，それぞれ要求されています。このように，実体基準，管理支配基準の充足性に係る判断は，形式的なあてはめで足りるものではなく，事業の性格や事実関係をふまえて，総合的観点から実質的に行うべきものであり，このことは，ペーパー・カンパニーにおける上記(1)または(2)の要件を検討する場合にも同様のことがいえます。

　なお，リスク管理の観点からは，納税者自身はこのような検討をできる限り保守的に行っておくのが望ましいといえるでしょう。また，平成29年度税制改正では，ペーパー・カンパニーとの関係についても，所定の期間内に上記(1)または(2)の要件該当性を明らかにする資料の提示・提出がない場合は，要件非充足の推定を受ける旨の措置が講じられています（新措置法66条の6第3項）。このような制度改正等があったことも考慮すると，上記(1)または(2)の要件を具体的に基礎付ける事実を適切に書面化（証拠化）することにより，将来の税務調査や税務紛争における対応を意識すべきといえます。その際，議事録や契約書等の文書は，事実関係と矛盾が生じないよう，正確に記載することを心掛けるべきです。

iv）　租税条約の情報交換規定に基づき得られた情報の訴訟での活用可能性

　控訴審では，日星租税条約の情報交換規定に基づきシンガポールの税務当局から得られた回答文書が国側から証拠提出されています。ところが，当該回答文書に対する裁判所の信頼は，以下の判示部分からもわかるとおり，極めて低いものとなっています。

> 情報交換規定により取得された「乙67の2（回答文書）の証拠価値は，薄いものといわざるを得ない」

　その理由として，①上記証拠については，国が，「原審の敗訴判決を受けるや，本件情報交換条項に基づき，シンガポール税務当局に対し情報収集を依頼し」た結果得られたものであること，②「本件では，平成15年１月から平成17年12月までのＡ社の実態が問題になっているにもかかわらず，平成24年時点での情報の収集にとどまっている」ことなどが考えられます。

　課税当局は上記控訴審判決を受けて，今後，情報交換規定に基づく証拠収集を実施する場合は，より早いタイミングで，より的確に行ってくる可能性があります。一方で，平成29年度税制改正において，上述した経済活動基準に関する推定ルールが入ったため，課税当局としては，同改正法の施行後は，情報交換に頼らなくても効果的な証拠収集が可能となるとの想定をしている可能性もあり，今後の実務の動向から目を離すことはできません。

　いずれにしても，今後のタックスヘイブン対策税制の実務においては，証拠管理により注意を払いながら対応していく必要があるように思われます。

(4)　来料加工事件税務訴訟（日本電産ニッシン事件：東京地判平成21年５月28日訟月59巻１号30頁，東京高判平成23年８月30日訟月59巻１号１頁）

①　来料加工事案の特徴

　タックスヘイブン対策税制に関する税務訴訟を語る上で来料加工事件を避けて通ることはできません。来料加工は，委託加工取引の一種であり，外国企業が中国企業に設備や原材料を無償提供し，中国企業が加工または組み立てを行った後に，完成品が外国企業に全量引き取られる取引のことをいいます。来料加工取引においては，外国企業から中国企業に対して加工賃が支払われることになります。来料加工の典型的なパターンとしては，香港の会社が中国の華南地方の郷鎮企業に委託加工するというもので，我が国でタックスヘイブン対策税制の適用が問題となった来料加工の大半は，上述の郷鎮企業を利用したものです。来料加工のメリットはいくつかありますが，代表的なものは以下のとおりです。

第4章　見解の相違が生じやすい税務上のカテゴリーと効果的対応テクニック　　207

---

① 　中国において，輸入関税と増値税が徴収されない（原材料を100％中国外から輸入し，加工製造した最終製品を100％中国外に輸出することが前提）
② 　香港においても，課税所得の50％が非課税となる。
③ 　香港に外国法人を設立することで，香港のインフラを活用できる。
④ 　中国の安い労働力を活用できる。
⑤ 　中国に法人を設立する煩雑性を回避できる。

　以上のようなメリットを享受するべく我が国の法人が香港の子会社を通じて来料加工取引を行っていたところに，課税当局がタックスヘイブン対策税制に基づく課税を強化したという経緯があります。来料加工事案については，これまで複数の税務訴訟において，納税者が課税処分を争ってきましたが，残念ながら，納税者勝訴案件は乏しい状況です。上記のような傾向をふまえると，納税者が来料加工案件で勝訴するには，やや高いハードルがあるようにも思われますが，一方で，審査請求レベルでは，課税処分が取り消されている案件もあることから（ニフコ事件），税務当局から指摘を受けた場合は，直ちに指摘を受け入れるのではなく，各種裁判例や裁決で示された法令の解釈基準等をふまえつつ，丹念に事実関係を精査しながら，課税要件該当性（課税要件事実の認定の有無）を慎重に判断すべきです。

　以下では，来料加工事案の税務訴訟（納税者敗訴）の検討を通じて，同事案における典型的な論点について分析を行います。

②　事案の概要

　本件は，光学レンズ・光学機器の製造販売等を目的とする法人（X）の法人税につき，香港に本店を有するXの子会社であるA社は適用除外基準を満たさず，タックスヘイブン対策税制が適用されるとして，更正処分および過少申告加算税賦課決定処分が行われたというものです。課税処分では，A社の主たる事業は製造業であると認定される一方で，当該製造業は香港ではなく中国で行われており所在地国基準を満たさないことが課税根拠とされています。

　原告・控訴人であるXは，①A社の主たる事業は卸売業であり，非関連者基準を充足する（争点1），②仮にその主たる事業が製造業であるとしても香港は中国の一部であり，所在地国基準を充足する（争点2）といった理由により，措置法66条の6第1項は適用されず，更正処分等はいずれも違法であるとして，

処分取消訴訟を提起しました。第一審判決が，Ａの主たる事業は製造業であり，所在地国基準も満たさないから適用除外事由は認められず，本件更正処分等は適法であるとして，Ｘの請求をいずれも棄却したため，これを不服とするＸは控訴しました。

③　裁判例における重要な規範部分

　来料加工事件における入り口の議論は，主たる事業が卸売業と製造業のいずれに該当するかという点です。本件では，上記争点について以下のとおり判示されました（控訴審判決では，第一審判決の内容を概ね引用）。

> 　上記のとおりの適用除外制度の趣旨及び「その行う主たる事業」，「その事業を主として（中略）行っている場合」等とする根拠条文の事実状態に即した文言・内容等にかんがみると，非関連者基準又は所在地国基準のいずれが適用されるかを決するための特定外国子会社等の「主たる事業」の判定（製造業又は卸売業のいずれであるか等の判定）は，現実の当該事業の経済活動としての実質・実体がどのようなものであるかという観点から，事業実態の具体的な事実関係に即した客観的な観察によって，当該事業の目的，内容，態様等の諸般の事情（関係当事者との間で作成されている契約書の記載内容を含む。）を社会通念に照らして総合的に考慮して個別具体的に行われるべきであり，関係当事者との間で作成されている契約書の記載内容のみから一般的・抽象的に行われるべきものではないと解するのが相当である。

> 　卸売業と製造業との相違点をみるに，一般的にみて，製造業が，自ら製品を製造した上で販売する事業であるのに対して，卸売業は，同じく製品の販売を行うものの，自ら製品を製造するのではなく，他者が製造した製品（委託加工製品を含む。）を購入した上で販売する事業であると解される。
> 　これらの製造業の特質を踏まえ，前記アの「主たる事業」の判定に当たっての基本的な考え方に従って考えると，特定外国子会社等の主たる事業が製造業に当たるか卸売業に当たるか，すなわち，販売する製品の製造を自ら行っているか否かを判断するに当たっては，現実の当該事業の経済活動としての実質・実体がどのようなものであるかという観点から，(ｱ)製品製造のための①生産設備（工場建物，製造設備等）の整備，②人員（監督者，技術者，単純労働者等）の配置及び③原材料・補助材料等の調達等への当該特定外国子会社等の関与の状況を踏まえ

た上で，(イ)(A)当該特定外国子会社等の設立の目的，(B)製品製造のための(a)人員の組織化，(b)事業計画の策定，(c)生産管理（品質管理，納期管理を含む。）の策定・実施，(d)生産設備の投資計画の策定，(e)財務管理（損益管理，費用管理，原価管理，資産・資金管理等を含む。）の実施及び(f)人事・労務管理の実施等への当該特定外国子会社等の関与の状況等を総合的に考慮した上で，(ウ)製品の製造・販売を行うために関係当事者との間で作成されている契約書の記載内容も勘案しつつ，事業実態の具体的な事実関係に即した客観的な観察によって，社会通念に照らして個別具体的に判断すべきものと解される。

④　あてはめ

ⅰ）　主たる事業は卸売業か製造業か

　以上の規範設定をふまえて，本判決では，諸般の事情を総合的に考慮すると，社会通念上，特定外国子会社等であるＡ社は長安の工場において自ら販売製品の製造を行っていたものと認めるのが相当であるとされました。

　また，本判決はさらに詳細な事実認定を行った上，Ａ社は，その人員および資本の大半を長安工場における製造業務に集中的に投下していたというべきである点，長安工場の組織図においてもＡ社が長安工場における製造業務をその事業の中心に据えていたことがうかがわれる点に照らし，長安工場で行っていた製品製造がＡ社の主たる事業であると認めるのが相当である，と結論付けられました。

　なお，本件控訴審では，Ｘ（控訴人）から，①原判決の枠組みは，経済的実質主義に依拠するものであり，法律的実質主義を採用する判例に反する，②Ａ社の主たる事業の判定に当たっては，準拠法である中国法令に基づく契約書等の解釈に基づく法律関係によって判定されるべき，といった点を含めた新たな主張が展開されましたが，いずれも控訴審判決において排斥されています。

ⅱ）　所在地国基準の充足の有無

　主たる事業が製造業であると認定された以上は，対応する基準として所在地国基準を充足する必要があります。所在地国基準は，その事業を主として本店または主たる事務所の所在する国または地域において行っていることを要求する基準です。本件では，所在地国基準との関係で２つの論点について争われました。

1つ目は，香港は中国とは異なる「地域」に該当するのではないかという点です。本論点については紙幅の関係から詳細な説明は割愛しますが，結論的には，香港は，タックスヘイブン税制の適用上，中国本土とは税制が異なり租税の負担が著しく低く定められた「地域」に該当するとされ，本店所在地が香港であるＡ社が所在地国基準を満たすためには，その事業を主として本店の所在する「地域」たる香港において行っていると認められることを要すると判示されました。

2つ目の論点は，Ａ社が主として香港において主たる事業である製造業を行っていると認められるか否かに関するものであり，この点について本判決では，大要，以下のとおり判示されました。

> Ａ社が本件各年度計画書において予定している人員配置については，香港の本社と中国の長安工場を比較すると，長安工場へ配置が予定されている人員が圧倒的に多く，発生予定費用についても，長安工場に関する費用が相対的に高かったことを踏まえると，Ａ社は，その人員及び資本の大半を長安工場における製造業務に集中的に投下していると認められるから，その主たる事業である製造業を主として行っているのは，長安工場の所在する東莞市，すなわち中国のうち香港以外の地域であると認めるのが相当である。【一部，墨塗り部分から推測】

⑤　本判決の評価と今後の事案への応用可能性

ⅰ）　主従判定

実務的には，非関連者基準または所在地国基準のいずれが適用されるかを決するための主従判定の評価基準（主たる事業が製造業または卸売業のいずれであるか等の判定基準）が重要です。

上記判決では，①現実の当該事業の経済活動としての実質・実体がどのようなものであるかという観点から，個別具体的に行われるべきであること，②その際，事業実態の具体的な事実関係に即した客観的な観察によって，当該事業の目的，内容，態様等の諸般の事情（関係当事者との間で作成されている契約書の記載内容を含む）を社会通念に照らして総合的に考慮すべきこと，③関係当事者との間で作成されている契約書の記載内容のみから一般的・抽象的に行われるべきものではないことが指摘されています。

しかし，上記基準の解釈・適用には悩ましい問題が残されているといえます。

上記基準は，契約書の記載内容も考慮要素には含むとしつつ，より本質的な観点としては，契約書の記載内容よりも事業の経済活動としての実質・実体を重視しているようにも思われるからです。このような考え方を推し進めていくと，当事者自らが選択した私法上の形式を無視することになるリスクを常に秘めているといえます。もちろん，形式と実体が一致していれば問題ないわけですが，税務では形式と実体に一定の離齬が生じることは日常茶飯事であり，離齬の程度も事案により異なります。

　以上のような問題意識をふまえると，①上記のような裁判例の基準の合理性をいったんは疑ってみる，②仮に上記基準に依拠するとしても，課税当局が経済実態のみを過度に重視するような場合は契約書の記載に立ち戻るなど，あてはめ過程における判断の公正性の確保を意識するといったように，今後の実務では慎重な対応が必要となる基準といえるでしょう。

ⅱ）　所在地国基準

　来料加工取引は，中国政府の政策上の問題もあって，最近ではあまり活用されていないのが現状のようです。そのような中，平成29年度税制改正では，所在地国基準に関する精緻化・柔軟化が実現しました。

　すなわち，平成29年度改正では，「外国子会社の経済実態に即して課税すべき」とのBEPSプロジェクトの基本的な考え方をふまえ，本店所在地国において製造行為を行う場合に加えて，本店所在地国において製造における重要な業務を通じて製造に主体的に関与していると認められる場合にも，所在地国基準を満たすことが制度化されました（新措置法施行令39条の14の3第20項3号）。

　具体的には，外国関係会社が本店所在地国において行う次に掲げる業務の状況を勘案して，外国関係会社がその本店所在地国においてこれらの業務を通じて製品の製造に主体的に関与していると認められる場合にも所在地国基準を満たすことになりました（新措置法施行規則22条の11第2項）。

・工場その他の製品の製造に係る施設又は製品の製造に係る設備の確保，整備及び管理
・製品の製造に必要な原料又は材料の調達及び管理
・製品の製造管理及び品質管理の実施又はこれらの業務に対する監督

- 製品の製造に必要な人員の確保，組織化，配置及び労務管理又はこれらの業務に対する監督
- 製品の製造に係る財務管理（損益管理，原価管理，資産管理，資金管理その他の管理を含みます。）
- 事業計画，製品の生産計画，製品の生産設備の投資計画その他製品の製造を行うために必要な計画の策定
- その他製品の製造における重要な業務

　上記改正は，本件訴訟でも問題となったように，香港の子会社が主たる事業として製造業を行っていると認定された場合であっても，来料加工取引の性格ゆえに，実際の製造業に係る業務が中国本土で行われていると認定され，所在地国基準を充足しなくなるという問題意識に応えるものとして制度化された側面もあるように思われます。

　税制改正によりせっかく規定の精緻化が図られた以上，上記規定の施行後は，各要件を確実に充足する方向で実務上の検討を行うことが，予測可能性，法的安定性の観点からも望ましいことになります。

　来料加工取引そのものが減少しているのに加えて，所在地国基準の精緻化が図られたため，今後は，来料加工取引や同取引に類似した構造を持つ取引（指揮管理と実際の製造活動の行われる地が分離しているような場合）について，当局と納税者間で見解の相違が生じるケースそのものが徐々に減少していくことが期待されます。

(5)　来料加工事件審査請求裁決（ニフコ事件：平成26年8月6日裁決【TAINS コード：F0-2-544】）

①　問題意識

　前述したとおり，来料加工事案の裁判例では，大半のケースで納税者が敗訴しています。その一方で，特定外国子会社等が，来料工場において自ら製造行為を行っていたとは認められず，香港において卸売業を営んでいたと認めるのが相当として非関連者基準が適用され，卸売業に係る収入金額のうち非関連者との間の取引に係る収入金額の占める割合は，50％を超えていたとして，非関連者基準を充足するものとして課税処分が取り消された事案があります。

　来料加工であるからといって，一律に製造業認定され，その結果所在地国基

第4章　見解の相違が生じやすい税務上のカテゴリーと効果的対応テクニック　213

準が適用されるといった大雑把な課税は決して許容されるべきではありません。租税法の実務では，たしかに法令解釈も重要ですが，事実関係も同程度に重要であり，事案ごとに個別具体的な事実関係を丁寧にみていくことで，税務紛争を勝ち切るための突破口も見えてくるのではないでしょうか。本件は，そのことを再認識させられる貴重な事案といえます。

②　審査請求裁決における重要な規範部分

　本件裁決が採用した主従判定に関する個別具体的な基準は，前述の裁判例（日本電産ニッシン事件）が設定した基準ほど詳細なものではないものの，考え方の方向性は上記裁判例と概ね類似しているといえます。なお，以下のとおり，本件裁決における基準は，各種管理行為（人員，施設，原材料，製品の品質，納期，原価等）を自らの責任と判断で行っている主体を重要な判断要素としていることに特徴があります。

【規範の概要】
・製造業と卸売業とは，販売する製品を自ら製造しているか否かにより区別されるということができる。……
・特定外国子会社等が，事業活動として製造行為を行い，その販売する製品を自ら製造しているか否かを判断するに当たっては，製造行為に基づく損益が誰に帰属しているかといった点に加え，①人員の確保及び管理，②施設や設備の確保及び管理，③原材料の確保及び管理，④製品の品質管理，⑤製品の工程及び納期の管理，⑥原価管理等を自らの責任と判断において主体的に行っているかについて検討し，それらを総合して社会通念に照らして実質的に判断する必要があると解される。

---

③　あてはめ

　以上のような規範設定をした上で，本件裁決ではさらに概ね以下のような事実認定がなされています。

・本件来料工場においては，工場長の指揮監督の下，来料工場の管理運営が行われていたと認められ，A社が本件来料工場の管理運営について主体的に関与していたと認めることはできない。
・A社が本件協議書の定めに従って，本件製品の製造のために必要な資金や製造設備及び原材料を来料工場に無償で提供した上，当該製造設備の確保及び管理

を行っていたことから，Ａ社が製造行為を行うために必要な資金を提供し，その結果損益が帰属していたものの，本件製造行為に係る人員の確保及び管理，原材料の確保及び管理，製品の品質管理，製品の工程及び納期の管理，原価管理については，Ａ社が自らの責任と判断の下でこれらの管理行為を主体的に行っていたと認めることはできない。

・Ａ社は，本件来料工場において自ら製造行為を行っていたと認められず，本件製品の製造に必要な資金を提供していたにすぎないというべきである。また，Ａ社は，他に製造行為を行っている事実も認められないことから，香港において卸売業を営んでいたと認めるのが相当であり，Ａ社の主たる事業は卸売業に該当すると認められる。

④　本件裁決の評価と今後の事案への応用可能性

　このように，本件裁決では，あてはめ段階においても特定外国子会社等が自らの責任と判断の下で製造に関する管理行為（製造行為に係る人員の確保・管理，原材料の確保・管理，製品の品質管理，製品の工程・納期の管理，原価管理）を主体的に行っていたかどうかという点が重視され，その結果，これらの管理を主体的に行っていたのは特定外国子会社等（Ａ社）ではなかったとの認定に結び付いています。そのような認定をふまえて，本件裁決では，特定外国子会社等（Ａ社）は，自ら製造行為を行っているわけではなく，製品の製造に必要な資金を提供していたにすぎないことから，香港において卸売業を行っていたとの最終判断がなされました。

　来料加工に関する上述(4)の裁判例（日本電産ニッシン事件）では，主たる事業が製造業と卸売業のいずれに該当するかという主従判定論について少し批判的考察を加えましたが，その点はともかくとして，本件裁決事例のように，課税当局から来料加工事件とのレッテルを貼られ課税されながらも，特定外国子会社等は製造行為を行っておらず，単に資金提供のみを行っていたにすぎないという事実関係を納税者側が丹念に積み上げた結果，審査請求段階で課税処分が取り消されるケースもあることを，理解しておくことが大切です。来料加工に関する裁判において，納税者がなかなか結果を残せない流れが続いている点については，前述しました。しかしながら，そのような一見不利な状況の中でも，課税要件（適用除外要件）に該当するナマの事実関係（課税要件事実）が真に認定できるかどうかについて，当該案件の事実関係のもとで必死に悩み考えることの重要性を，本件裁決は示しているように思われます。

第4章　見解の相違が生じやすい税務上のカテゴリーと効果的対応テクニック　　215

7　国際課税（移転価格税制）

(1)　移転価格税制に関する税務訴訟の概観

　移転価格課税は，一昔前まで税務訴訟のステージで争われることは稀でした。その理由はいくつか考えられますが，そもそも移転価格課税がなされると，二重課税を安定的に排除するべく納税者は異議申立てを行った上で，相互協議のメカニズムを活用して問題を解決しようとする傾向が強かったことが挙げられます。相互協議が成立すると，異議申立ては取り下げられますので，税務紛争はそこで終了ということになります。

　しかしながら，相互協議は，基本的に租税条約を締結している国の政府との間でしか行うことができません（ただし，日台民間租税取決めに留意）。また租税条約は締結していても，相互協議そのものが実務上十分に機能しないケースがあります。特にアジアの新興国との間の相互協議を不安視する声は依然強いといえます。安定的に相互協議を進めることができている国（アメリカ等）との間であっても，課税処分の内容次第では，当局間の協議が決裂し，相互協議の枠組み内での解決が困難になる場合があり得ます（前述の武田薬品工業事件（第3章の1(2)③））。

　したがって，相互協議が有効に機能しないようなケース等では，国内で行われた課税処分を国内争訟手続（審査請求や税務訴訟）のレールに乗せて争わざるを得ない場合が必ず出てきます。

　一方で，そのような流れの中で発生した税務訴訟においても，納税者はなかなか勝訴判決を勝ち取ることができず，「移転価格争訟で納税者は勝てない」という認識が蔓延していた可能性も否定できません。

　ところが，平成20年10月に，いわゆるアドビ事件の控訴審において納税者が逆転勝訴を収め，国が上告受理申立てを断念する形で事案が解決されるという画期的な出来事が起こりました。その後も，TDK事件において審判所が増差所得の大部分を取り消し（約141億円），ホンダ事件でも税額ベースで約75億円の課税処分の取消しが確定するなど，納税者に軍配を上げる判決・裁決が相次いで出されるようになりました。

(2)　移転価格税制の基本構造

　移転価格税制が我が国に取り入れられたのは昭和61年度の税制改正のことです。移転価格税制のもとでは，我が国の法人と特殊な関係にある外国法人（「国外関連者」と呼ばれます）との間で資産の販売・購入，役務の提供といった一定の取引（国外関連取引）を行った場合に，当該法人が国外関連者から支払を受ける金額が独立企業間価格に満たない場合，あるいは，当該法人が国外関連者に支払う金額が独立企業間価格を超える場合は，当該取引は独立企業間価格で行われたものとみなして法人の所得計算が行われることになります。

　したがって，移転価格税制を考える上では，独立企業間価格をいかに算定するかが最大のポイントとなり，納税者・当局間で争いが生じるのも，独立企業間価格のさじ加減に関するものが大半です。

　独立企業間価格算定方法をめぐっては，①棚卸資産の販売または購入，②棚卸資産の販売または購入以外の取引のいずれに該当するかに応じて，算定方法の名称等が異なりますが，基本形は，①の棚卸資産の販売または購入を基準に規定されています。例えば，棚卸資産の販売または購入については，独立価格

図表4－6　　棚卸資産の独立企業間価格算定の方法

棚卸資産の売買取引	棚卸資産の売買取引以外の取引
基本三法 　①独立価格比準法 　②再販売価格基準法 　③原価基準法	**基本三法と同等の方法** 　①独立価格比準法と同等の方法 　②再販売価格基準法と同等の方法 　③原価基準法と同等の方法
基本三法に準ずる方法 　①独立価格比準法に準ずる方法 　②再販売価格基準法に準ずる方法 　③原価基準法に準ずる方法	**基本三法に準ずる方法と同等の方法** 　①独立価格比準法に準ずる方法と同等の方法 　②再販売価格基準法に準ずる方法と同等の方法 　③原価基準法に準ずる方法と同等の方法
その他政令で定める方法 　①比較利益分割法 　②寄与度利益分割法 　③残余利益分割法 　④取引単位営業利益法 　⑤①から④までの方法に準ずる方法	**その他政令で定める方法と同等の方法** 　①比較利益分割法と同等の方法 　②寄与度利益分割法と同等の方法 　③残余利益分割法と同等の方法 　④取引単位営業利益法と同等の方法 　⑤左欄の⑤の方法と同等の方法

第4章　見解の相違が生じやすい税務上のカテゴリーと効果的対応テクニック　217

比準法，再販売価格基準法，原価基準法（これら3つの算定方法を「基本三法」と呼んでいます）のほかに，基本三法に準ずる方法や政令で定める方法として，比較利益分割法，残余利益分割法，取引単位営業利益法等の算定方法があります。棚卸資産の販売または購入以外の取引（役務提供取引等）については，上記の棚卸資産の販売または購入取引に関する各算定方法と「同等の方法」によって，独立企業間価格を算定することになります。

　代表的な独立企業間価格算定方法の特徴は，以下のとおりとなります。

図表4－7　主な独立企業間価格算定方法の特徴

独立価格比準法

　特殊の関係にない売り手と買い手とが，国外関連取引に係る棚卸資産と同種の棚卸資産を，取引段階，取引数量その他が同様の状況の下で売買した取引の対価の額（取引段階，取引数量等に差異がある場合，差異調整後の対価の額を含む）

・「同種の棚卸資産」の取引といえるためには，資産の性状・構造・機能等の面で，物理的・化学的な相当程度の類似性が必要（ただし，多少の差異があっても，価格に影響を及ぼす程度のものでなければこれを同種の取引であると判断し，合理的な方法によってその差異を調整することが可能であれば同種の資産とする）

……高松高判平成18年10月13日

再販売価格基準法

　国外関連取引に係る棚卸資産の買い手が特殊の関係にない者に対して当該棚卸資産を販売した取引（検証対象取引）の対価の額から通常の利潤の額（検証対象取引の対価の額×通常の利益率）を控除して計算した金額をもって当該国外関連取引の対価の額とする方法

・通常の利益率＝比較対象取引の売上総利益率（売り手の果たす機能その他に差異がある場合は，必要な差異調整をした後の割合）

・比較対象取引とは，国外関連取引に係る棚卸資産と同種または類似の棚卸資産を，特殊の関係にない者（「非関連者」）から購入した者（再販売者）が当該同種または類似の棚卸資産を非関連者に対して販売した取引

・【特徴】取引当事者の果たす機能，負担するリスクが重視される算定方法といえる。

原価基準法

　国外関連取引に係る棚卸資産の売り手の購入，製造その他の行為による取得の原価の額に通常の利潤の額（当該原価の額に政令で定める通常の利益率を乗じて計算した金額をいう。）を加算して計算した金額をもって当該国外関連取引の対価の額とする方法

取引単位営業利益法

　営業利益率をベースにして独立企業間価格を算定する方法（平成16年度税制改正で導入）。

・売上高営業利益率，総費用営業利益率，ベリー比（営業費用売上総利益率）等を指標とする。

- 売上高営業利益率を指標とする算定方法の場合：
  独立企業間価格＝検証対象取引の対価の額－（検証取引の対価の額×比較対象取引の売上高営業利益率＋国外関連取引に係る販管費）
- 比較対象となる営業利益率に関するデータは，ビューロー・ヴァン・ダイク社等のデータベースから入手可能となる。データが比較的容易に入手できるため，実務では使用頻度が高い算定方法といえる。
- 取引単位営業利益法（TNMM 法）は，タイトルにもあるとおり取引単位で比較可能性を検証する算定方法である以上，事実上企業や業種単位で比較可能性を検証するケースの適法性については慎重な検討を要する。
- アメリカの利益比準法（CPM＝Comparable Profit Method）は，「取引単位」ではなく「企業単位」で検討するものであり，取引単位営業利益法との相違点に留意する必要がある。

　上記のように多数ある独立企業間価格算定方法のうちどの方法を選択すればよいかといえば，「最も適切な方法」を事案に応じて選択することが要求されています（最適方法原則）。具体的には，独立企業間価格とは，国外関連取引の内容および国外関連取引の当事者が果たす機能その他の事情を勘案して，国外関連取引が独立の事業者の間で通常の取引条件に従って行われるとした場合に当該国外関連取引について支払われるべき対価の額を算定するための最も適切な方法により算定した金額をいうと規定されています（措置法66条の4第2項柱書）。平成23年度税制改正前の段階では，基本三法のいずれかを優先的に適用し，これらを用いることができない場合に限り他の方法を用いることができました。したがって，上記改正前は，基本三法以外の方法を用いて課税処分が行われると，「基本三法を用いることができないことの証明がない」として，納税者側が課税処分を争う局面が多くみられました（後述(4)のアドビ事件参照）。

　平成23年度税制改正によって，「最も適切な方法」によることとなったため（最適方法原則），今後の移転価格事案では，「最も適切な方法」の選択をめぐって争いが生じる可能性もあることに留意する必要があります。

(3)　移転価格課税において当局と見解の相違が生じる主たる原因

　移転価格税制に関して税務紛争が発生する原因には様々なものがありますが，典型的なものとして以下の類型が挙げられます。

第4章　見解の相違が生じやすい税務上のカテゴリーと効果的対応テクニック　219

> ① 　独立企業間価格の算定方法自体について見解の相違がある場合
> ② 　独立企業間価格の算定方法自体については折り合っていたとしても，当該算定方法の適用過程に争いが生じる場合（比較対象取引の範囲，分割ファクター，差異調整等）
> ③ 　税務調査段階で所定の文書を提出しなかったため，推定課税がなされ，当該課税処分の効果を争うもの

　移転価格税制に関する税務紛争といっても，それぞれのカテゴリーごとに，当局への対応の際の戦略が異なってきます。上記戦略を立てる上で重要なポイントになるのが，カテゴリーごとにどのような裁判例，裁決があるか，あるいは，関連裁判例等の判断内容のうち，どのような点を武器として使えるのかを熟知しておくことです。移転価格事案の裁判例等で示された納税者に有利な基準（規範）は，その他の案件に関する税務訴訟，不服申立てのみならず，税務調査においても極めて有用な武器となることがあります。

(4)　アドビ事件（東京地判平成19年12月7日訟月54巻8号1652頁，東京高判平成20年10月30日税資258号順号11061）

武器としての利用可能性

・当局が採用した算定方法が特定の独立企業間価格算定方法に該当することについては，処分行政庁に主張立証責任があることの根拠として利用可能。
・再販売価格基準法に準ずる方法との関係では，機能・リスクの比較が重視されることが本判決から読み取れるところ，他の算定方法（取引単位営業利益法等）に準ずる方法との関係に本件をどのように応用できるかを考えると，より発展的な対応が可能となる。

　納税者が勝訴した著名な移転価格訴訟として，アドビ事件があります。アドビ事件控訴審判決は，今後の移転価格税制のあり方を考える上で様々な有益なヒントを提供してくれるものであり，是非とも抑えておきたいところです。

①　事案の概要

　X（原告・控訴人）は，Xの国外関連者（措置法66条の4第1項参照）であ

るP1社およびP2社が日本所在の卸売業者等に対して販売するソフトウェア製品に関して，マーケティング，販売支援，製品サポート等を行い，これにより，国外関連者に役務の提供を行っていました。また，Xが，国外関連者に対して支払う報酬は，日本における純売上高の1.5％ならびにサービスを提供する際に生じる直接費，間接費および一般管理費配賦額の一切に等しい金額とすることが業務委託契約上定められていました。

Xは，上記のような役務提供取引を行う前は，再販売業者として再販売取引に従事していました。ところが，Xが所属するグループの事業再編によって，①Xは，再販売取引から上述のような役務提供取引を行う業者へと業態変更を遂げ，②その一方で，海外の関連者（P1社，P2社等）が，卸売業者（独立の第三者）にソフトウェア製品を直接輸出し，さらに卸売業者が複数の小売業者に卸売りを行うという商流変更が行われた経緯があります。

課税当局は，上記のような役務提供取引を国外関連取引としつつも，比較対象取引として，同種ないし類似の役務提供取引を当てるのではなく，機能・リスクが類似するとして受注販売方式の形態を採る再販売取引を選定した上で，再販売価格基準法に準ずる方法と同等の方法という独立企業間価格算定方法に基づき独立企業間価格を算定し，XがP1社またはP2社から支払を受けた対価の額が独立企業間価格に満たないとして課税処分を行いました。

Xは，上記課税処分に対して，不服申立てを経て処分取消訴訟を提起しました。ところが，第一審判決は，国外関連取引と比較対象取引の類似性を認定して，Xの請求を棄却したため，Xはさらに控訴しました。控訴審判決においては，原処分が取り消され，納税者が逆転勝訴しています（その後，国側から上告受理申立てがなされることなく確定）。

② 争　点

本件における争点は多岐にわたりますが，基本的には，①本件は，基本三法と同等の方法を適用できない場合に該当するか，またその点に関する主張立証責任は誰が負うか（争点１），②課税当局の採用した独立企業間価格算定方法は，再販売価格基準法に準ずる方法と同等の方法といえるか（争点２），③シークレットコンパラブルを用いた課税処分の違法性（争点３），という３点となります。本書では，上記争点１，争点２を取り上げます。

③ 判決内容

争点1について：

　被告は，課税処分の取消訴訟において，所得の存在について主張立証責任を負うものであるから，租税特別措置法66条の4第2項2号柱書所定の基本三法と同等の方法を用いることができない場合に当たることについても，立証責任を負うものというべきである。国において，課税庁が合理的な調査を尽くしたにもかかわらず，基本三法と同等の方法を用いることができないことについて主張立証をした場合には，基本三法と同等の方法を用いることができないことが事実上推定され，納税者側において，基本三法と同等の方法を用いることができることについて，具体的に主張立証する必要があるものと解するのが相当である。

　争点1は，平成23年度税制改正前のいわゆる「基本三法優先の原則」の適用が問題となったものです。上記改正前の基本三法優先の原則のもとでは，例えば棚卸資産の売買取引の場合，基本三法に準ずる方法その他政令で定める方法は，「基本三法を用いることができない場合に限り，用いることができる」という法令上の要件を充足しない限り，用いることができませんでした。したがって，基本三法に準ずる方法や利益分割法（残余利益分割法）を用いて更正処分が行われた事案が税務争訟へと移行した場合，上記要件を充足しているか否かをめぐって納税者と課税庁（国）が正面から対立する事案が比較的多かったといえます。アドビ事件でも，まさにこの「基本三法優先の原則」の適用の在り方が当事者間で激しく争われました。

　アドビ事件の第一審判決では，国側が上記の点について主張立証責任を負担していることがまずは前提として確認されました。その一方で，同判決では，課税庁が合理的な調査を尽くしたか否かを基準として，基本三法と同等の方法を用いることができないことに関する「事実上の推定」という考え方が用いられました（控訴審判決も第一審の判断と同旨）。ある事象が存在しないことの証明は悪魔の証明ともいわれ，事実の不存在に直接証明責任の考えをあてはめるのは酷であることから，上記の合理的な調査を媒介とした事実上の推定という発想が取り入れられたものと考えられます。

　前述のとおり，平成23年度税制改正に伴い，最適方法原則が採用され，基本三法優先の原則は廃止されるに至っています。ただ，移転価格事務運営指針4

－2は，独立企業間価格の算定方法のうち，取引の価格を直接比較する独立価格比準法は，独立企業間価格を最も直接的に算定することができる長所を有し，売上総利益に係る利益率に基づき算定された価格を比較する再販売価格基準法および原価基準法は，独立価格比準法に次いで独立企業間価格を直接的に算定することができる長所を有することを前提に，最も適切な方法の候補が複数ある場合については，基本三法の上記長所を重視し，比較可能性が十分であることを条件として，基本三法が最も適切な方法となる旨定めています（独立価格比準法は他の基本三法よりも検討の優先順位が高いことに注意）。

　以上のように，基本三法に事実上の優先性を認める移転価格事務運営指針の定めがある中で，独立企業間価格算定方法としての「最も適切な方法」の選択や立証責任をどのように考えるかという点が，実務上の課題となっており，最適方法原則の解釈において，アドビ事件の上記判旨を応用（活用）する余地がないかといった点も一応問題となり得ます。

争点2について：

準ずる方法の解釈基準と主張立証責任

　「基本三法に準ずる方法と同等の方法」とは，棚卸資産の販売又は購入以外の取引において，それぞれの取引の類型に応じ，取引内容に適合し，かつ，基本三法の考え方から乖離しない合理的な方法をいうものと解するのが相当である。そして，本件算定方法が租税特別措置法66条の4第2項第2号ロ所定の再販売価格基準法に準ずる方法と同等の方法に当たることは，課税根拠事実ないし租税債権発生の要件事実に該当するから，上記事実については，処分行政庁において主張立証責任を負うものというべきである。

　再販売価格基準法は，取引当事者の果たす機能や負担するリスクが重要視される取引方法であることから，本件算定方法が，取引の内容に適合し，かつ，基本三法の考え方から乖離しない合理的な方法であるか否かを判断するに当たっても，上記の機能やリスクの観点から検討すべきものと考えられる。

　本控訴審判決が，移転価格税制における特定の算定方法該当性について処分行政庁に主張立証責任がある旨判示し，主張立証責任の所在を明らかにした点が極めて重要であることは，第3章2(6)②でも説明したとおりです。また，「準ずる方法」といった抽象的な課税要件について，「基本三法の考え方から乖離しない合理的な方法」として要件を具体化し，これを課税根拠事実と捉えることで，（課税）要件事実のレベルに落とし込んだ判断をしている点にも注目

する必要があります。

さらに，本控訴審判決は，再販売価格基準法が，取引当事者の果たす機能や負担するリスクが重要視される取引方法であることを重視しています。その上で，採用された算定方法が，再販売価格基準法に準ずる方法と同等の方法であるかを判断するに当たっては，再販売価格基準法の特徴をなす機能やリスクの観点から検討すべきであるとして，「機能・リスク」という点を課税要件事実の認定に当たっての重要な判断要素としたことも評価できます。

上記判決は，以下のとおり，国外関連取引と比較対象取引との間に機能・リスクの差があることを認定し，結論的に，当局の算定方法が再販売価格基準法に準ずる方法と同等の方法には該当しないものとして，課税処分を違法と判断しました。

機能面

本件国外関連取引において控訴人が果たす機能と，本件比較対象取引において本件比較対象法人が果たす機能とを比較するに，上記認定事実のとおり，本件国外関連取引は，本件各業務委託契約に基づき，本件国外関連者に対する債務の履行として，卸売業者等に対して販売促進等のサービスを行うことを内容とするものであって，法的にも経済的実質においても役務提供取引と解することができるのに対し，本件比較対象取引は，本件比較対象法人が対象製品であるグラフィックソフトを仕入れてこれを販売するという再販売取引を中核とし，その販売促進のために顧客サポート等を行うものであって，控訴人と本件比較対象法人とがその果たす機能において看過し難い差異があることは明らかである。

リスク面

本件国外関連取引において控訴人が負担するリスクと，本件比較対象取引において本件比較対象法人が負担するリスクとを比較するに，控訴人は，本件各業務委託契約上，本件国外関連者から，日本における純売上高の1.5パーセント並びに控訴人のサービスを提供する際に生じた直接費，間接費及び一般管理費配賦額の一切に等しい金額の報酬を受けるものとされ，報酬額が必要経費の額を割り込むリスクを負担していないのに対し，本件比較対象法人は，その売上高が損益分岐点を上回れば利益を取得するが，下回れば損失を被るのであって，本件比較対象取引はこのリスクを想定（包含）した上で行われているのであり，控訴人と本件比較対象法人とはその負担するリスクの有無においても基本的な差異があり，これは受注販売形式を採っていたとしても変わりがない。本件比較対象取引において，この負担リスクが捨象できるほど軽微であったことについては，これを認めるに足りる的確な証拠はない。

④　分析と解説

　以上のように，アドビ事件控訴審判決は，「準ずる方法」という要件をかなり厳格に解釈しており，このことが納税者勝訴の結論を導いた主たる要因になっているといえます。

　この点，課税処分取消訴訟において，規範的要件である準ずる方法自体は主要事実ではなく，処分庁の算定方法が国外関連取引の内容と適合し，基本三法の考え方から乖離しないことを基礎付ける具体的事実を評価根拠事実と考え，処分庁の算定方法が国外関連取引の内容と適合せず，基本三法の考え方から乖離することを基礎付ける具体的事実を評価障害事実と考える見解もあります（今村隆『課税訴訟における要件事実論』（日本租税研究協会，2011年）190頁，196〜198頁参照）。

　しかしながら，OECD移転価格ガイドラインやアメリカ等の諸外国の税制には存在せず我が国独自の枠組みとなっている「準ずる方法」について，基本三法の考え方から乖離することを基礎付ける具体的事実を評価障害事実と捉えて納税者に主張責任ないし証明責任を負わせる解釈手法は，準ずる方法の範囲を恣意的に広げることにより課税範囲を拡大することにもつながりかねません。したがって，納税者の立場からすると，このような見解を素直に受け入れることには躊躇を覚えます。

　上記控訴審判決の言い回しからすれば，「採用された算定方法が再販売価格基準法に準ずる方法と同等の方法に該当すること」という評価的要件そのものについて，処分行政庁に主張立証責任があると考えるのが自然であり，納税者としては，処分庁（国側）のみに証明責任を負わせる考え方を徹底するのが実務上有益といえます。

　税務調査段階でも，そのような強気のスタンスで臨み，将来訴訟になった場合の立証責任を当局に十分意識してもらうことではじめて，「準ずる方法」といった抽象的な要件を利用した強引な課税に対して交渉力を持つことができるのではないでしょうか。もちろん，納税者としては，そのような強気の立場をとる場合であっても，評価的要件の充足性を否定するための具体的事実（間接事実）を検討し，反論の材料としておくこと自体は重要な作業となりますので，立証責任を負わないからといって安心しないよう心掛ける必要があります（立証責任を負わない場合であっても，反証は必要）。

第4章　見解の相違が生じやすい税務上のカテゴリーと効果的対応テクニック　225

⑸　ホンダ事件（東京地判平成26年8月28日税資264順号12520，東京高判平成27年5月13日税資265号順号12659）

①　背景事情

　　残余利益分割法は，TDK事件（平成22年1月27日国税不服審判所裁決参照）や武田薬品工業事件（平成25年3月18日国税不服審判所裁決参照）にもみられるとおり，莫大な金額の課税処分を導きやすいということもあって，移転価格事案の税務紛争においては，とりわけ注目度が高い独立企業間価格算定方法であったといえます。一方で，TDK事件，武田薬品工業事件は審査請求段階で事案が終結し，課税処分取消訴訟の提起には至りませんでしたので，残余利益分割法の解釈・適用について裁判所が明確な基準を示すことが，実務上期待されていました。このような中，本田技研工業株式会社に対して残余利益分割法を採用してなされた更正処分等の取消訴訟について，東京地判平成26年8月28日および東京高判平成27年5月13日は，処分を取り消し，納税者を全面的に勝訴させる旨の判断を示しました（その後，確定）。本判決は，前述のアドビ事件において，初めて納税者側全面勝訴の判決が下されたのに続き，移転価格分野において納税者全面勝訴の判断が示された数少ない裁判例の一つであり，今後の移転価格関連税務紛争をにらんだ場合に，納税者側にとって非常に利用価値の高いものとなっていますので，紹介しておきます。

②　事案の概要

　自動二輪車，四輪車の製造および販売を主たる事業とする内国法人であるX社（原告，被控訴人）は，その間接子会社であり，ブラジル連邦共和国アマゾナス州に設置されたマナウス自由貿易地域（「マナウスフリーゾーン」）で自動二輪車の製造および販売事業を行っている外国法人（「HDA社」）およびその連結子会社であるHCA社，HTA社との間で，完成自動二輪車の販売取引，自動二輪車の部品の販売取引，自動二輪車の製造設備等の販売取引，技術支援の役務提供取引（X社が，HDA社等の事業活動を支援するため，HDA社等の工場に技術者を派遣して技術指導の役務の提供を行うもの），無形資産の使用に係る取引といった各種国外関連取引を行っていました。

　HDA社等は，マナウスフリーゾーンで事業活動を行うことにより享受する税制上の利益であるマナウス税恩典利益を受けており，この点をどのように考

慮するかが本件におけるポイントとなりました。マナウス税恩典利益とは、マナウスフリーゾーンに進出した企業に対して、政府の承認のもとで与えられる各種租税の減免措置であり、減免の対象として、輸入税、工業製品税、法人所得税、ICMS（州税）等があり、輸入税とICMSについては、営業利益に重大な影響を及ぼすものでした。

X社は、上記国外関連取引により支払を受けた対価の額を収益の額に算入して、各事業年度の法人税の確定申告をしたところ、処分行政庁は、上記の支払

図表4－8　ホンダ事件の関係図

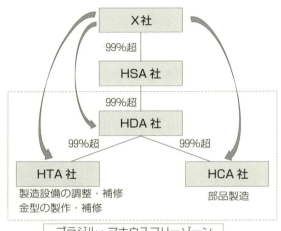

【国外関連取引】
① HDA社
・完成自動二輪車・組立部品・補修部品の販売取引
② HDA社、HCA社
・製造設備、金型の販売取引
③ HDA社、HTA社、HCA社
・技術指導等の役務提供取引
（＊X社の重要な無形資産の使用が国外関連取引に含まれるかについては当事者間で争いがあった）

【課税処分】
1．基本的利益の算定
　HDA社等については、① HDA社等の事業と同種のブラジル企業（マナウスフリーゾーン以外）のうち、一定のスクリーニングをかけた8社を選定、②これらの企業の総費用営業利益率の中位値をブラジル側基本的利益として基本的利益を算定（日本側については割愛）

2．残余利益の分割比率
　日本側は、ブラジル向け研究開発費、提携部品メーカーへの支払ロイヤルティの額、その他の費用の合計
　ブラジル側は、生産性向上費用、新規ディーラー開拓費用、広告宣伝費等の合計

第4章　見解の相違が生じやすい税務上のカテゴリーと効果的対応テクニック　　227

を受けた対価の額が措置法66条の4第2項1号ニおよび2号ロ，措置法施行令39条の12第8項に定める方法（「利益分割法」。ただし，実際に用いられたのは，このうち残余利益分割法）により算定した独立企業間価格（「本件独立企業間価格」）に満たないことを理由に，移転価格税制の規定（措置法66条の4第1項）により，本件国外関連取引が本件独立企業間価格で行われたものとみなし，本件各事業年度の所得金額に本件独立企業間価格と本件国外関連取引の対価の額との差額を加算すべきであるとして，法人税の更正処分および過少申告加算税の賦課決定処分（「本件各更正等」）を行いました。これに対して，X社が，国を被告として，本件各更正等の一部または全部の取消しを求めて出訴したのが本件です。

③　争　　点

本件における主要な争点は，以下のとおりです。

争点1　独立企業間価格の算定方法の選択の適否
処分行政庁が，独立企業間価格の算定方法として，基本三法の適用可能性がないことを理由に，措置法66条の4第2項1号ニおよび2号ロ，措置法施行令39条の12第8項に定める利益分割法を選択し，本件独立企業間価格を算定したことの適否
争点2　独立企業間価格の算定単位の設定の適否
処分行政庁が，X社とHDA社等との間の完成自動二輪車の取引，自動二輪車の部品の取引，自動二輪車の製造設備等の取引および技術支援の役務提供取引から成る本件国外関連取引を一の取引として，本件独立企業間価格を算定したことの適否
争点3　基本的利益の算定の適否
ア　処分行政庁が，マナウス税恩典利益を享受するHDA社等の比較対象法人として，マナウスフリーゾーン外で事業活動を行いマナウス税恩典利益を享受していないブラジル側比較対象企業を選定し，マナウス税恩典利益の享受の有無について差異調整を行わずに，本件独立企業間価格を算定したことの適否
イ　処分行政庁がしたHDA社等の比較対象法人のその余の除外基準の設定および選定の適否，ならびに，処分行政庁がHDA社等とブラジル側比較対象企業との差異調整を行わずに本件独立企業間価格を算定したことの適否
ウ　処分行政庁が基本的利益の算定における利益指標として総費用営業利益率を選定したことの適否
エ　【控訴審において追加された控訴人の予備的主張の可否・適否】マナウス税恩典利益の享受の有無につき差異調整をする必要はないことを主位的主張としつつも，総費用営業利益率の差について差異調整をすると，本件各更正等の一部を取

り消すことになるとして，原判決の変更を求める国側の予備的主張の可否（上
記予備的主張は，違法な理由の差替えに該当しないか否か），さらに可能であ
るとしてその適否

争点4　残余利益の分割の適否

処分行政庁がした残余利益の分割要因（ブラジル側分割要因および日本側分割要
因）の算定の適否

④　判決の概要

　本件には多種多様な争点が含まれており，紙幅の関係から，本書でそのすべ
てについて，詳細な判旨の紹介と解説をするのは困難です。そこで，課税要件
ないし課税要件事実の観点から納税者に税務争訟を戦い抜く武器（ノウハウ）
を提供するという本書の特徴をふまえて，以下では，移転価格税制における比
較可能性および差異調整の課税要件上の位置付けという点にできる限り力点を
置いて解説します。その他の争点に関しては，関連する判旨とワンポイントア
ドバイスのみを簡潔に紹介・提案するにとどめます。

　なお，控訴審判決は，控訴審における国側の補充主張ないし予備的主張に係
る判断を除いて，第一審判決を基本的に追認しています。以下の本判決内容の
うち，控訴審における予備的主張（争点3）に係るもの以外は，基本的に第一
審判決の内容がもとになっています。

ⅰ）　争点1，2（取引の一体的取扱い等）について

　基本三法優先の原則との関係については，前述⑷のアドビ事件の判示内容を
踏襲する形となりました（合理的な調査と事実上の推定）。ただし，平成23年
度税制改正により基本三法優先の原則が廃止され，最適方法原則が採用された
ことに伴い，基本三法優先の原則の枠組みの中で上記判示部分を検討する実質
的な意義は薄れているといえます。最適方法原則をはじめとする移転価格税制
に係る課税要件事実の認定手法については，拙稿「移転価格税制における課税
要件事実の認定プロセスに関する一考察」税法学570号63頁以下で詳細に論じ
ていますので，興味のある方は参照してみてください。

　独立企業間価格の算定単位については，後述するTDK事件と争点が類似し
ますが，本判決はTDK事件よりも一方踏み込んだ判断をしており，しかも納
税者にとって必ずしも有利な判示にはなっていないため注意が必要です。

第4章　見解の相違が生じやすい税務上のカテゴリーと効果的対応テクニック　　229

実務上参照すべき本判決のポイント

- 独立企業間価格とは，当該国外関連取引が特殊の関係にない者（非関連者）の間で同様の状況の下で行われた場合に成立するであろう合意に係る価格をいうものであるところ，棚卸資産の販売価格の設定は，個別の取引ごとに行われるのが通常であるから，<u>独立企業間価格の算定は，原則として，個別の取引ごとに行うべきものである。</u>
- 措置法通達66の4(3)－1が掲げるように，<u>複数の取引のそれぞれに係る棚卸資産の販売価格の設定が，各取引ごとに独立して行われるのではなく，それぞれの取引の関連性を考慮して行われるような場合や，複数の取引が，その目的，取引内容，取引数量等からみて，一体として行われているような場合には，複数の取引を一の取引として独立企業間価格の算定を行うことが合理的である。</u>
- このような場合には，独立企業間価格の算定は複数の取引を一の取引として行うのが相当であり，<u>このことは取引の当事者が複数の国外関連者に跨がっている場合においても異なるものではないというべきである。</u>

　以上のように，本判決は，取引は原則として個別に評価すべきとしつつも，取引を一体評価し得る例外的な場合を具体的に容認した点が最大のポイントです。

　本判決は，各取引の一体的取扱いが合理性を有する場合について，個別具体的な基準を示しています。例えば，「複数の取引が，その目的，取引内容，取引数量等からみて，一体として行われているような場合」という基準をみてもわかるとおり，事実認定におけるさじ加減次第で，比較的緩やかに一体性を認定し得る体裁になっています。そのような意味で，取引の一体評価を合理的と認めるための具体的基準までは示さず，取引の相互関連性に着目した比較可能性の問題として処理をしたTDK事件裁決と比較すると，一体的取扱いに係る合理性が認められる範囲が本判決により広がったとみておくのが無難です。実際，本件では，あてはめにおいて，前述した複数の国外関連取引が一体として扱われています。

　今後の移転価格実務において，課税当局は，本判決の上記部分を積極的に引用する形で，複数の取引の一体性を当然のように主張してくる可能性が高いと思われます。しかしながら，本判決でも個別の取引ごとに移転価格を算定するのが原則とされている以上，納税者は本来は例外的扱いである取引の一体性を簡単に認めるべきではありません。そこで，複数の関連取引の移転価格上の評価に当たっては，以下のような点を意識した実務対応が有益です。

実務上のテクニック

- 国外関連取引ごとに独立企業間価格の算定を行うのが原則であることを課税当局に対して主張する。
- 仮に課税当局が，残余利益分割法等の適用を視野に入れつつ複数の取引の一体性を主張してきた場合，そのような一体的評価の合理性を基礎付ける事実の説明を求める。
- 取引の一体的評価の合理性について当局が十分に説明できない場合，納税者の側からも，個別の観点から適宜反論を行う。その際，相互関連性のない取引や目的，取引内容から一体性を基礎付けられない取引まで一体評価の対象とされていないか，という点を十分に意識する。
- ホンダ事件では，基本三法優先の原則のもとで取引の一体的評価の可否が問題となったものであるが，平成23年度税制改正後の最適方法原則のもとでも，事務運営指針レベルで基本三法の事実上の優先性が定められている。したがって，最適方法原則のもとで課税当局が残余利益分割法等の適用を安易に主張するような事案においては，納税者としても，基本三法優先の原則が法令上廃止になったとはいえ，取引の一体性に係る議論を忘れずに検討すべきである。
- 残余利益分割法の適用方法の誤りを指摘するのか，それとも原則に立ち返って，個々の国外関連取引ごとに最適な独立企業間価格の算定方法を検討し反論していくのかについて，案件ごとに慎重に判断する必要がある。

ⅱ）　争点3（基本的利益の算定の適否）について

　本争点は，複数の観点に分類されていますが，一言でいえば，基本的利益の算定に際しての比較可能性に関連する問題であり，前述したマナウス税恩典利益を享受している法人であるか否かで，比較可能性の判定に影響を及ぼすか否かが問題となりました。

- マナウス税恩典利益は，それを享受する法人の営業利益に影響を及ぼす性質を有し，政府助成金や補助金といった政府の介入の実質を有するものとして，マナウスフリーゾーンという市場の条件を構成するということができるのであって，検証対象法人がマナウスフリーゾーンで事業活動を行いマナウス税恩典利益を享受している場合には，マナウスフリーゾーンで事業活動を行い検証対象法人と同様にマナウス税恩典利益を享受している法人を比較対象法人として選定するのでなければ，比較対象法人が事業活動を行う市場と検証対象法人が事業活動を行う市場とが類似するものであるということはできず，当該比較対象法人は検証対象法人との比較可能性を有するものではないこととなるというべきである。

第4章　見解の相違が生じやすい税務上のカテゴリーと効果的対応テクニック　　231

- 本件の場合，HDA社等は，マナウスフリーゾーンで事業活動を行い，マナウス税恩典利益を享受しており，さらに，マナウス税恩典利益の享受がHDA社等の営業利益に大きな影響を及ぼしたことは客観的に明らかである。
- しかるに，処分行政庁がHDA社等の比較対象法人を選定するために用いる除外基準として設定した基準の中に「マナウスフリーゾーン外で事業活動を行いマナウス税恩典利益を享受していない企業であること」という基準はなく，HDA社等の比較対象法人として選定されたブラジル側比較対象企業は，いずれも，マナウスフリーゾーン外のサンパウロ州ほかのブラジル南部の工業地帯で事業活動を行い，マナウス税恩典利益を享受していない。
- したがって，ブラジル側比較対象企業が事業活動を行う市場とHDA社等が事業活動を行う市場とが類似するものであるということはできず，ブラジル側比較対象企業は，HDA社等との比較可能性を有するものではないというべきである。

　以上の比較可能性に係る事実認定をふまえて，本判決は，本件国外関連取引に対して移転価格課税を行うことはできないと結論付けました。そのロジックは以下のとおりです。

　ブラジル側比較対象企業は，マナウス税恩典利益を享受していないという点でHDA社等との比較可能性を有するものではないから，処分行政庁が，上記の差異につき何らの調整も行わずにブラジル側基本的利益を算定した上，本件独立企業間価格を算定したことには誤りがあるというべきである。そして，上記の差異は，市場の特殊性という営業利益に大きく関わる基本的な差異であるため，そもそも，これにつき適切な差異調整を行うことができるのか否かは不明であり，いずれにしても，本件の証拠関係の下では，X社が本件国外関連取引により支払を受けた対価の額が独立企業間価格に満たないものであることにつき立証があったとは認められないから，本件国外関連取引に措置法66条の4第1項を適用して移転価格税制の課税を行うことはできないというべきである。

ⅲ）　争点3（控訴審における予備的主張）について

　本判決の中でもとりわけ重要なのが，控訴審に入ってから国側が行った予備的主張に関連する部分です。控訴審において，国（控訴人）は，第一審と同様にマナウス税恩典利益の享受の有無につき差異調整をする必要はないことを主位的主張としました。その一方で，国は，総費用営業利益率の差について差異

調整をするなどした上で，本件各更正等の部分維持を求めて予備的主張を展開するという極めて異例の方策に打って出ています（2種類の予備的主張がなされましたが，詳細な差異調整の内容は割愛します）。上記のような対応には，本件で比較可能性を担保するためには，一定の差異調整が必要であったとの一種の開き直りがあります。

これに対して，納税者（被控訴人）は，上記予備的主張に対して，内容面で争う一方で，そもそもの前提として，控訴人の予備的主張が，違法な理由の差替えに該当するものであって許されない旨反論しました。被控訴人の主張は以下のとおりです。

---

① 残余利益分割法において，検証対象取引と比較対象取引との間に差異がない旨の主張と，差異が存在するが調整することができるとの主張は，異なる課税要件事実に係るものであり，基本的な課税要件事実の同一性があるとはいえない。
② 被控訴人は青色申告書による申告の承認を受けた法人であり，課税処分の具体的根拠の開示を受けて，不服申立ての便宜が図られるという手続的な権利を保障されているところ，このような理由の差替えは，上記手続的権利の保障の趣旨を没却するから，許されるべきではない。

以上の当事者の主張をふまえ，本判決は，「本件国外関連取引の対価が独立企業間価格に満たないこと」という同一の課税要件事実に属し，ブラジル側比較対象企業の基本的利益の算定に直接関連するものであるとしても，マナウス税恩典が差異調整を要しないものであるとする場合と，差異調整を行うとする場合とでは，主張立証の対象となる事実が相当程度異なることになるのであるから，納税者としては，新たな攻撃防御を尽くすことを強いられ，かつ，その負担は軽くないというべきである旨判示しました。

さらに，本判決は，別の予備的主張2についても，被控訴人に物流コスト等や人件費較差について新たな攻撃防御を強いることになることを強調し，理由附記を求めている法の趣旨に照らすと，各予備的主張は，いずれも違法な理由の差替えに該当し許されないと解すべきである旨判示しました。

控訴審判決では，主張立証の対象となる事実が相当程度異なることから，新たな攻撃防御を尽くすことを強いられる納税者の負担は軽くないとして，国側の予備的主張は違法な理由の差替えに該当すると結論付けていることに鑑みれ

第4章　見解の相違が生じやすい税務上のカテゴリーと効果的対応テクニック　233

ば，主張立証の対象となる要件事実レベルでの基本的同一性がなければ理由の差替えは許されないとの理解を示しているとみることも可能です。

このように考えれば，差異がないことを前提とする主位的主張と，差異が存することを前提に差異調整する旨の予備的主張との間に，要件事実レベルでの同一性は存在しないものと判示しているに等しいと考えられます。

したがって，例えば，国外関連者が税恩典利益を享受している取引に関して移転価格課税を行うことを検討する場合，課税当局は，本判決を受けて以下のような発想で実務を進めてくる可能性があります。

---

① 税恩典利益の享受の有無を含めて比較対象取引をできる限り厳格な基準で選定する。
② 差異調整を行って比較可能性を維持することができるか否かについてもさらに慎重に検討し，事案によっては適切な差異調整によって対応する。
③ いずれにしても，税務争訟における理由の差替えに頼ることなく，税務調査の段階から，より慎重な比較可能性分析に基づく課税要件事実の認定を行うことを重視することが予想される。

納税者サイドとしても，予想される上記実務を十分に考慮した戦略的対応が必要となります。

iv） 争点4（残余利益の分割の適否）について

納税者は，「残余利益の分割は，残余利益を当該法人又は国外関連者の有する重要な無形資産の価値に応じて合理的に配分する方法により行わなければならないところ，処分行政庁がした残余利益の分割には，HDA社等の有する重要な無形資産であるコンソルシオ販売網に係るブラジル側分割要因を選定しておらず，残余利益の発生に寄与した程度を合理的に推測するに足りる要因に応じて分割したということができない等の瑕疵がある」旨の主張を行っていました。

しかしながら，本判決は，そもそも残余利益分割法の適用に当たって基本的利益の算定方法に瑕疵があったとして，残余利益の分割ファクターの検討を行うまでもなく課税処分の違法性を導いていることから，本争点について具体的な判断は示していません。残余利益分割法は，基本的利益（第一段階）と基本的利益を除いた残余利益（第二段階）をそれぞれ段階的に内国法人と国外関連

者に適正配分することが要求される独立企業間価格算定方法です。

　本判決は，第一段階である基本的利益の計算方法に重大な瑕疵があれば，第二段階である残余利益の分割の適否に関する論点は検討する余地すらないことを明確にするものです（ただし，独立企業間価格に関する立証上の問題として整理している）。税務調査等で残余利益分割法の適用を示唆されている場合，納税者は，ホンダ事件判決の上記のような段階的な考え方を利用することが有益であり，直ちに残余利益の分割に関する論点にフォーカスするのではなく，基本的利益の算定段階（土台部分）から丁寧に反論を組み立てることを意識すべきです。

(6)　TDK事件（平成22年1月27日国税不服審判所裁決（TAINSコード：F0-2-463））

①　TDK事件を検討する意義

　ホンダ事件では，前述のとおり残余利益分割法が適用される場合の，残余利益の分割ファクターの設定の合理性等に関する判示は一切行われませんでした。一方で，TDK事件では，同じく残余利益分割法による課税処分の適法性が問題となりましたが，同事件においては，ホンダ事件よりも一歩踏み込んで，残余利益分割法の分割ファクターの合理性の有無についても判断が示されていますので，以下簡単に紹介しておきます。

②　事案の概要

　TDK事件では，請求人（納税者である我が国の法人）が国外関連者に対してある最終製品の部品を販売するとともに，無形資産を供与していました。国外関連者は，請求人から供給された部品を用い，さらに供与された無形資産を使用することにより，最終製品を製造し，その一部を現地のマーケットで販売する一方で，一部を請求人に販売するといった取引も行っていました。

　課税当局は，①請求人が国外関連者に対してある最終製品の部品を販売する取引，②請求人が国外関連者から最終製品を購入する取引，および③請求人が国外関連者に対して無形資産を供与する取引を，個々別々に行われる取引としてではなく，一体となって営まれる一の取引であると認定し，各取引の相互関

第4章　見解の相違が生じやすい税務上のカテゴリーと効果的対応テクニック　　235

係が個々の取引の対価に影響を与えることから，基本三法および基本三法と同
等の方法の適用に当たり，比較対象取引を把握できなかったとして，一体とし
ての取引に対して残余利益分割法を適用して更正処分を行いました。請求人は
このような課税処分は違法である旨主張し，審査請求で処分の取消しを求めて
争いました。

③　争　　点

　本事案も様々な争点を含むものですが，本書ではこのうち，残余利益分割法
を適用できるとした場合であっても，適用上の問題点として，国外関連者が負
担した費用を請求人側の残余利益分割ファクターとしての研究開発費に含めた
ことの適否を中心に検討することにします。

④　裁決内容の検討

　本件の特徴として，国外関連者は，一定の研究開発費用を請求人に支払う形
で負担していましたが，原処分庁は，これを請求人側の研究開発費に含めて，
残余利益の分割を行っていた点が挙げられます。

　裁決では，まず以下の判断基準が示されています。

> 　双方が所有する無形資産の価値を判断する要素については，法的な所有関係だ
> けでなく，無形資産を形成等させるための活動において関連当事者の行った貢献
> についても勘案する必要があることから，当該無形資産の形成などのための意思
> 決定，役務の提供，費用負担及びリスク管理において，関連当事者が果たした機
> 能等を総合的に勘案し判断することが相当であると解される（なお，この取扱い
> は，移転価格事務運営指針２－12においても採用されている。）。

　その上で，あてはめとして，①国外関連者が本件研究開発の研究テーマの策
定に参加していたこと，②国外関連者が顧客に研究開発に係る情報等を提供し
ていること，③本件研究開発に係る進捗管理に当たって，国外関連者が研究開
発リスクに配意していることなどを認定し，国外関連者は本件研究開発におい
て相応の役割を果たしており，本件研究開発を通じて生じる関連無形資産の形
成等に貢献していると認められることから，当該費用は，国外関連者側の分割
指標としての研究開発費とみるのが相当であると結論付けがなされています。

そもそも，上記研究開発費用は国外関連者側における支出であり，一般常識からすれば，請求人側の費用になるはずもありません。ところが，残余利益分割法に基づく移転価格課税の局面では，本件のように，様々な理屈を駆使して残余利益に関する請求人側の分割ファクター（関連費用）の数値を上げることにより，増差所得を増やしたいという調査官の考え方が先行しやすいところです。その結果として，上記のような無理な費用の割付けがなされる可能性もあります。

　現行の最適方法原則のもとでも，残余利益分割法（に準ずる方法）が最も適切な方法であると認定される場合，本事案のように，残余利益分割ファクターについて課税当局から不合理な認定を受け，想定外の課税処分がなされる可能性があります。

　そこで，残余利益の分割ファクターについては，無形資産の形成過程との関係で日本の親会社の貢献と関連性のない費用が日本の親会社側に加算されていないかどうか，例えば，本件のように海外子会社が負担した研究開発費用等が日本の親会社の貢献ファクターとされていないかといった点につき，移転価格調査段階から十分に検討し，必要に応じて的確に反論していく必要があります。残余利益分割法に基づく課税がなされる場合，残余利益の分割ファクターの設定は，独立企業間価格の算定の中核をなすものであり，重要な課税要件事実を構成します。法令に照らして的確なファクター（課税要件事実）の認定がなされていない場合は，課税処分が違法となり得ることを，ポジションペーパー等の手段で当局担当者に適切に伝えておくべきでしょう。

　なお，単なる費用負担だけでは無形資産の形成への重要な貢献があったとは認められない可能性があるため（移転価格事務運営指針 3 −12（本件当時は 2−12）は，「単にその費用を負担しているというだけでは，貢献の程度は低い」ものとしています），納税者としては，費用の負担関係のみならず，国外関連者が研究開発に関与をして無形資産の形成に実際に貢献していることまで立証できるようにしておくことが望ましいといえます。

第4章　見解の相違が生じやすい税務上のカテゴリーと効果的対応テクニック　　237

⑺　エスコ事件（東京地判平成23年12月1日税資261号順号11823，東京高判平成25年3月14日税資263号順号12166）

①　事案の概要

　精密小型モーター等の販売等を行うＸ社（原告・控訴人）は，国外関連者である香港法人（Ａ社）との間でパチスロメーカー向けコインホッパー用モーター（「本件モーター」）の仕入取引を行っていました。本件において，Ｘ社は，独立企業間価格を算定するために必要と認められる帳簿書類等を税務調査過程で当局に遅滞なく提示または提出しなかったと認定され，その結果，平成22年改正前措置法66条の4第7項により算定した価格を上記仕入取引の独立企業価格と推定され，5事業年度にわたる法人税について，上記推定額を基礎にした更正処分等が行われました。

　Ｘ社側は，本件更正処分等は，推定課税の要件を欠き，推定された独立企業間価格も相当なものではないと主張するとともに，同社が提示する本件モーターに関する取引（Ａ社と第三者との間の取引）を比較対象取引として算定される価格が本件取引の独立企業間価格であるなどとして，異議申立て，審査請求を経て，処分取消しを求める訴訟を提起しました。Ｘ社は第一審，控訴審ともに敗訴し，最終的に上告不受理決定により敗訴判決が確定していますが，本件における争点，重要な規範，あてはめは，以下のとおりとなります。

②　争　　点

---

(1)　Ｘ社は，独立企業間価格を算定するために必要と認められる帳簿書類又はその写しを遅滞なく提示又は提出しなかったといえるかどうか（措置法66条の4第7項の適用の可否）

(2)　税務署長が推定した独立企業間価格は適法なものかどうか（措置法66条の4第7項所定の算定方法の要件を満たすかどうか）

(3)　Ｘ社が提示した内部取引は独立企業間価格に基づくものといえるかどうか

(4)　本件各更正処分等の前提となる調査手続における違法の有無

③　重要な規範

　本件控訴審判決は，推定課税の制度が，納税者にとって過酷で不合理な制度とは解することができないことを示すための一環として，以下の判示をしています。

　措置法66条の4第7項が推定課税の制度を採用している趣旨は，国外関連取引に係る独立企業間価格を算定する根拠となる帳簿書類等の提示又は提出について，納税者である法人の協力を確保することにある。すなわち，移転価格税制は，海外にある国外関連者との取引について，多様な要因により決定される取引価格の妥当性を問題とする制度であるから，対象となる取引価格の決定根拠や他の通常の取引価格に関する情報について，納税者から帳簿書類等の資料の提供という協力を受けることが必要であり，他方，納税者からのこのような協力が得られない場合に，税務当局が何の手立てもなくこれを放置せざるを得ないということになれば，課税の適正公平な執行が損なわれる結果となることから，その実効性を担保する目的で推定による課税の制度が設けられ，課税庁は，措置法66条の4第7項所定の要件がある場合には推定された独立企業間価格を基にして課税処分を行うことができることとされているのである。

　課税庁による措置法66条の4第7項に基づく処分の適法性が争われた場合には，課税庁側は，まず，同項所定の推定課税をするための要件の存在（争点1）と，推定課税の方法の適法性（同種事業類似法人の選定方法等。争点2）について主張立証する必要があることは明らかである。そして，納税者は，上記の課税庁側の主張立証について，反証によりこれを争うことができることはもちろんであるが，自らの有する資料によって，国外関連取引に係る適正な独立企業間価格を主張立証して，推定された独立企業間価格に基づく処分を争うこともできることになる。

　上記判示部分は，納税者が推定課税を受けた場合における納税者側の争い方の基本ルールを概観しており重要です。まず，主張立証責任の分配の観点からすれば，国側は，①推定課税をするための要件の存在，②推定課税の方法の適法性（同種事業類似法人の選定方法等）を主張立証する必要があり，これらの点について主張立証責任を負担します。納税者は，上記の国側の主張立証活動に対して反証しながら争うことも当然に可能となります。

　一方で，納税者が，推定課税を争う方策はもう一つあり，手持ち資料によって適正な独立企業間価格を自ら主張立証して推定を破るというものです。この

第4章　見解の相違が生じやすい税務上のカテゴリーと効果的対応テクニック　　239

点は，地裁判決においても明確に判示されているとおり，法律に定められた推定を破るという法律効果が生じるものである以上，納税者側が主張する金額が適正な独立企業間価格であることの立証責任は納税者側が負うということになります。

④　あてはめ

ⅰ）　推定課税をするため要件の存在

　本件におけるあてはめは，基本的に上記規範に沿った形で行われていますが，控訴審判決は，控訴審における国側の補充主張をふまえた判断を除いて，第一審判決を基本的に追認しています。

　まず，①の推定課税をするための要件の存在については，以下のとおり認定されています。

・税務署の職員・仙台国税局の職員は，Ｘ社に対し，少なくとも6回にわたり，文書又は口頭で，Ａ社の財務書類の提示を求め，また，4回にわたり，文書又は口頭で，Ｘ社における本件取引の価格算定の根拠となった資料の提示を求めたが，Ｘ社は，これらの書類を提示しなかったことが認められる。

・独立企業間価格の算定のためには，当該国外関連取引と比較対象取引の差異を調整するため（独立価格比準法の場合），通常の利益率（再販売価格基準法及び原価基準法の場合）・所得の発生に寄与した程度（利益分割法の場合）を算定するために，本件取引の当事者であるＸ社及びＡ社が本件取引においてどのような役割を果たしていたかを客観的に把握することが必要である。

・Ａ社の財務書類はＡ社の機能を端的に知ることを可能とする客観的な書類として，また，Ｘ社における本件取引の価格算定のための資料はＸ社とＡ社の役割をＸ社がどのように見積もっていたかを知るための資料として，いずれも独立企業間価格の算定に必要な書類であり，これらを提示しなかったことにより，Ｘ社は，独立企業間価格を算定するために必要と認められる帳簿書類又はその写しを遅滞なく提示又は提出しなかったものというべきである。

・Ｘ社が提出した香港取引の経緯書面，第1回答書，第2回答書，第3回答書は，いずれも本件取引におけるＸ社とＡ社の役割を客観的な数値に基づいて検討したものということはできず，これらの書面が提出されたからといって，上記のＡ社の財務書類やＸ社における本件取引の価格算定のための書類の代替となる書類が提出されたということもできない。

　以上のように，課税当局が複数回にわたって納税者に督促したにもかかわら

ず，当局が想定していた資料がまったく提出されなかった点が強調されています。このような事実関係については，国側が主張立証責任を負担しているため，国側が証拠に基づいて立証しています。納税者側も，経緯書面や回答書の提出等によって価格算定の根拠となり得る資料を提出したことになるといった反論・反証を行った模様ですが，上述のとおり裁判所に一蹴されています。

ii) 推定課税の方法の適法性

次に，推定課税の方法の適法性について，裁判所は以下のとおり判示しています。

・措置法66条の 4 第 7 項は，同項に基づく推定課税の方法として，当該法人の当該国外関連取引に係る事業と同種の事業を営む法人で事業規模その他の事業の内容が類似するものの売上総利益率等を基礎として算定した金額を当該独立企業間価格と推定して更正処分等をすることができる旨規定する。したがって，本件各更正処分等が適法であるためには，本件類似 3 法人が，本件取引に係る事業と同種の事業を営む法人で事業規模その他の事業の内容が類似するものであることが必要である。

・そして，推定課税の規定は，納税者側の書類の不提示，不提出という事情が存する場合に，独立企業間価格の立証責任を課税庁側ではなく納税者側に負わせることとする一種の立証責任の転換を定めた規定であると考えられ，同項に基づいて推定される金額は，同項所定の算定方法に従って算定された一応独立企業間価格と認められる金額であれば同項の趣旨に反するものではないと考えられること，同項の趣旨からは，同項による推定課税が不可能又は著しく困難となる場合が多くなることは移転価格税制の制度の意義を没却することにつながりかねないことからすると，当該国外関連取引に関する事業と推定課税の基礎となる法人の営む事業との間で事業が同種であること（事業の同種性）及び事業規模その他の事業の内容が類似するものであること（事業内容の類似性）については，それほど高度で厳格なものは要求されていないと解するのが相当である。同項が「同種の事業」とか「事業の内容が類似するもの」という比較的幅があることを前提とした文言を用いているのもその趣旨と解される。

・納税者側は，独立企業間価格の算定のために必要な書類を提出すれば推定課税の適用を免れることができるし，仮に，何らかの事情で遅滞なくこれらの書類を提出できなかった場合でも，自ら適正な独立企業間価格を主張立証することにより，推定を破ることができることからすると，このように解することが，納税者側にとって過酷なものであって不当であるということはできない。

第4章　見解の相違が生じやすい税務上のカテゴリーと効果的対応テクニック　241

以上のような一般論を説示した上で，裁判所は，あてはめの段階で，推定課税の方法の適法性についても肯定しました。推定課税のもとでは，事業の同種性や事業内容の類似性に厳格さは要求されず，これらの要件は比較的容易に充足されてしまうリスクがあることに留意すべきです。

iii）　推定を破るための活動

推定を破るための対応として，納税者（X社）は，自ら提出した比較対象取引（「納税者提出比較対象取引」）の取引価格を用いて独立価格比準法により独立企業間価格を算定することができると主張しました。

このような場合，納税者は，本件取引と納税者提出比較対象取引が，①同種の棚卸資産を対象とし，②取引段階，取引数量その他が同様の状況の下における売買であることを立証しなければならないということになります（措置法66条の4第2項1号イ参照）。

しかしながら，本判決では本件で問題となった取引は，一次卸業者の二次卸業者に対する売買取引であるのに対し，納税者提出比較対象取引は，三次卸業者が当該製品を加工して新たな部品を製造する業者に対して販売する取引であるから，両者は取引段階を異にする取引であると認定され，最終的に，納税者提出比較対象取引の取引価格を用いて，本件取引の独立企業間価格を算定することはできないと判示されました。

⑤　分析検討

以上のとおり，推定課税の方法の適法性については，極めて緩やかな要件のもとで認められているため，反証を成功させるのは容易でないことに加えて，推定を破るためには，納税者自らが主張する独立企業間価格が適正であることについて立証責任を負わされていることもあって，推定を破ることについても納税者にとってはやや高いハードルが設定されているといえます。

このような状況に鑑みると，推定課税に対する最も効果的な対策は，推定課税を打たれないように，文書化を的確に進めた上で，税務調査において独立企業間価格を算定するために必要と認められる帳簿書類またはその写しを遅滞なく当局に提示または提出できるよう準備しておくことであり，納税者は文書化の重要性をしっかりと認識しておく必要があります。なお，移転価格税制における文書化については第2章の4(3)①を参照してください。

242

---

8 攻撃・防御に役立つその他の裁判例の キーワード・規範

　税務調査，不服申立て，税務訴訟を戦い抜くに当たっては，前述の裁判例・審判所裁決以外にも参照すべき重要事案が多数存在します。これらの事案については，紙幅の関係から案件ごとに詳細な解説を加えることはできません。そこで，以下では，主要な裁判例の重要規範部分と想定される活用方法（場面）のみにスポットを当てて，簡潔に解説することとします。

(1)　文理解釈

ホステス報酬源泉徴収事件（最判平成22年 3 月 2 日判時2078号 8 頁）

規範

　一般に，「期間」とは，ある時点から他の時点までの時間的隔たりといった，時的連続性を持った概念であると解されているから，（措置法）施行令322条にいう「当該支払金額の計算期間」も，当該支払金額の計算の基礎となった期間の初日から末日までという時的連続性を持った概念であると解するのが自然であり，これと異なる解釈を採るべき根拠となる規定は見当たらない。

　原審は，上記 4 のとおり判示するが，租税法規はみだりに規定の文言を離れて解釈すべきものではなく，原審のような解釈を採ることは，上記のとおり，文言上困難であるのみならず，ホステス報酬に係る源泉徴収制度において基礎控除方式が採られた趣旨は，できる限り源泉所得税額に係る還付の手数を省くことにあったことが，立法担当者の説明等からうかがわれるところであり，この点からみても，原審のような解釈は採用し難い。

　そうすると，ホステス報酬の額が一定の期間ごとに計算されて支払われている場合においては，（措置法）施行令322条にいう「当該支払金額の計算期間の日数」は，ホステスの実際の稼働日数ではなく，当該期間に含まれるすべての日数を指すものと解するのが相当である。

活用方法（場面）

　租税法における解釈の仕方はいくつかあり，文理解釈のほかに，趣旨解釈，類推解釈，拡大解釈，縮小解釈，反対解釈といった解釈の手法があり得ることにな

第4章　見解の相違が生じやすい税務上のカテゴリーと効果的対応テクニック　　243

ります。このうち文理解釈は，租税法の解釈手法の中核をなすものであり，法的安定性と予測可能性の確保のためにも，租税法の規定は，文理に即して字義どおりに解釈する必要があるという解釈法理です。税務紛争では，課税当局が，ある租税法の文言について明らかに規定の文言を離れた解釈論を展開してくることがあります。そのような場合は，まず文理解釈を前提とする反論ができないか検討すべきです。例えば，課税当局は，制度趣旨や経済実態等を前面に出しながら，許容範囲を超えた趣旨解釈や拡大解釈等を行ってくることがありますが，そのような場合は，「文理解釈」による対応が強力な武器となる可能性があります。上述のホステス源泉徴収事件は，文理解釈を重視した著名な最高裁判決であり，上述のような局面で引用できるよう，是非とも押さえておく必要があります。

(2)　目的論的解釈，権利濫用

外国税額控除余裕枠利用事件（最判平成17年12月19日民集59巻10号2964頁）

規範

(1)　法人税法69条の定める外国税額控除の制度は，内国法人が外国法人税を納付することとなる場合に，一定の限度で，その外国法人税の額を我が国の法人税の額から控除するという制度である。これは，同一の所得に対する国際的二重課税を排斥し，かつ，事業活動に対する税制の中立性を確保しようとする政策目的に基づく制度である。

(2)　ところが，本件取引は，全体としてみれば，本来は外国法人が負担すべき外国法人税について我が国の銀行である被上告人が対価を得て引き受け，その負担を自己の外国税額控除の余裕枠を利用して国内で納付すべき法人税額を減らすことによって免れ，最終的に利益を得ようとするものであるということができる。これは，我が国の外国税額控除制度をその本来の趣旨目的から著しく逸脱する態様で利用して納税を免れ，我が国において納付されるべき法人税額を減少させた上，この免れた税額を原資とする利益を取引関係者が享受するために，取引自体によっては外国法人税を負担すれば損失が生ずるだけであるという本件取引をあえて行うというものであって，我が国ひいては我が国の納税者の負担の下に取引関係者の利益を図るものというほかない。そうすると，本件取引に基づいて生じた所得に対する外国法人税を法人税法69条の定める外国税額控除の対象とすることは，外国税額控除制度を濫用するものであり，さらには，税負担の公平を著しく害するものとして許されないというべきである。

244

活用方法（場面）

外国税額控除余裕枠利用事件の最高裁判決においては，形式的には外国税額控除の要件を充足しているにもかかわらず，問題となった取引が外国税額控除の制度を濫用するものであるとして，外国税額控除を認めませんでした。文理解釈が原則的解釈手法であるとすれば，制度の趣旨・目的を過度に重視して規定文言から乖離した解釈を行うことは本来許されないはずです。

しかしながら，本件のように，制度の趣旨・目的から著しく逸脱した態様での租税減免規定等の利用がある場合は（上記下線部参照），制度濫用法理により課税が正当化される場合があります。最高裁が依拠した制度濫用論は，租税法律主義のもとでは許容されないとの批判的見解も多いことから（権利の濫用を禁止する明文の規定がない場合に，濫用禁止原則が税法に内在すると考えることは，「租税法律主義の自己否定である」とする見解（谷口78頁）もある），今後の実務において，制度濫用論をどのように位置付けるかが一つの課題になると思われます（4⑷のヤフー事件最高裁判決も参照のこと）。いずれにせよ，制度濫用論は，最高裁が個別事案の解決に向けて考案した言い回しであり，これを課税当局が通常の課税実務でストレートに援用することは認められない，と考えるべきです。

制度の濫用が疑われるようなケースであっても，課税処分に当たり制度濫用といった表現が露骨に用いられることはないかもしれませんが，事案によっては，趣旨目的を勘案するという大義名分のもと，文理を完全に逸脱する文言解釈を課税当局が提示してくる可能性があります。その前提として，本最高裁判決の考え方を都合よく援用してくる可能もありますので，納税者としては，そのような場合の対応方法には十分留意すべきといえます。

制度の趣旨目的を勘案することが一定の範囲で許容される場合があるにせよ，租税法律主義の観点からは，あくまで文理との整合性が問われるという基本原則に立ち戻った対応を意識することが重要です。なお，同種事案に関する最高裁判例として，最判平成18年2月23日判夕1206号172頁があります。

(3) 課税要件明確主義

レポ取引事件（東京高判平成20年3月12日税資258号順号10915）

規範

所得税法161条6号にいう「貸付金（これに準ずるものを含む。）」は，消費貸借契約に基づく貸付債権以外の債権を含む趣旨で規定されたものと解するのが相当であり，同号の「貸付金（これに準ずるものを含む。）」の「利子」は，消費貸借

第4章　見解の相違が生じやすい税務上のカテゴリーと効果的対応テクニック　　245

契約に基づく貸付債権を基本としつつ，その性質，内容等がこれとおおむね同様ないし類似の債権の利子というべきであり，原因となる法律行為の法形式のみからその適用の有無を判断できるものではないものの，他方で，社会通念上，私法上の消費貸借契約における貸付債権とその性質，内容等がおおむね同様ないし類似するか否かが問題となり，その法形式等を全く考慮することなく，経済的効果のみに着目して判断することもできないから，これについて，<u>専ら経済的な効果に着目して「貸付金」の解釈の範囲を広げ，「これに準ずるものを含む。」との規定と相まってその外延を不明確にする結果をもたらすことは，租税法律主義の内容である租税要件明確主義に沿った解釈ということはできず，租税要件明確主義に反した解釈とならないためには，外延を不明確にすることのない解釈を行うべきであって，</u>この点からみても，控訴人らの上記主張を採用することができないといわざるを得ない。

活用方法（場面）

　課税当局は，取引の経済的な効果に注目し，租税法規中の特定の文言を都合よく広げたり狭めたりする形で，外延が不明確になるような文言解釈を採用してくることがあります。

　このような場面では，本判決を指摘し，外延を不明確にするような解釈は，課税（租税）要件明確主義，租税法律主義に反するとの反論により牽制することが考えられます。ただ，課税（租税）要件明確主義，租税法律主義といった用語を単に振りかざすだけでは説得力は乏しく，問題となっている租税法規の立法趣旨等も十分に分析した上で，文脈に応じたインパクトのある活用を目指したいところです。課税要件明確主義に反するような課税が行われる場合，同時に文理解釈に違反している場合も多く文理解釈との合わせ技で主張していくことも視野に入れるべきでしょう。

(4)　通達の意義

馬券払戻金の所得分類が問題となった事件（最判平成27年3月10日刑集69巻2号434頁）

規範

　所得税法上，営利を目的とする継続的行為から生じた所得は，一時所得ではなく雑所得に区分されるところ，営利を目的とする継続的行為から生じた所得であるか否かは，文理に照らし，行為の期間，回数，頻度その他の態様，利益発生の

規模，期間その他の状況等の事情を総合考慮して判断するのが相当である。

　これに対し，検察官は，営利を目的とする継続的行為から生じた所得であるか否かは，所得や行為の本来の性質を本質的な考慮要素として判断すべきであり，当たり馬券の払戻金が本来は一時的，偶発的な所得であるという性質を有することや，馬券の購入行為が本来は社会通念上一定の所得をもたらすものとはいえない賭博の性質を有することからすると，購入の態様に関する事情にかかわらず，当たり馬券の払戻金は一時所得である，また，購入の態様に関する事情を考慮して判断しなければならないとすると課税事務に困難が生じる旨主張する。しかしながら，所得税法の沿革を見ても，およそ営利を目的とする継続的行為から生じた所得に関し，所得や行為の本来の性質を本質的な考慮要素として判断すべきであるという解釈がされていたとは認められない上，いずれの所得区分に該当するかを判断するに当たっては，所得の種類に応じた課税を定めている所得税法の趣旨，目的に照らし，所得及びそれを生じた行為の具体的な態様も考察すべきであるから，当たり馬券の払戻金の本来的な性質が一時的，偶発的な所得であるとの一事から営利を目的とする継続的行為から生じた所得には当たらないと解釈すべきではない。また，画一的な課税事務の便宜等をもって一時所得に当たるか雑所得に当たるかを決めるのは相当でない。よって，検察官の主張は採用できない。

活用方法（場面）

　本判決以前に定められていた所得税基本通達34－1は，一時所得の例示として，懸賞の賞金品，福引の当選金品等とともに「競馬の馬券の払戻金，競輪の車券等の払戻金等」を挙げていました。本件（刑事事件）でも，検察側は，この通達の考え方をベースにして，馬券の払戻金の所得分類を一時所得としていました。

　しかし，そもそも通達は画一的な税務執行の便宜のために定められる行政組織内の命令であり，課税処分の根拠となるものではありません。課税はあくまで租税法令に基づいてなされることになります。通達の強引な適用が法令の客観的解釈に沿わないと感じれば，安易に課税に応じることなく法令そのものの趣旨・目的に立ち戻って課税に対抗してみてはいかがでしょうか。

　ただし，課税が通達を機縁として行われたものであっても，通達の内容が法の正しい解釈に合致する場合は，課税処分は法の根拠に基づく処分と解されることに留意する必要があります（パチンコ遊技機事件：最判昭和33年3月28日）。ポイントは，通達の画一的・形式的適用が，法令解釈の許容範囲を超えるかどうか，ということになります。

(5) 多様な事業体

米国デラウェア州リミテッド・パートナーシップ（LPS）が我が国の租税法上「法人」に該当するとされた事案（最判平成27年7月17日民集69巻5号1253頁）

規範

　外国法に基づいて設立された組織体が所得税法2条1項7号等に定める外国法人に該当するか否かを判断するに当たっては，まず，より客観的かつ一義的な判定が可能である後者の観点として，(1)当該組織体に係る設立根拠法令の規定の文言や法制の仕組みから，当該組織体が当該外国の法令において日本法上の法人に相当する法的地位を付与されていること又は付与されていないことが疑義のない程度に明白であるか否かを検討することとなり，これができない場合には，次に，当該組織体の属性に係る前者の観点として，(2)当該組織体が権利義務の帰属主体であると認められるか否かを検討して判断すべきものであり，具体的には，当該組織体の設立根拠法令の規定の内容や趣旨等から，当該組織体が自ら法律行為の当事者となることができ，かつ，その法律効果が当該組織体に帰属すると認められるか否かという点を検討することとなるものと解される。

活用方法（場面）

　外国法に基づいて組成された事業体が，我が国の租税法上，どのようなステイタスを与えられるか，より具体的には法人，任意組合，匿名組合といった各種組織体のいずれに該当するかは，実務上重要な問題であり，様々な場面で問題となり得ます。

　本件では，外国の事業体が我が国の「法人」に該当するか否かが直接の争点となり，最高裁判決では，判定方法の枠組みが具体的に示されました。今後の実務では，最高裁が判示した上記枠組みに沿った法人該当性判断が必要となるところですが，国税庁は，平成29年2月9日，「The tax treatment under Japanese law of items of income derived through a U.S. Limited Partnership by Japanese resident partners」という書面をウェブサイト上でリリースし，米国リミテッド・パートナーシップ（LPS）をパス・スルー事業体として取り扱うことを否定しないと発表しており（ただし，米国の税務上，法人として取り扱う選択がされていない場合に限る），最高裁判決と国税庁の上記発表の関係をどのように考えるべきかやや悩ましい状況が生じています。本件最高裁判決で示された判断枠組みを，今後どのように生かしていくかについては，実務の集積と更なる議論が必要になるように思われます。

第5章

税務争訟を事前に回避する
ための税務コンプライアンス

(1) 税務コンプライアンスの視点

① 税務コンプライアンスとは

　税務コンプライアンスとは，租税法令を遵守した納税義務の履行のことを指します。国税庁は，「税務に関するコーポレートガバナンスの充実に向けた取組の事務実施要領」において，税務コンプライアンスを，「納税者が納税義務を自発的かつ適正に履行すること」と定義しています。

　本書で繰り返し述べてきたとおり，ある取引に関する税額を算出するに当たり，納税義務者と当局間で租税法令の解釈・適用をめぐる見解の相違が生じることは日常茶飯事であり，租税法令の遵守あるいは適正な納税義務の履行といっても，その管理は容易なことではありません。しかしながら，特に大企業（国税局特別国税調査官所掌法人）との関係では，国税庁も上述の「税務に関するコーポレートガバナンスの充実に向けた取組の事務実施要領」を策定し，大企業の税務コンプライアンスの維持・向上に向けた税務に関するコーポレートガバナンスの充実を図ろうとしています。このような時流の中では，大企業のみならず中小企業についても，税務コンプライアンスに組織的に取り組んでいくのがあるべき姿であるように思われます。

　国税庁は，「税務に関するコーポレートガバナンスの確認項目の評価ポイント」のうち「トップマネジメントの関与・指導」として，**図表5－1**の点を挙げています。

図表 5 - 1　トップマネジメントの関与・指導

①税務コンプライアンスの維持・向上に関する事項の社訓，コンプライアンス指針等への掲載	税務コンプライアンスに特化した指針等がある又はコンプライアンスに関する社訓や指針等に税務コンプライアンスに関する項目を明示的に掲載しているか。
②税務コンプライアンスの維持・向上に関する方針のトップマネジメントによる発信（例：社内 LAN に掲載，研修で伝達など）	①の社訓や指針等が，社内 LAN への掲載や研修等を通じ全社員に対して発信され（役員・部長職等からの間接伝達を含む），社員へ浸透しているか。
③税務調査の経過や結果のトップマネジメントへの報告	税務調査結果だけでなく，適時トップマネジメントに税務調査状況を報告しているか。
④税務に関する社内監査結果のトップマネジメントへの報告	適時トップマネジメントに社内監査の結果を報告しているか。
⑤社内監査や税務調査等で税務上の問題事項が把握された場合における，その再発防止策に対するトップマネジメントの指示・指導	担当部署等が提示した再発防止策に対してトップマネジメントが，指示・指導を的確に行っているか。
⑥トップマネジメントへの再発防止策の運用状況の報告	再発防止策の運用状況についてトップマネジメントに適時報告しているか。
⑦トップマネジメントから社内に対する税務調査への適切な対応についての指示	税務調査への協力についてトップマネジメントから指示しているか。

　以上の評価ポイントを考慮すると，税務コンプライアンスについては，大企業・中小企業問わず，トップマネジメントが関与・管理することで，適正な体制を構築し，効果を上げることが重要であると思われます。

　ただ，税務コンプライアンスの維持を目指した体制作り自体はたしかに重要なことかもしれませんが，結局，真価が問われるのは，その内容，運用方法ということになります。税務調査対応において，当局と納税者間で真っ向から見解が対立している場合に，当局の見解に迎合することが税務コンプライアンスということでは決してありません。

　むしろ，見解の相違が生じている局面では，弁護士等の専門家の意見も聴取しながら，租税法令の遵守の有無を慎重に検討し，納税者の判断が正しいと考えるのであれば安易な妥協はせずに，次のステージで第三者の判断を仰ぐ（すなわち不服申立て，税務訴訟に進む）ことも税務コンプライアンスの重要な要素の一つといえます。

調査担当者の独自の考え方に基づいて課税処分が打たれようとしているケースを想定した場合，上記調査担当者の考え方に迎合して修正申告をし，あるいは更正処分を争わずに放置すると，株主代表訴訟が提起される可能性があります。株主等のステークホルダーの立場からすると，争えば勝てる可能性が高いケースにおいて，争わずに妥協するということは，ある意味，租税法令を遵守していないに等しく，税務コンプライアンス違反を疑われても仕方のないところです。

以上の点に関連するものとして，課税問題に対する対応は，会社法の本筋であるコーポレート・ガバナンスの問題ときわめて密接に関連する重要な問題であって，経理部マターの技術的問題にとどまるものではないとの指摘もあるところです（中里実「企業の直面する課税問題に関する法務と税務の関係」（NBL 992号，2013年）57頁参照）。

このように，税務に関するコンプライアンス，コーポレート・ガバナンスという問題については，①会社法と密接に関連する問題として，適正納税のほかに当局に対する安易な妥協を否定することをも範囲に取り込む立場，②社内監査の活用，税務調査への対応と再発防止のための取組み，経理・監査部門の体制・機能の強化といったように，適正な納税をすることに向けられた社内環境の整備というやや範囲を限定した考え方を志向する立場を含め，重点の置き方に応じて様々な立場が併存している状況にあります。したがって，納税者としては，税務に関するコンプライアンス，コーポレート・ガバナンスといった言葉がどのような文脈で用いられているのかについて十分に意識をした上で，活用を検討すべきことになります。

② 税務に関連して生じ得る取締役の責任

ⅰ) 意識すべき3つの局面

言うまでもないことですが，取締役は，業務執行について善管注意義務を負っています。

ただ，取締役は業務上の判断において広範な裁量が認められており，善管注意義務が尽くされたか否かの判断は，行為当時の状況に照らし合理的な情報収集・調査・検討等が行われたか，および，その状況と取締役に要求される能力水準に照らし不合理な判断がなされなかったかを基準にされるべきであり，事後的・結果論的な評価がなされてはならない，というのが基本的な考え方と

なっています（江頭憲治郎『株式会社法（第7版）』（有斐閣，2017年）470・471頁参照）。

　税務上の検討事項は極めて多岐にわたりますが，一般論としては，以下の3つの局面において，取締役の善管注意義務違反が問われないかを検討しておくことが重要です。

---

① 当局との間で見解の相違が生じている場合に，これを受け入れて事案を終結させるか，それとも更正処分に対して不服申立てにより争っていくか，という局面
② 取引実行段階において税務上の効果を検討する局面
③ 税務コンプライアンス体制（内部統制）の構築という局面

　このうち，③の局面は，内部統制もふまえた適切な仕組みを構築する必要があるところ，上述の「税務に関するコーポレートガバナンスの充実に向けた取組の事務実施要領」を参照すべき場合があります。一方で，②の局面は，取引の重要性に応じて判断の要素や深度も異なってくるものと思われますが，特に重要な取引を行う場合は，当局に対する事前確認（照会）を活用すべき場合もあり，この点については次項以下で後述します。以下では，①の点を簡単に解説しておくことにします。

ⅱ）　不服申立てに進むか否かの取締役の判断要素

　ここ10年ほどの間で，更正処分の大型化が顕著な傾向として見られます。移転価格税制，タックスヘイブン対策税制といった国際税務分野の課税処分では，課税所得ベースで数百億円，多い場合で数千億円といった超大型事案もあり，このような事案においては，更正処分を争うか否かは，極めて重要な経営判断となります。一方で，税務当局から税務申告の誤り（非違）を指摘される場合であっても，金額的な規模が極めて小さいケースもあり得ます。

　それでは，取締役は，税務申告の誤り（非違）を指摘されているようなケースで不服申立てに進むか否かに関して，どのような事項をどの程度検討すれば善管注意義務を果たしたといえるのでしょうか。この点については，税務事案そのものに関する公表裁判例は見当たらないものの，関連する裁判例の傾向等も考慮した場合，概ね以下のことがいえます。

第5章　税務争訟を事前に回避するための税務コンプライアンス　253

---

① 不服申立て，税務訴訟を提起した場合の勝訴の蓋然性を検討する
② 勝訴した場合に得られる利益と手続に要する費用（専門家費用等）を比較検討する
③ 税務争訟に進まなかった場合に予想されるレピュテーションリスクの吟味
④ 逆に，税務争訟に進んだ場合に予想されるレピュテーションリスクの吟味

　上記①〜④はあくまでも重要項目の例示であり，最終的には諸般の事情を総合考慮しながら判断していく必要があります。

iii)　勝訴の蓋然性判断

　一方で，①の要素がかなり重要な要素を占めることは事実です。取締役は，勝訴の蓋然性判断に当たり，どの程度の情報収集・調査等を行えばよいのでしょうか。この点については，取締役の信頼の保護として，例えば，「弁護士，公認会計士もしくはその他の者の職業的もしくは専門的能力の範囲内であると信ずる事項に関して，それらの専門家に対する信頼も認めるべきである」とする見解があります。この見解は，さらに，「従来アメリカで展開された弁護士の助言に対する信頼の抗弁に関する判例法に倣って，取締役が誠実にかつ注意して，①適格であると信ずる専門家を選任したこと，②関連すると信ずるすべての情報を専門家に開示したこと，③当該専門的事項に関する助言を受けたこと，および④与えられた助言に従って行為したことが要求されるものと考える」といった形で，議論を展開しています（以上につき，畠田公明『コーポレート・ガバナンスにおける取締役の責任制度』（法律文化社，2002年）75頁参照）。

　上記のような見解があることなどもふまえると，取締役として，税務争訟を得意とする弁護士や税理士等の専門家を選任し，適切な情報開示を前提に当該専門家の助言を受けることにより，勝訴の蓋然性を多角的に検討するなどしておくことが，税務上の判断（勝訴の蓋然性等もふまえた税務訴訟提起の是非）に関する善管注意義務違反を避ける上で，効果的な対応となる局面もあるように思われます。

　なお，東京大学の中里教授は，税務の観点のみから技術的に課税問題を解決しようとすれば，法務の観点は必然的におろそかになり得るという点が重要であり，特に，課税問題に関する税務の専門家による（裁判を避けようとするた

めの）当局との（法務の観点からは，場合によっては安易ともみられるかもしれない）妥協は，代表訴訟のリスクを高めるので要注意との指摘をされており（中里実「企業の直面する課税問題に関する法務と税務の関係」（NBL992号，2013年）59頁参照），意見聴取先が税務の専門家（税理士，会計士）のみに偏らないよう，法務の専門家としての弁護士の意見も幅広く取得しておくのが無難といえます。

法務の専門家としての弁護士といっても，株主代表訴訟に強い弁護士もいれば，税務訴訟に強い弁護士，国際税務に強い弁護士等様々ですので，事案の性格にもよりますが，できる限りワンストップで総合的なアドバイスが受けられる法律事務所に相談するのが有益です。

iv） 費用対効果の考え方

一方で，②の「勝訴した場合に得られる利益と手続に要する費用（専門家費用等）を比較検討する」という視点については，課税された場合の税額と専門家費用として予想される見積もりの額を比較して，後者の方が少しでも上回る可能性があれば，不服申立てをする必要がないかというと，そこまで単純な考え方にはならないように思われます。

例えば，重加算税を課される可能性がある事案を想定した場合，案件によっては，課税総額自体がそれほど大きくならない場合もあり得ますが，何ら争うことなく非違（仮装・隠蔽の事実）を認めると，会社のコンプライアンス体制の不備を自ら認める形にもなりますので，事案が社会に明るみになった場合のレピュテーションリスクは甚大です。このような場合，少なくとも弁護士等の専門家に，過去の先例等に照らした事案の詳細な分析・検討を依頼し，争うべき事案は毅然と争っていくという姿勢が大切になります。

(2) 税務争訟を事前に回避することの意義

前章までの検討によれば，課税要件を充足しているか否かの判断が微妙なスキームや取引については，将来的に納税者と課税当局間で見解の相違が起こりやすく，納税者の抵抗もなしく強気の課税処分に至るケースが比較的多いことがわかります。その一方で，課税当局としても，不透明な要素があるケースのすべてについて課税処分を行うわけではありません。取引実行段階で課税を受

ける可能性のある不安要素が多少あったとしても，税務調査段階で合理的な説明を納税者が行うことで，課税処分が行われないこともあります。それはそれで，効果的な対応と評価することもできます。

　しかしながら，複雑なスキームや取引を新たに実行しようとする局面においては，課税リスクをできる限り確実にコントロールしなければならない場合があります。取引の規模や重要性等を考慮した場合に，後になって予期せぬ課税処分を打たれるくらいなら，最初から取引を実行しない，あるいは取引内容を変更しておく方が望ましいといったケースもあるからです。特に，上場会社では，取締役の言動は常に株主の目にさらされていることから，複雑なスキームや巨額の取引を実行する場合は，あらゆる角度から取引の合理性を検証し，善管注意義務を尽くすことが求められます。そのような検証の一環として，取引（スキーム）に対する課税上の評価（インパクト）を事前に確認しておくことは，取締役の義務履行の観点からも有益といえます。

　ただし，課税は相手（当局）あっての話であるため，将来の課税リスクをコントロールしようと思うと，事前に当局に対して取引等に関する状況説明を行って，一定の示唆をもらうしかありません。以下では，課税リスクを事前にコントロールするための手段として具体的にどのようなものがあるのか，個別に見ていくことにしましょう。

(3)　事前照会制度

①　文書回答手続

　実務では，様々な形で，納税者から国税局，税務署等への事前照会がなされているのが実状ですが，国税庁が公式の制度としてウェブサイトで公表しているのは，「文書回答手続」といわれるものです。

　事前照会に対する文書回答は，納税者サービスの一環として，個別の取引，事実等（「取引等」）に係る税務上の取扱い等に関する事前照会に対する回答を文書により行うとともに，その内容を公表することにより，同様の取引等を行う他の納税者に対しても国税（関税，とん税および特別とん税を除く）に関する法令の適用等について予測可能性を与えることを目的として実施されています（事前照会に対する文書回答の事務処理手続等について（事務運営指針）による）。

事前照会の範囲については，文書回答の趣旨をふまえ，次の要件のすべてを満たす事前照会に対して，事前照会者の求める見解への回答を文書により行うこととされています（同指針「1　文書回答を行う対象となる事前照会の範囲」）。ただし，国等に対する寄附金の事前確認，独立企業間価格の算定方法等の確認など，それぞれの趣旨・目的に基づいて別途事務運営指針等により手続が定められているものについては，当該事務運営指針等によることに留意しなければなりません。

① 事前照会者が行う取引等に係る国税に関する法令の解釈・適用その他税務上の取扱いに関する事前照会であること
② 申告期限前（源泉徴収等の場合は納期限前）の事前照会であること
③ 実際に行われた取引等又は将来行う予定の取引等で個別具体的な資料の提出が可能なものに係る事前照会であること（（注）「将来行う予定の取引等」に係る事前照会には，照会の前提とする事実関係について選択肢があるものは含まれないことに留意する）
④ 事前照会者が，事前照会の申出の際に，後記3（筆者注：事前照会時の対応及び提出書類等）(2)所定の書類を提出するとともに，照会内容の審査の際に，審査に必要な追加的な資料の提出に応じること
⑤ 照会内容及び回答内容が公表されること，公表に関して取引等関係者の了解を得ること，並びに仮に公表について取引等関係者間で紛争が起こった場合には，事前照会者の責任において処理することについて，事前照会者が同意していること
⑥ 調査等の手続，徴収手続，酒類等の製造免許若しくは酒類の販売業免許又は酒類行政に関係する事前照会でないこと
⑦ 取引等に係る税務上の取扱い等が，法令，法令解釈通達あるいは過去に公表された質疑事例等において明らかになっているものに係る事前照会でないこと
⑧ 個々の財産の評価や取引等価額の算定に関する事前照会でないこと

以上の要件からもわかるとおり，文書回答手続を利用するには，様々な制約があります。まず，照会内容や回答内容が公表されることを甘受する必要があるところ，公表に抵抗がある事案では，本手続を利用する価値は乏しいといえます。その一方で，実際に行われた取引等のほかに将来行う予定の取引等についても，個別具体的な資料の提出を前提に，文書回答手続の利用が認められている点は魅力的といえます。いずれにしても，かなり細かい手続が定められていることから，これらの制約に服することを厭わないということが，手続利用

第５章　税務争訟を事前に回避するための税務コンプライアンス　257

の大前提となります。

　なお，以上のほか，事前照会の内容が以下のような特定の性質を有しないものであることも求められていることに留意する必要があります（同指針１(9)イ～ル参照）。

---

　①　実地確認や取引等関係者等への照会等による事実関係の認定を必要とするもの
　②　国税に関する法令以外の法令等に係る解釈等を必要とするもの
　③　事前照会に係る取引等が，法令等に抵触し，又は抵触するおそれがあるもの
　④　事前照会に係る取引等と同様の事案について，税務調査中・不服申立て中・税務訴訟中である等，税務上の紛争等が生じているもの
　⑤　事前照会に係る取引等について，取引等関係者間で紛争中又は紛争のおそれが極めて高いもの
　⑥　同族会社等の行為又は計算の否認等に関わる取引等，通常の経済取引としては不合理と認められるもの
　⑦　税の軽減を主要な目的とするもの
　⑧　一連の組み合わされた取引等の一部のみを照会しているもの
　⑨　事前照会者や事前照会に係る取引等関係者が，租税条約における明確な情報交換協定がない等，我が国の国税当局による情報収集や事実確認が困難な国や地域の居住者等（当該国，地域に住所又は居所を有する個人及び当該国，地域に本店又は主たる事務所を有する法人をいう。）であるもの
　⑩　審査の途中において，照会の前提とする事実関係が合理的な理由なく変更されるもの
　⑪　上記に掲げるもののほか，本手続による文書回答が適切でないと認められるもの

　上記の要件からは，実地確認や照会等により，詳細な事実認定を要する事案は，文書回答手続に馴染まないことがわかります。また，租税回避が疑われる事案や，行為計算否認の対象となる可能性があるなど，通常の経済取引としては不合理と認められる事案についても，利用が認められないことになります。したがって，文書回答手続については，事実認定に争いがなく，租税回避的要素がないことを前提に，法令解釈の方向性を文書で確認することを目的とする場合に活用可能性があるといえるでしょう。

②　その他の手続

　文書回答手続は，上述のとおり手続が厳格でありやや利用しにくい面も有していますが，文書回答手続以外の方法で，実際に行われた取引等についての事前確認を行う手段は一切確保されていないのかといえば，必ずしもそのようなことはありません。

　例えば，実務では，税務署や国税局に対して，文書で個別事項に関する照会をかけるケースは多数ありますが（税理士や弁護士を通じて実施される場合も多い），そのすべてが上述の文書回答手続を利用しているわけではありません。照会書を税務署や国税局に提出して，相談ベースで協議を行い，口頭で一定の回答を得る場合もあります。

　ただ，このような形での事前確認に対する当局の回答は，通常文書ではなされないことから，納税者としては，口頭でなされた回答を法的にどのように位置付けるかが常に課題となります。口頭であれ，「課税上の弊害はない」との当局の回答を得ておけば，多くの場合，その後の税務調査で同一論点を蒸し返され，課税に至ることはないと思われます。しかしながら，事前確認の際の説明や提出資料とは明確に異なる事実関係を税務調査で認定されてしまったような場合，前提事実に齟齬があったとして，後日課税対象となる可能性もあるため留意する必要があります。

　結局のところ，前提となる事実について，当局と見解の相違が生じる可能性がある事案との関係では，事前確認は必ずしも安定的な制度とは評価できない側面があります。

　以上のように，複雑な課税要件事実の認定が必要となる事案では，そもそも事前確認の段階で完全に折り合いをつけることに一定の限界があるように思われます。そのことも視野に入れながら，納税者は，①事前確認を行うか否か，②事前確認を行うとして，文書回答手続を利用するかそれともそれ以外の方法によるかといった点を慎重に検討する必要があります。

(4) 移転価格税制に関する事前確認（APA）

① 移転価格税制に関する事前確認制度の概要

　納税者が，特定の国外関連取引について，移転価格上の問題がないことの確認を予め税務当局に求め，税務当局が審査を行った上で（場合によっては相手国との相互協議も経て），そのような求めに応じた確認を行うという事前確認手続（実務では APA（Advance Pricing Agreement の略）と呼ばれています）があります。具体的な手続は，移転価格事務運営指針の第6章に定められており，事前確認の申出は，事前確認を受けようとする事業年度（確認対象事業年度）のうち最初の事業年度開始の日までに，国外関連者の所在する国または地域ごとに一定の記載をした「独立企業間価格の算定方法等の確認に関する申出書」（確認申出書）を所轄税務署長に提出することにより行うものとされています。

　確認申出書には様々な資料を添付する必要がありますが，事前確認を受けようとする国外関連取引（確認対象取引）に係る独立企業間価格の算定方法等およびそれが最も適切な方法であることを説明した資料が要求されていることからも明らかなとおり，納税者にとっては，確認対象取引に沿った最も適切な移転価格算定方法を税務当局に疎明することが，最も重要な課題となっています。

　事前確認の効果として，所轄税務署長は，事前確認を受けた国外関連取引（確認取引）について事前確認の内容に適合した申告を行っている場合には，当該確認取引は独立企業間価格で行われたものとして取り扱うこととされており（移転価格事務運営指針6－16），事前確認は，このような信義則上の一定の拘束力を背景とした，行政サービスの一種と位置付けることができます。納税者法人としては，上記のような行政サービスを上手に利用すれば，移転価格税制に関する予測可能性が高まり，移転価格リスクをコントロールすることが可能となりますので，常に一定のニーズがあります。

② ユニラテラル APA とバイラテラル APA

　事前確認手続は，我が国の法人と日本の税務当局との間のみで確認が行われるユニラテラル APA と，国外関連者所在地国（相手国）の税務当局に対しても確認を求めるバイラテラル APA に分類することができます。バイラテラル APA の場合，我が国の税務当局と相手国の税務当局との間で相互協議を行い，

	ユニラテラル APA	バイラテラル APA
図表 5 - 2	ユニラテラル APA とバイラテラル APA のメリット・デメリット	

	ユニラテラル APA	バイラテラル APA
基本要素	我が国の法令を遵守する必要がある	柔軟な独立企業間価格算定方法・経済分析の採用が可能
メリット	相互協議を伴わない比較的負担の軽い手続のもとで，費用，時間を節約できる	我が国，相手国の当局から確認が得られれば，安定的に二重課税リスクを排除できる
デメリット	相手国の税務当局からの課税リスクを排除できない	相互協議に伴い費用，時間がかかる

合意を得る必要があります。

　ユニラテラル APA とバイラテラル APA の基本的要素，メリット・デメリットは概ね**図表 5 - 2**のとおりとなります。

　事前確認の申出を行う場合，上述の基本的なメリット・デメリットを比較しながら，どちらの手続を活用するかについて慎重に吟味する必要があります。二重課税リスクの排除の観点からすれば，バイラテラル APA を選択すべきともいえますが，専門家コストや解決にかかる時間の観点からすれば，ユニラテラル APA にも魅力があります。子会社（国外関連者）の所在地国における移転価格リスクが比較的低いという判断ができるのであれば，ユニラテラル APA を選択して我が国における移転価格リスクに対する対応を優先するのも重要な戦略の一つです。

　なお，ユニラテラル APA を選択する場合，独立企業間価格の算定は，我が国の法令に則って行う必要があります。

③　事前確認を行わないという選択の是非

　ユニラテラル APA であれバイラテラル APA であれ，そもそも事前確認を行うべきか，それとも的確な文書化を行うなどした上で，正々堂々と将来の税務調査に備えるべきかについては，意見が分かれるところかもしれません。

　例えば，ユニラテラル APA を想定した場合に，一定の利益率レンジで税務当局の事前確認が得られたとしても，その後の経済環境や競争環境の変化によって事前確認の申出を行った前提状況が徐々に変わってくる可能性もありますし，確認済みの利益率レンジの範囲で対応し続けることが，グループ全体の税負担を結果として重くするケースもあり得ます。

第5章　税務争訟を事前に回避するための税務コンプライアンス　261

　これに対して，企業グループが，事前確認を行わずに，一定の移転価格ポリシーに従った取引価格をベースにして税務申告を行うケースにおいては，将来の税務調査で移転価格上の問題を当局に指摘された場合，当該税務調査やその後の不服申立手続（ないし相互協議の申立て）の過程で解決していくことになります。

　事前確認があくまで行政サービスである以上，税務当局に対する一種のお願いベースの要素を含む一方で，税務調査や不服申立てにおいては，独立企業間価格の算定に当たって当局と納税者が対等な立場で法令解釈，事実認定を行うという牽制効果が働いているともいえます。理不尽な移転価格課税を受けそうな場合は，不服申立てや税務訴訟で徹底的に争うという強気の態度を示しながら税務当局と交渉することで，結果的に当局が一定の範囲で譲歩して，有利な修正申告で最終解決することもあり得ます。

　以上の点をふまえると，事前確認制度（行政サービス）を活用して前段階で移転価格リスクをヘッジするのか，それとも，あえて事前確認の申出はせずに税務調査以降に主戦場を移すのかについては，取引ごとに慎重に判断する必要があるように思われます。もちろん，後者の選択をする場合は，漫然と取引価格を設定するのではなく，合理的な移転価格ポリシーに従った価格設定を行い，的確に文書化するなどの配慮が必要となるのは言うまでもありません。

④　事前確認（APA）が関連する裁判例，裁決

　我が国では，移転価格に係る事前確認の取消しが問題となったような裁判例はありませんが，移転価格税制に関する事前確認（APA）の申請・実施が，何らかの形で問題となり，判決ないし裁決において言及されたケースがいくつかありますので，以下簡単に紹介しておきます。

ⅰ）　TDK 事件審査請求裁決

　第4章で取り上げた TDK 事件では，調査手続に違法性があったか否かという点も争点となりました。当該争点では，当局による事前確認申請の取下げ慫慂（しょうよう）が問題となりました（TAINS コード F 0 - 2 -463参照）。

　すなわち，審査請求人側は，上記争点との関係で「原処分庁は，請求人が信頼する「事前確認審査期間中は，税務調査が行われ更正処分を受けることはない。」という実務慣行を形式的に充たすため，当該事前確認において費用分担

取極と不可分である棚卸資産等の移転価格に関する情報も提供するなどして事前確認審査に協力した請求人に対し、税務調査を行うという真意を隠して本件事前確認申請の取下げ及び再申請を慫慂しており、このような原処分庁が行った税務手続は違法ないし著しく不当である」といった主張を行いました。

これに対して、裁決では以下のように指摘され、結論的に、調査手続に違法性はないとされています。

> 事前確認担当者による事前確認申請の取下げ慫慂の事実はあるものの、当審判所の調査によっても、原処分庁が、事前確認審査期間中は税務調査が行われ更正処分を受けることはないという実務慣行を充たすため、税務調査を行うという真意を隠して事前確認申請の取下げを慫慂した事実及び税務調査と事前確認申請の取下げとの関連性を示す事実は見当たらず、原処分庁の行った調査手続は違法又は不当とは認められないことから、この点に関する請求人の主張には理由がない。

事前確認申請を行ったものの、うまくいかずに申請の取下げといった結論に至った場合、その後に移転価格調査が行われ課税されるリスクが残ります。本件は、当局の慫慂に基づき事前確認申請を取り下げた後に移転価格課税がなされたという経緯があり、納税者側が、事前確認手続に対して一定の不信感を持って当該主張を行ったことが読み取れます。

上記裁決では、審査請求人が主張するような事実は見当たらないことを理由として調査手続の違法性・不当性が認められないとされていますが、当該事実が仮に立証された場合に、調査手続の違法性を構成するかどうかといった点が、今後の課題となり得ます。この点は、事前確認申請と税務調査の関係のみならず、第2章の4で解説した同時文書化対象取引に関する個別照会と税務調査との関係にもあてはまる問題であり、納税者はこの点に関する問題意識を持っておくと有益でしょう。

ⅱ) ニュースキンジャパン事件

相互協議を伴う事前確認（バイラテラル APA）を締結したことが、一定の課税上の評価に結び付いた関税更正処分取消請求訴訟（東京地判平成23年3月25日）があります。

本件では、税関当局の関税評価において、現実支払価格による方法によって課税価格が計算されていたところ、原告は、原告と国外関連者Xの間には関税

第5章　税務争訟を事前に回避するための税務コンプライアンス　　263

定率法4条2項4号に規定する特殊関係があり，当該特殊関係のあることが輸入貨物の取引価格に影響を与えているため，同条1項を適用することはできず，現実支払価格による方法によって課税価格を計算することはできないとの主張を行いました。

　裁判所は，様々な理由を掲げて，輸入貨物の価格の決定方法は，一般的な製品の価格の決定方法と異ならず特殊関係による影響が及んでいると認めることはできないと判示しましたが，原告が上記Xを含む国外関連者との独立企業間価格の算定方法に関する事前確認について二国間相互協議の申立てを行い，国税庁長官から相互協議の合意について通知を受けている点も判断根拠の一つとされました。その詳細は以下のとおりです。

・原告・X間の棚卸資産に係る取引価格は再販売価格基準法に基づく独立企業間価格であるとして合意がされていることが認められること
・この合意は，法人税の特例を受けるためのものであり，関税評価を目的としたものではないものの，その内容は，原告とXとの取引価格が，特殊関係の影響を受けないものであることをうかがわせるものであること

　移転価格税制における独立企業間価格の算定と関税定率法における関税評価は，相互に密接に関連しており，これらの関係をどのように調整するかが実務上の課題となっています。移転価格税制との関係で，特定の独立企業間価格を基準に事前確認を得て安定性を確保したとしても，本件のように，関税評価においては，当該事前確認の内容が必ずしも納税者にとって有利に働かない場合もあるため，両税制の関係性については，実務上注意を要します。

巻末チェックリスト

1　第2章関連

チェック事項	留意点
第2章（1　税務調査における基本事項）	
□質問検査時に，具体的な理由もなく網羅的な書類の提出要求がある場合に，安易に応じようとしていないか。	調査の必要性は客観的であることが要請される。調査担当者の判断が不当な裁量に基づいていないか検討する。限度を超えた要求がある場合は，弁護士等の専門家の立会いも視野に入れる。
第2章（2　課税当局による課税要件充足性の認定過程）	
□課税当局が争点整理表を作成している可能性があることを意識しているか。	争点整理表が作成される場合として，形式基準と実質基準がある。
□争点整理表が作成されていると仮定した場合，課税当局が，どのような課税要件事実を認定しようとしているか適切な予測ができているか。	法令解釈，事実認定，課税要件の充足性の判断という課税当局の分析の流れを押さえることが重要である。
□税務調査対応において，適切な社内連携はできているか。また，納税者の主張内容・提出書類等の記録化は十分にできているか。	社内連携を密にすることにより，部署間で矛盾した発言をしないように留意する必要がある。税務訴訟に発展した場合のことも考慮に入れ，できる限り税務調査の対応過程を記録化すべきである。
□納得できない事実関係が記載された質問応答記録書に署名押印しようとしていないか。	読み上げの内容をよく聞いて，誤りがあれば，追加・変更・削除等の申立てを行うこと。
□質問応答記録書に署名押印しなければ，すべてうまくいくと考えていないか。	合理的な理由があれば署名・押印の拒否も可能である。ただし，署名・押印が得られない場合，その理由が付された質問応答記録書が訴訟で証拠提出される可能性がある点に留意すること。
□質問応答記録書が作成されないケースにおいて，納税者側の発言は一切証拠化されていないと思い込んでいないか。	そのようなことはなく，調査報告書という書類が作成されるケースもあるため，注意が必要。

チェック事項	留意点
第2章（3　課税当局の見解に不満がある場合に納税者が検討すべき方策）	
□効率的な紛争解決を意識しているか。	いったん課税されると争うのに時間とコストがかかる。当局の課税根拠の明白な誤りはできる限り税務調査で是正する。
□慎重な紛争解決を意識しているか。	不服申立てや訴訟といった局面で当局に揚げ足を取られないように，税務調査における納税者の主張には慎重さが必要となる場合もある。
□更正通知書の記載内容を十分にチェックしているか。	更正通知書の記載内容の検討は，税務紛争の出発点である。計算誤り，事実認定の誤り，法的評価の誤りがないかじっくり検討すべきである。
□修正申告をしたら一切争えなくなると誤解していないか。	修正申告をすると，不服申立てはできないが更正の請求は可能である。客観的にみて修正申告の内容に誤りがあれば更正の請求を積極的に行うべき場合がある。ただし，期限には留意すること。
□更正をすべき理由がない旨の通知が届いたら，その段階であきらめてしまっていないか。	更正をすべき理由がない旨の通知は処分であることから，これを不服申立て，処分取消訴訟の対象にして争うことができる。
□移転価格調査の特殊性を十分に意識できているか。	調査担当者から担当者意見が交付された場合，そこに示された課税根拠に脆弱性がないか徹底検証すべきである。また，移転価格調査と一般調査の区分に同意するかどうかは慎重に判断すべきである。
□国際課税事案の調査において，当局の言うなりに漫然と調査対応を行い，自らを不利なポジションに置いていないか。	海外子会社のみが所有する資料の取扱い，外国語で書かれた資料の取扱い（重要な文言の翻訳の方針を含め）等については，慎重な配慮が必要である。
第2章（4　取引組成（実行）から税務調査前までの段階における課税要件の検討）	
□契約書は，取引内容を正確に反映した適切なものとなっているか。	契約書が真正に成立していれば，特段の事情のない限り，契約書の記載どおりの事実が認められる（処分証書の法理）。
□請求書，発注書，資金決済資料，会計帳簿等の取引を基礎付ける資料は，契	整合しない場合，取引内容は契約書の規定どおりではないと判断されるリスクが

巻末チェックリスト　　267

チェック事項	留意点
約書の内容と整合しているか。	ある。
□移転価格税制のもとで，的確に文書化を行っているか。	提示・提出要求から一定の期限内に所定の関連資料を提出できない場合，①推定課税，②同業者への調査が行われるリスクがある。同時文書化との関係で当局の相談窓口を利用するかは、慎重に検討すること。
□タックスヘイブン対策税制について，経済活動基準非充足の推定ルールを意識した文書管理を行っているか（ただし，平成29年度改正税法適用開始後の実務）。	外国関係会社が経済活動基準に該当することを明らかにする書類を適切に準備，管理し，当局の提示（提出）要求に速やかに応じられるよう実務上配慮すべきである。準備が不十分であると，経済活動基準非充足の推定を受けるリスクがある。

2　第3章関連

チェック事項	留意点
第3章（1　不服申立てにおける対応）	
□不服申立ての入り口として，再調査の請求と審査請求の選択が可能となっていることを理解しているか。	税額の計算誤りや明らかな事実認定誤りがあるような事案では，直ちに審査請求するのではなく，その前段階として再調査の請求の活用も検討すべきである。
□審査請求の一般的なメリット，デメリットを理解しているか。	メリットとして比較的短い審理期間（1年程度）が挙げられるが，先例のない法令解釈が問題となるような事案では，処分取消しの裁決がなかなか得られないというデメリットもある。
□審査請求書を戦略的観点から起案できているか。	「審査請求の趣旨及び理由」をどのように起案するかがポイントである。理由をどの程度盛り込むかは事案の性格に応じて慎重に判断する必要がある。
□審査請求における書面審理の特徴を的確に押さえているか。	審査請求における書面提出期限は短く（通常2週間程度で，事実上延長されることもある），計画的な書面作成を意識する必要がある。

チェック事項	留意点
□審査請求の終盤に審判所から送付される「争点の確認表」の内容をチェックしているか。	争点の確認表には，争いのない事実や争点に対する当事者双方の主張等の事項が記載される。審判所が起案した争点の確認表に誤り等があれば，必ず訂正を要請すべきである。
□審判所からの求釈明事項と質問事項に対して戦略なく漫然と回答していないか。	回答事項が原処分庁にも交付されるか否かをまずは意識するべきである（交付されるのは求釈明事項のみ）。求釈明事項に対する回答は審査請求人の主張を補充することになる。
□口頭意見陳述を検討したか。	口頭意見陳述に当たっては，審判官の許可を得て，原処分庁に質問を発することもできるため，案件によっては利用価値が高い制度といえる。
□証拠書類等を的確に提出できているか。	証拠と主張との関連性（対応関係）を常に意識すること。証拠提出に当たり，証拠説明書の立証趣旨を丁寧に起案することが大切である。
□証拠の閲覧・謄写請求を的確に行っているか。	審判所への書類提出に当たっては，証拠の閲覧主体が原処分庁にまで拡大された点（平成26年度税制改正）に留意しつつ，提出範囲を慎重に判断すべきである。一方，上記税制改正では，閲覧対象自体も拡大されており，納税者は謄写も視野に入れつつ積極的に審判所に閲覧に出向くのが有益である。
□審判官が質問調書を作成するために実施する面談において，どの程度審判官の質問事項に回答するべきか。	原則的には丁寧に質問に答えるべきであるが，調書化されるため，誘導的な質問等には注意する必要がある。弁護士等の立会いが有効な場合もある。
第3章（2　税務訴訟における対応）	
□事案解決に当たって，どのようなタイプの税務訴訟を提起することが考えられるか。	税務訴訟の基本形は処分取消訴訟であり大半のケースで利用されている。更正の請求を行うような場合，更正をすべき理由がない旨の通知処分取消訴訟を提起することになる。

チェック事項	留意点
□提訴の要件として，不服申立前置と提訴期間をクリアしているか。	これらの要件を充足しない場合，却下判決となるリスクがあるので要注意である。
□税務訴訟の管轄について，3つのオプションを適切に検討したか。	東京地方裁判所は必ず管轄を持つことに留意すること。提訴予定の裁判所の裁判官情報を調べることも大切である。
□訴状作成に当たり，請求の趣旨は厳密に特定できているか。	処分取消しの範囲を画するべく，納税者が適正と考える金額を正確に計算することがまずは重要。加算税賦課決定処分を忘れていないかもチェックすること。
□訴状作成に当たり，明確な方針なく請求の原因を起案してしまっていないか。	請求の原因を短くすることもあれば（簡略型），長くすることもある（詳細型）。まずは事案の性格，筋を見抜くことが肝要である。
□税務訴訟において証人尋問の必要性をどのように考えるべきか。	一般論として，税務訴訟で証人尋問が実施されることは稀である。ただし，裁判官に取引実態を正確に理解してもらうために証人尋問が有益な場合もあるため，証人尋問の申出に過度に消極的にならないことが重要である。
□国が訴訟の過程で大胆に処分理由を差し替えてきた場合にどのように対応すべきか。	処分理由の差替えは課税要件事実の同一性が失われない範囲で認められるのが通常である。ただ，納税者としては，不意打ち的な処分理由の差替えには徹底的に対抗すべきである（納税者に有利な裁判例もあり）。
□税務訴訟における主張立証責任が国と納税者のどちらにあるか理解できているか。	処分取消訴訟については国側に立証責任がある。一方で，更正をすべき理由がない旨の通知処分取消訴訟など，立証責任が納税者側にあるとされる訴訟類型もあるため注意する。立証責任だけで勝負が決まるわけではないため，立証責任を意識しすぎるのは得策ではない。
□税務訴訟で国側から提出される可能性のある証拠の入手ルートを意識した対応ができているか。	国の証拠入手ルートは通常の税務調査に限られない。審査請求の閲覧謄写手続や租税条約に基づく情報交換等を通じても入手が可能となっているため注意すること。

チェック事項	留意点
□税務訴訟でキーポイントとなりやすい証拠を意識できているか。	法解釈面では立法関連資料や学者の意見書の提出が有益な場合もある。
□税務訴訟の過程で和解はできるのか。	税務訴訟における訴訟上の和解はできない。ただし、減額更正処分と訴えの取下げを組み合わせた事実上の和解が実現する可能性もある。和解が馴染みやすい事案（時価の認定等）では、事実上の和解を意識するのも一つの考え方である。
□税務訴訟の控訴審では、第1回期日までの対応が極めて重要であることを意識しているか。	控訴審では、1回目の期日で結審する可能性が比較的高い。納税者が控訴するようなケースでは、相当詳細な主張を盛り込んだ控訴理由書を比較的短期間で準備する必要があるなど、それなりの覚悟が必要である。
□税務訴訟で上告すべきか検討する際に、上告と上告受理申立てという2つの手続があることを意識しているか。	税務訴訟で上告理由が認められる可能性は極めて低い。したがって、主戦場は、いかに説得的な上告受理申立理由書を起案できるかということになる。書面審理が前提であり、法令解釈についてあらゆる角度から分析をした書面を短期間で作成する必要がある。

3 第4章関連

チェック事項	留意点
第4章（2 寄附金）	
□経営指導料の寄附金該当性が問題視される事案において、国側に立証責任があることを意識しているか。	役務の提供の対価が、独立企業間において行われる同種の契約で設定される対価の水準と著しく乖離していて、価格操作と認められるかどうかもポイントとなる（フィリップス事件）。この点について、国側に立証責任があることをふまえた対応が必要である。
□利益調整があることを当局に疑われ、寄附金認定されそうになっている場合に、真実の法律関係に立ち返った分析	取引に価格調整の要素がある場合、課税当局は、租税回避による不当な利益調整があることを疑いやすい。納税者は、私

チェック事項	留意点
を冷静に行っているか。	法レベルでの真の法律関係を土台にした反論を行うべきである（セキスイボード事件）。

第4章（3　交際費課税）

チェック事項	留意点
□交際費課税を受けようとしている場合に，行為の態様が接待等に該当するかを慎重に検討しているか。	交際費等に該当するためには，①支出の相手方，②支出の目的，③行為の態様という三要件をチェックする必要がある（萬有製薬事件控訴審判決）。行為の態様が接待等に当たらない場合は，当局の考え方に安易に従うべきではない。

第4章（4　租税回避をめぐる紛争）

チェック事項	留意点
□組織再編税制の適用の有無を検討するに当たって，組織再編成に係る行為計算否認規定の発動可能性を意識しているか。	形式的に組織再編税制の個別規定を充足していても，行為計算に不自然性があり，行為計算の合理性を説明するに足りる程度の事業目的がなければ，行為計算が否認される可能性がある（税制適格性の否認，繰越欠損金の引継ぎの否認等）。最高裁判決の基準（ヤフー事件）によっても予測可能性の確保が困難な事案については，できる限り早めに専門家に相談すべきである。
□合理的な事業目的さえあれば同族会社の行為計算否認規定の発動は一切ないと考えてしまっていないか。	同族会社の行為計算否認規定について，経済的合理性を基準としつつ，行為計算が経済的合理性を欠く場合には独立当事者間の通常の取引と異なる場合を含むと明確に判示するケース（IBM事件控訴審判決）もあり，注意を要する。
□租税法令における特定の文言が借用概念と固有概念のいずれに該当するか意識しているか。	租税回避目的がある場合，当局は法令文言を都合よく歪めて解釈しがちである。法令文言が私法からの借用概念に該当する場合，私法と同様の意味に解釈すべきこととなり（統一説），当局の解釈論に対する有力な反論材料となる（武富士事件参照）。

第4章（5　加算税（過少申告加算税，重加算税））

チェック事項	留意点
□加算税が課されないものとされる「正	正当な理由があると認められる場合につ

チェック事項	留意点
な理由」があると認められないかについて，本税部分の取消根拠とは別に検討しているか。	いては，最高裁判決が解釈基準を示している（ストックオプション事件参照）。
□仮装行為の認定により重加算税の賦課決定処分を受けた事案において，最初の一歩として，真実の法律関係に照らし仮装行為の不存在を主張できないか検討しているか。	仮装行為があるか否かは，私法上の法律関係をふまえた事実認定が主戦場である。当局の見立てが，租税回避目的があることを根拠に真実の法律関係を否定しようとするものか，それとも様々な間接事実を精緻に積み上げ仮装行為を認定しようとするものかで対応関係も変わってくる（ヴァージン・エンターテイメント事件参照）。前者であれば，重加算税の賦課決定処分が違法となる可能性も十分にある。

第4章（6　国際課税（タックスヘイブン対策税制））

チェック事項	留意点
□タックスヘイブン課税訴訟において，適用除外基準（経済活動基準）に関する主張立証責任を意識しているか。	適用除外基準（実体基準，管理支配基準）を充足していないことに関する主張立証責任は国側にあるとした裁判例がある（レンタルオフィス事件）。
□経済活動基準（適用除外基準）については，事業基準，所在地国基準等の個別基準に様々な特例が設けられているところ，これらの特例の利用可能性を検討しているか。	従前の裁判例の基準をあてはめれば敗訴可能性が高い事実関係であっても，特例を利用することで救われるケースもある（来料加工に関する裁判例と改正後の所在地国基準の特例との関係）
□来料加工案件のように，納税者に不利な裁判例があるからといって，課税処分に対して不服申立てを行うことを躊躇していないか。	特定の論点について裁判で不利な判決が続いていても，不服申立段階で納税者が勝つ事案もある（ニフコ事件）。課税要件事実の見極めは案件ごとに丁寧に行うこと。

第4章（7　国際課税（移転価格税制））

チェック事項	留意点
□独立企業間価格算定方法における「準ずる方法」はどこまで広げて解釈される余地があるのか	原則形である算定方法の特徴（再販売価格基準法であれば，機能とリスクの比較の重要性）をふまえて「準ずる」という要件の解釈を行う必要がある（アドビ事件）。取引単位営業利益法に準ずる方法であればどうかといった応用問題が今後問われる可能性がある。

チェック事項	留意点
□移転価格課税の場面において、当局が許容範囲を超えた比較対象取引（企業）を選定していないか検討したか。	比較可能性の検討は移転価格税制の中核的要素である。当局の比較可能性分析を認めなかった裁判例（ホンダ事件等）を他案件における武器として活用できないか検討すること。後出し的な差異調整は、違法な処分理由の差替えとして認められないことも意識すること（同じくホンダ事件）。
□移転価格に関する税務調査において、資料提出要求を不当に拒むなどして自らを不利な状況に追い込んでいないか。	移転価格税制のもとで資料不提出等による推定課税を受けると推定を覆すのは至難の業である（エスコ事件参照）。基本的には、推定課税を受けない実務対応をまずは検討する必要がある。なお、万一推定課税を受けた場合、適切な争い方を見極める必要がある（①推定プロセスの違法性を指摘する方法、②推定そのものを破る方法）
第4章（8　攻撃・防御に役立つキーワード）	
□税務紛争において役立つキーワードを把握しているか。	文理解釈、目的論的解釈、権利濫用の法理、課税要件明確主義といった概念については、基本的な意義や関連裁判例を押さえた上で、自社案件における活用可能性を検討できるようにすべきである。

4　第5章関連

チェック事項	留意点
□「税務コンプライアンス」という用語は多義的に使われる場合があるが、文脈に応じた適切な使い分けができているか。	当局に対する安易な妥協を許さないという視点と適正納税に向けた社内環境の整備という異なる視点をどのように調和させるべきかが問題となる。
□税務に関して取締役の責任が生じる場合を的確に意識できているか。	①更正処分に対して不服申立てを行うかどうかといった場面、②取引実行段階における税務上の効果を検討する場面、③税務コンプライアンス体制の構築という各場面を意識する必要がある。

チェック事項	留意点
□取締役の責任という意味では，一定規模の更正処分を受けた場合に，不服申立てをして争うか否かに関する判断が特に重要であることを意識できているか。	取締役の業務上の判断には基本的に広範な裁量が認められている。勝訴の蓋然性，コスト，レピュテーションリスクなどを総合勘案し，必要に応じて専門家の意見も聞きながら最終的な判断をするべきである。
□当局に対する事前照会を活用して，取引における税務リスクをコントロールすることを検討しているか。	公式な制度としての文書回答手続やその他の事前照会制度があり，事案の性格に応じた活用が望まれる。事前照会により税務リスクを事前にコントロールすることは予測可能性の観点からも有益である。ただし，取引の性格上，事前照会がうまく機能しない場合もあるため注意が必要である。
□移転価格税制に関する事前確認（APA）を有効活用できているか。	ユニラテラル APA とバイラテラル APA とがあり（相互協議を伴うかどうかで区別），適切な選択が必要となる。移転価格税制に関する事前確認（APA）には，二重課税リスクを事前にコントロールできるメリットがあるが，グループの税負担をかえって重くする可能性もあり，手続活用に当たっては慎重な判断が必要である。

《著者紹介》

河野　良介（こうの　りょうすけ）

弁護士，ニューヨーク州弁護士
弁護士法人大江橋法律事務所　パートナー
2000年　京都大学法学部卒業
2001年　弁護士登録
2006年　ニューヨーク大学ロースクール卒業（LL.M.）
2006年〜2007年　ニューヨークの Weil, Gotshal & Manges LLP
2009年〜2011年　大阪国税局調査第一部（国際調査課，調査審理課）
［税に関する主要著書・論文］
・「平成29年度税制改正を踏まえた外国子会社合算税制対策〜税務紛争リスクマネジメントの観点を中心として〜」月刊国際税務第37巻第12号（2017年）
・『新実務家のための税務相談　会社法編』（執筆分担，有斐閣，2017年）
・「租税法における要件事実論の課題―国税局調査審理課における任期付職員経験者の視点から」『租税訴訟における要件事実論の展開』（青林書院，2016年）
・「移転価格税制における課税要件事実の認定プロセスに関する一考察」税法学570号（2013年）
・『実務解説　消費税転嫁特別措置法』（共著，商事法務，2013年）

課税要件から考える
税務当局と見解の相違が生じた場合の実務対応
―税務調査から訴訟まで

2018年8月10日　第1版第1刷発行

著　者	河　野　良　介		
発行者	山　本　　　継		
発行所	㈱中央経済社		
発売元	㈱中央経済グループ　パブリッシング		

〒101-0051　東京都千代田区神田神保町1-31-2
電話　03（3293）3371（編集代表）
　　　03（3293）3381（営業代表）
http://www.chuokeizai.co.jp/
印刷／東光整版印刷㈱
製本／誠　製　本㈱

© 2018
Printed in Japan

＊頁の「欠落」や「順序違い」などがありましたらお取り替えいたしますので発売元までご送付ください。（送料小社負担）
ISBN 978-4-502-25221-1　C3034

JCOPY〈出版者著作権管理機構委託出版物〉本書を無断で複写複製（コピー）することは，著作権法上の例外を除き，禁じられています。本書をコピーされる場合は事前に出版者著作権管理機構（JCOPY）の許諾を受けてください。
　JCOPY〈http://www.jcopy.or.jp　eメール：info@jcopy.or.jp　電話：03-3513-6969〉

● 実務・受験に愛用されている読みやすく正確な内容のロングセラー！

定評ある税の法規・通達集 シリーズ

所得税法規集
日本税理士会連合会 編
中央経済社

❶所得税法 ❷同施行令・同施行規則・同関係告示 ❸租税特別措置法（抄）❹同施行令・同施行規則（抄）❺震災特例法・同施行令・同施行規則（抄）❻復興財源確保法（抄）❼復興特別所得税に関する政令・同省令 ❽災害減免法・同施行令 ❾国外送金等調書提出法・同施行令・同施行規則・同関係告示

所得税取扱通達集
日本税理士会連合会 編
中央経済社

❶所得税取扱通達（基本通達／個別通達）❷租税特別措置法関係通達 ❸国外送金等調書提出法関係通達 ❹災害減免法関係通達 ❺震災特例法関係通達 ❻索引

法人税法規集
日本税理士会連合会 編
中央経済社

❶法人税法 ❷同施行令・同施行規則・法人税申告書一覧表 ❸減価償却耐用年数省令 ❹法人税法関係告示 ❺地方法人税法・同施行令・同施行規則 ❻租税特別措置法（抄）❼同施行令・同施行規則・同関係告示 ❽震災特例法・同施行令・同施行規則（抄）❾復興財源確保法（抄）❿復興特別法人税に関する政令・同省令 ⓫租税透明化法・同施行令・同施行規則

法人税取扱通達集
日本税理士会連合会 編
中央経済社

❶法人税取扱通達（基本通達／個別通達）❷租税特別措置法関係通達（法人税編）❸連結納税基本通達 ❹租税特別措置法関係通達（連結納税編）❺減価償却耐用年数省令 ❻機械装置の細目と個別年数 ❼耐用年数の適用等に関する取扱通達 ❽震災特例法関係通達 ❾復興特別法人税関係通達 ❿索引

相続税法規通達集
日本税理士会連合会 編
中央経済社

❶相続税法 ❷同施行令・同施行規則・同関係告示 ❸土地評価審議会令・同省令 ❹相続税法基本通達 ❺財産評価基本通達 ❻相続税法関係個別通達 ❼租税特別措置法（抄）❽同施行令・同施行規則（抄）・同関係告示 ❾租税特別措置法（相続税法の特例）関係通達 ❿震災特例法・同施行令・同施行規則（抄）・同関係告示 ⓫震災特例法関係通達 ⓬災害減免法・同施行令 ⓭国外送金等調書提出法・同施行令・同施行規則・同関係通達 ⓮民法（抄）

国税通則・徴収法規集
日本税理士会連合会 編
中央経済社

❶国税通則法 ❷同施行令・同施行規則・同関係告示 ❸租税特別措置法・同施行令・同施行規則（抄）❹国税徴収法 ❺同施行令・同施行規則 ❻滞調法・同施行令・同施行規則 ❼税理士法・同施行令・同施行規則・同関係告示 ❽電子帳簿保存法・同施行規則・同関係告示・同関係通達 ❾行政手続オンライン化法・同国税関係法令に関する省令・同関係告示 ❿行政手続法 ⓫行政不服審査法 ⓬行政事件訴訟法（抄）⓭組織的犯罪処罰法（抄）⓮没収保全と滞納処分との調整令 ⓯犯罪収益規則（抄）⓰麻薬特例法（抄）

消費税法規通達集
日本税理士会連合会 編
中央経済社

❶消費税法 ❷同別表第三等に関する法令 ❸同施行令・同施行規則・同関係告示 ❹消費税法基本通達 ❺消費税申告書様式等 ❻消費税法等関係取扱通達等 ❼租税特別措置法（抄）❽同施行令・同施行規則（抄）・同関係通達 ❾消費税転嫁対策法・同ガイドライン ❿震災特例法・同施行令（抄）・同関係告示 ⓫震災特例法関係通達 ⓬税制改革法等 ⓭地方税法（抄）⓮同施行令・同施行規則（抄）⓯所得税・法人税政省令（抄）⓰輸徴法（抄）⓱関税法（抄）⓲関税定率法令（抄）

登録免許税・印紙税法規集
日本税理士会連合会 編
中央経済社

❶登録免許税法 ❷同施行令・同施行規則 ❸租税特別措置法・同施行令・同施行規則（抄）❹震災特例法・同施行令・同施行規則（抄）❺印紙税法 ❻同施行令・同施行規則 ❼印紙税法基本通達 ❽租税特別措置法・同施行令・同施行規則 ❾印紙税額一覧表 ❿震災特例法・同施行令・同施行規則（抄）⓫震災特例法関係通達等

中央経済社